中央高校基本科研业务费专项资金资助（2242021R20003）
中国博士后科学基金资助（2021M690612）

城市设计视角下
交通基础设施空间整合理论及方法

Integrating Transport Infrastructure and
Urban Space Systems through the Prism of Urban Design

·杨 柳 著·

中国建筑工业出版社

图书在版编目（CIP）数据

城市设计视角下交通基础设施空间整合理论及方法＝Integrating Transport Infrastructure and Urban Space Systems through the Prism of Urban Design / 杨柳著. — 北京：中国建筑工业出版社，2020.12
ISBN 978-7-112-26845-0

Ⅰ.①城⋯ Ⅱ.①杨⋯ Ⅲ.①交通运输建设—基础设施建设 Ⅳ.①F512.3

中国版本图书馆CIP数据核字（2021）第247567号

本书针对城市中已建成的交通基础设施，从理论和方法两个层面探究了该系统与城市空间系统，特别是与公共空间系统的整合。在理论层面上，本书探讨如何从以人为本、结合自然的城市设计为切入点来操作城市交通与空间的整合设计，以期在满足居民机动交通需求的前提下缝合基础设施与周边环境，激活基础设施边缘空间，改善室外空间环境质量，促进居民健康行为。在方法层面上，本书以综合集成方法论、数字化城市设计、复杂系统仿真等方法为基础，搭建了支持交通与空间系统整合的一体化"设计 - 模拟"方法框架，并提供了可操作的分析、评估工具。

本书可供广大城乡规划师、城市设计师、建筑师，高等建筑院校城市规划专业师生以及对城市研究、交通研究、复杂系统模拟等感兴趣的读者朋友阅读参考。

责任编辑：吴宇江　何　楠
责任校对：张惠雯

城市设计视角下
交通基础设施空间整合理论及方法
Integrating Transport Infrastructure and
Urban Space Systems through the Prism of Urban Design
杨　柳　著

*

中国建筑工业出版社出版、发行（北京海淀三里河路9号）
各地新华书店、建筑书店经销
北京点击世代文化传媒有限公司制版
天津翔远印刷有限公司印刷

*

开本：787毫米×1092毫米　1/16　印张：13　字数：273千字
2022年3月第一版　2022年3月第一次印刷
定价：60.00元
ISBN 978-7-112-26845-0
（37802）

版权所有　翻印必究
如有印装质量问题，可寄本社图书出版中心退换
（邮政编码 100037）

序
Preface

近年来，随着中国城市化进程的推进，城市发展模式正在从"增量"进入"提质"的阶段，城市基础设施也逐渐进入建筑师和城市设计师的视野。传统上这部分工作内容属于工程师范畴，它的设计和建造遵循的是工程理性和工艺逻辑，并无太多建筑学层面的考虑。也正因为如此，城市中存在着大量由基础设施形成的消极空间，而这部分空间正是新一轮城市更新、城市空间质量提升的潜力之所在。杨柳博士的著作选择对城市空间影响最广泛的交通基础设施为研究对象，尝试从城市设计的视角出发，采用定量分析方法去评估城市中的铁路、快速路、立交桥等交通基础设施对人的行为与环境的影响，并以此为基础提出了一种以交通与城市空间整合设计为目标的"设计-模拟"框架。本书既可以看作是在"基础设施城市化"（infrastructural urbanism）领域的有限尝试，又是在数字化城市设计方向的初步探索。

从字面上看，前缀 infra- 表示 below、underneath，意思是在下部、下面、低于、亚于等。也就是说，城市基础设施通常是被隐含的系统，是不可见的、摆不上台面的。城市中存在各种基础设施，它们有的因相貌平庸被人忽视，如立交桥、高架路、水塔等。或者因面目可憎遭人嫌弃，被称为"邻避设施"（Not In My Back Yard，NIMBY），如垃圾焚烧厂、污水厂、火葬场等。这些基础设施作为城市中基本的生命保障系统，通常会以很强势的功能逻辑和工程逻辑理直气壮地出现在城市空间中，很少顾及公共利益和个人感受，其本身也不被当成审美对象。因此，也未被纳入传统建筑学所涉及的范畴，而这些基础设施所带给城市空间品质的消极影响，也较少得到城市设计师的关注。

然而，这种局面正在发生改变。我们欣喜地看到有越来越多的建筑师参与到基础设施的设计中，有越来越多的研究者和实践者正在从城市设计角度看待基础设施。他们希望通过整合性设计把城市基础设施造成的问题转变为机遇，把消极空间转化为积极空间。这既是对建筑学专业的拓展，又是对城市设计方向的深化。城市设计既应关注城市的"面子"，更应关注城市的"里子"，真正高品质的城市必定是表里如一的。杨柳博士的选题和研究工作正是在这样的大背景上展开的。虽然本书只触及了交通基础设施这个大领域的小局部,但也已经揭示了在这个领域开展进一步研究的巨大潜力。祝愿杨柳博士在未来的学术道路上有更好的发展!是为序。

张路峰
中国科学院大学建筑中心教授
2021年1月5日

前言
Foreword

　　交通基础设施是支撑城市正常运转和经济发展、满足居民机动性需求的重要保障，其大规模建设缩短了城市不同功能区之间的时空距离。以机动交通为导向的城市开发在促进城市扩张与发展的同时，也在不同尺度上对城市空间产生了消极影响。在街区尺度上占用了大量的公共空间与资源，对周边的城市肌理造成割裂，这些基础设施的边缘还形成了许多消极的附属空间。在城市尺度上，大规模交通基础设施建设破坏了生态系统的完整性和弹性。交通与空间二者缺乏整合还带来了步行系统不连续、开放空间环境品质低等问题，并进一步阻碍了居民从事健康行为活动。此外，交通运输系统还是城市中重要的环境污染源，其大规模的建设和运营对空气质量等产生的影响进一步威胁到生态系统和公共健康。

　　纵观世界城市的发展可以发现，当城市化率超过50%后，大部分国家的城市建设开始关注空间品质、人居环境质量等问题。早期城市化过程中由于快速发展建设而带来的城市病日益凸显，城市设计的任务开始转向城市复兴、存量空间再利用等议题。本研究主要针对这一类国家的大城市展开，关注城市建成区的"交通基础设施更新（Redevelopment）"及周边"城市空间的再利用（Reuse）"。虽然新城建设中的交通基础设施规划、城市公共空间构建等不作为本书讨论的重点，但经过对既有空间的研究可以总结出一些城市发展的普遍规律，这些规律对于指导新城建设有重要意义。

　　在已有的交通基础设施空间整合研究中，普遍从城市和交通规划视角出发探讨交通与土地、交通与环境的协同发展等议题。近年来，城市和建筑设计领域专家也逐渐介入基础设施城市化、整合设计的研究中。然而，现有研究仍然缺乏对交通与空间复杂系统的客观机制的解读，定性判断缺乏定量分析的校验。在进行宏观尺度规划时往往缺乏对微观、人本尺度空间的考虑。以专家经验判断等作为首要标准的设计评估往往关注整体效果、聚焦于某一尺度的少数指标，缺乏科学的价值判断以及多尺度、多指标的综合评估与预测。因此，构建全面的定性与定量评价指标体系进行设计方案的预评估，充分利用计算机模拟等辅助工具进行定量绩效指标的评价，对于城市的可持续发展尤为重要。

本书以城市交通基础设施与城市空间的系统整合为出发点，试图就以下4个方面问题做出回应：

（1）交通基础设施与城市空间系统（特别是公共空间系统）之间，以及该系统与人类、自然环境系统之间的互动关系是什么？在统筹考虑物质空间整合以及人与生态环境需求的前提下，系统整合需要达到什么目标？

（2）实现交通系统与公共空间系统整合的城市设计策略有哪些，这些思想是如何演变而来的？

（3）在评估整合后的交通-空间方案时，可以采用哪些定性和定量关键影响因子（KPI）进行客观评估？如何定量地评估交通-空间整合设计方案对人与环境的影响？

（4）在操作层面可依据什么样的方法论与方法框架，并同时满足多学科交叉、公众参与的需求？如何利用计算机模拟工具实现对多个尺度上交通-空间整合设计方案的定量分析与评估？

在此基础上，本书针对城市中已建成的交通基础设施，从理论和方法两个层面探究了该系统与城市空间系统，特别是与公共空间系统的整合。从以人为本、结合自然的城市设计为切入点进行交通与空间的系统整合，以期在满足居民机动交通需求的前提下，缝合基础设施与周边环境，激活基础设施边缘空间，改善室外空间环境质量，促进居民的健康行为。

本书的上篇为理论研究部分，内容包含认识系统、改造系统、评估系统三方面内容，分别在第1～第4章中展开介绍。其中，城市（整合）设计被作为改造系统的重要手段进行了深入分析。本书下篇为操作方法层面的研究，涵盖了方法论的应用及方法框架的搭建，以及操作主体、操作路径、操作工具的设计，具体内容见第5章、第6章。第7章是实际项目应用。

需要指出的是，本书的整合对象既包括陆路交通系统与城市空间系统本身，也包括系统内部的使用人群以及外部的自然环境系统。本书所研究的"空间系统"侧重于微观尺度的城市公共空间（如街道、基础设施边缘附属空间、周边开放空间），但在认识和评估系统时综合考虑了宏观尺度的城市空间结构、城市形态、土地利用等因素影响。

在理论研究层面，本书首先从复杂系统理论入手，分析了交通系统、空间系统、人类系统、自然环境系统各自的组成要素及特性，阐明了交通系统与空间系统之间、二者与人类系统之间、与环境系统之间的互动关系及矛盾冲突。在满足人与生态基本需求的前提下，本书指出了交通与空间系统整合的目标，提出构建交通-空间-人-环境可持续系统的概念。其次，本书梳理了交通与空间整合设计的理论、思想演变和典型案例，归纳了适用于不同整合对象、城市语境的策略。最后，分层次构建了交通与空间系统评估的目标体系、44项关键绩效指标、评价指标体系，实现了对现状系统和设计系统整合度的客观、全面的评价。在35项定量评估关键绩效指标中，又筛选出12项进行深入的分析和计算机模拟。

在操作方法层面，本书以综合集成方法论、迭代式城市设计 - 评估方法等为基础，搭建了支持交通与空间系统整合的一体化"设计 - 模拟"方法框架。该方法框架的"操作路径"具有系统性、开放性、可迭代、历时性，"操作主体"具有多元化、公众参与性，"操作工具"具有人 - 机结合、物理 - 数字结合、城市设计 - 城市模拟结合等特性。为实现操作主体的整合性，本书还构建了一个"严肃游戏 - 基于主体的建模 - 参与式设计"综合方法。在操作工具方面，为实现对 12 项可量化指标的客观评价，本书首次提出了一个适用于交通与空间系统分析和评估的多尺度综合集成模拟工具，使用基于主体的建模技术（Agent-Based Modeling）对"交通 - 空间 - 人"复杂系统进行了仿真，并利用中观尺度交通污染物模拟、微观尺度气候模拟等工具评估了整合设计方案的环境影响。在与地理信息系统（GIS）空间分析工具结合后，最终形成了一个基于计算机的综合集成辅助设计工具。

最后，本书的理论和方法研究结果被应用在北京和伦敦两个实践案例中，以进一步阐释如何在不同的文化、制度背景下，针对不同的城市尺度和评价指标进行整合设计与方案评估。本书为设计师提供了系统整合后效果的预测，使设计人员可以更加全面、客观地认识设计方案对自然环境和人的行为的影响，使得以人为本、结合自然、可持续发展等概念切实地体现在交通与空间的设计之中。

目录
Contents

序
前言

绪论　交通基础设施的城市化 · 001
　　一、交通基础设施空间整合的问题 · 001
　　二、现有研究领域所面临的挑战 · 002
　　三、交通与空间系统整合的类型 · 006

上篇　交通基础设施空间整合的理论

第1章　交通与空间系统整合的理论基础与原则 · 012
　　一、系统研究的理论及方法 · 012
　　二、系统整合的概念及方法论 · 014
　　三、操作系统整合的切入点——城市设计 · 017
　　四、整合设计的基本原则 · 021
　　本章小结 · 028

第2章　认识系统 · 029
　　一、系统整合的对象 · 029
　　二、子系统之间的关系 · 032
　　三、交通与空间系统整合的目标 · 039

本章小结 ··· 041

第 3 章　改造系统 ··· 042

　　一、交通基础设施与公共空间的设计理论 ······································ 042
　　二、交通基础设施与公共空间的设计策略 ······································ 051
　　三、以人为本结合自然的交通 - 空间系统设计方法 ························· 058
　　本章小结 ··· 060

第 4 章　评估系统 ··· 061

　　一、评估的任务 ·· 061
　　二、评估指标选取 ··· 062
　　三、交通与空间系统评估的目标体系 ·· 065
　　四、交通与空间系统评估指标体系构建 ··· 067
　　五、交通 - 空间系统的定性与定量评估 ··· 072
　　本章小结 ··· 077

下篇　交通基础设施空间整合的方法

第 5 章　交通与空间系统整合的操作方法框架 ····················· 080

　　一、方法框架的基础 ·· 080
　　二、"设计 - 模拟"方法框架的构建 ··· 082
　　本章小结 ··· 088

第 6 章　交通与空间系统整合的量化评估工具 ····················· 089

　　一、针对可量化 KPI 的评估模型选取 ··· 089
　　二、综合集成量化评估模拟工具的构想 ··· 098
　　三、交通 - 空间 - 人的复杂系统仿真模型 ···································· 099
　　四、交通 - 空间系统对人与环境的影响预测模型 ··························· 104
　　五、交通 - 空间 - 人 - 环境的集成模型 ······································ 107
　　六、针对可量化 KPI 的 GIS 空间分析 ··· 109
　　七、量化评估综合集成计算机工具的运用 ····································· 113
　　本章小结 ··· 116

| **第 7 章　交通与空间系统整合方法框架的应用** ············· **117**
　　一、应用案例的选取原则 ····························· 117
　　二、应用一：京张铁路地下化后地面空间再利用············ 118
　　三、应用二：伦敦哈克尼威克地区城市更新研究············ 153
　　本章小结 ··· 164

| **结论** ··· **166**

| **附录　使用者调查问卷** ································· **173**

| **名词解释** ·· **176**

| **参考文献** ·· **178**

| **后记** ··· **195**

绪论　交通基础设施的城市化

一、交通基础设施空间整合的问题

根据联合国2018年的数据统计与预测，到2050年世界上超过68%的人口将居住在城市[1]。因此，可持续发展、智慧城市等话题日益受到世界各国的广泛关注，如何实现经济发展和居民生活质量、生态环境品质提升的多效共赢是城市建设中面临的重要问题。其中，城市交通基础设施的建设是构建可持续、智慧、多效共赢的城市的关键因素（World Health Organization，2011），其在早期的城市化进程中，往往引领着城市开发。交通基础设施的建设大大缩短了城市不同功能区之间的距离，连通了不同的土地使用功能与经济活动，也在一定程度上塑造了有秩序的城市空间结构。交通系统的建设还是满足城市居民机动性需求的重要保障，机动性作为社会经济和社会生活的基本组成部分，其总体水平的提升是城市经济快速增长的助推器。

随着城市化进程的加速，交通基础设施与城市空间之间的互动关系也发生着变化，对后者产生的消极影响逐渐凸显。在空间的层面上，交通基础设施在建设初期嵌入到已有城市空间中对其构成了新的限定作用，并在提供服务的同时占用了一部分城市空间。然而，大规模以机动交通为导向的基础设施建设为了实现自身的高效能与可靠性，在规划设计中往往只关注工业性、生产性需求的满足，缺乏对周边城市空间的统筹考虑，基础设施通常被作为工业建筑进行设计，而其中居民可达的部分的空间民用性设计十分欠缺。在某些国家和地区，由于基础设施项目耗资巨大，其规划和建设容易被搁置、延误、暂停，甚至是终止。在此种情况下，交通基础设施对沿线城市空间的消极作用最为明显（Doron，2000）。

由此可见，交通基础设施系统在不同的尺度上对城市空间系统产生着消极影响。一方面，在城市街区、道路尺度上，交通基础设施割裂原有的城市肌理和社会网络占用大量城市空间与公共资源，在周边形成了一系列的"失落空间"[2]，这一现象被称

---

[1] 据联合国经济和社会事务部（United Nations Department of Economic and Social Affairs）2018年发布的《世界城市化展望》报告。
[2] 此类"失落空间（Lost Spaces）"也被称作"规划剩余空间（Spaces Left Over After Planning，SLOAP）"，参见《牛津建筑字典》（The Oxford Dictionary of Architecture）。

为"社区隔离现象（Community Severance）"（Anciaes et al., 2016; Trancik, 1986）。该现象对城市中人的行为活动的直接影响是，步行系统被打断，城市功能集聚区与稀疏区之间经常难以跨越，铁路、道路、公路等沿线形成大量可达性（Accessibility）差、渗透性差、环境品质低的碎片化消极空间。另外，城市中步行网络不连续、土地使用密度低、公共空间可达性差以及功能单一等因素阻碍了人们进行室外活动（de Nazelle et al., 2011; Ewing et al., 2010），进一步加剧了居民对机动交通出行方式的依赖。

缺乏协同的交通基础设施与城市公共空间设计还影响着人在城市中穿行时的心理感受。有研究表明，交通基础设施周边诸如仓库一类的消极空间会引起人们的心理恐慌，因为缺乏"街道眼"（Jacobs, 2016）、闭路摄像机等监控措施，这些区域成了犯罪行为的滋生地（Kim et al., 2013; Norris et al., 2002）。同时，二者之间在设计上的分离也会造成交通出行的安全隐患。在传统的交通规划中，规划师们通过设计平交道口实现非机动交通与机动交通，尤其是轨道交通的并行。但有数据显示，平交道口同时也是交通拥堵现象和交通事故的多发地区（Kyriakidis et al., 2015）。

此外，在城市、区域尺度上，大规模的交通基础设施建设割裂了城市绿地、水系等系统，造成了生态栖息地碎片化，破坏了城市生态系统的连续性和弹性，城市中心区因而很难形成有生态效益的绿色廊道。城市自然生态系统对气候的调节能力减弱、交通系统日益增加的汽车废热排放等因素共同加剧了城市的热岛效应。以北京为例，从 1981 年到 2000 年的快速城市化发展阶段，城市中心区的年均温度增长了 0.94℃，这个数值是 1961—1980 年间年均温度增值的 3 倍（Ren et al., 2007）。

优先进行机动交通基础设施建设，在对城市公共空间系统、人的行为活动、生态系统空间结构产生消极影响的同时，还影响到城市总体的环境、经济、社会可持续性。首先，交通基础设施在建造、运行的过程中会产生大量的空气污染，已成为城市的首要空气污染源（Su et al., 2015; Fenger, 1999），例如北京市每年由交通产生的氮氧化物排放量占城市总排放量的 71%（Hao et al., 2000）。其次，被交通线路所割裂的两侧土地的价值普遍较低（不包括交通站点两侧土地），根据交通与城市规划领域著名学者罗伯特·瑟夫洛（Robert Cervero, 2009）的研究，在首尔清溪川高架公路拆除（恢复自然水系）项目中，距线路 100m 范围内的地价，改造前比改造后降低近 13%。在社会影响方面，大型交通基础设施的建设不但切断了城市中的步行和骑行网络，更会影响到城市中弱势群体的出行以及社会活动，给诸如老年人、小孩、残疾人等群体的生活造成不便，影响到社会公平性以及城市整体的宜居度。

二、现有研究领域所面临的挑战

为解决这一系列问题，城市规划、交通运输、人文地理等领域专家提出了将环境影响评估与交通基础设施和空间规划统筹考虑的相关议题，从城市和区域尺度入手提出了相应的解决策略。交通-土地使用整合规划（Maoh et al., 2009; Bertolini et al., 2005）、交通-环境系统综合模拟（Yigitcanlar et al., 2014）、以公共交通为导向的城市开发（Transit-Oriented Development, TOD）等理论和方法已在世界范围内受到广泛关注。

近年来，随着以人为本设计理念的回归，人本尺度上交通与空间、环境系统之间的整合问题开始引发学界的关注。有学者提出重新校准城市规划与城市设计中交通、空间、人三者的优先级，将城市中非机动交通人群的需求、公共活动场所营造（Place-making）二者的地位摆在机动交通需求之前，实现三者之间关系的和解（Cervero, 2017; Hamilton-Baillie, 2008）。城市设计、景观设计、建筑设计等领域专家逐渐介入到城市基础设施的研究中，提出将交通基础设施与公共空间进行整合，充分挖掘交通、空间对个体及群体活动的积极作用，将街道重新纳入到城市公共生活的研究范畴中等议题（Ravazzoli et al., 2017; Waldheim, 2012; Carmona et al., 2003）。基础设施城市化（Infrastructural Urbanism[①]）（Hauck et al., 2011; Allen, 1999）、建筑化基础设施（Architectural Infrastructure）（Meyboom, 2009）等概念也随即产生。

然而，为实现交通基础设施与城市空间整合的目标，该领域仍面临以下4个方面的挑战：

1. 对象和目标的转变：基于复杂系统观的整合

现代城市规划深受系统论（von Bertalanffy, 1950）、控制论等理论的影响，学者们从20世纪50年代便开始把城市系统作为整体进行研究，逐渐认识到针对某一城市子系统的规划会对其他城市子系统造成影响。在城市设计领域，卢济威（2004）和王一（2005）等学者指出城市设计未来的发展方向是从设计要素的分离和学科之间的分离走向"系统整合"。卢济威（2004）还指出设计师不应单单关注城市设计各要素本身的性质，而应充分理解和分析要素之间的相互作用和相互制约，实现"整合设计（Integrated Design）"。

城市交通基础设施与城市空间的内部组成及相互之间的关系较为复杂，很难用简单的归纳推演法进行分析。随着复杂系统理论的发展，人们对交通基础设施和城市空间的认识也在不断提高。城市系统是重要的复杂系统（Forrester, 1969），而交通和空间作为城市系统中的两个子系统也属于复杂系统且具有涌现性（Emergence）、非线性等特征。从复杂系统的角度重新审视整合设计的对象、分析系统的组成和内在机制，这是交通与空间整合设计中值得深入探讨的问题。

在研究对象的选取上，现有研究普遍讨论宏观尺度上交通基础设施建设与城市形态、结构、土地使用之间的关系，而当城市总体规划落地在小尺度的城市空间，尤其是居民公共活动密集的公共空间时，交通系统与公共空间系统二者之间的关系分析、整合设计以及方案预测需要有针对性地开展研究，而交通空间整合"从宏观到微观"

---

① 或翻译为"基础设施都市主义"，由普林斯顿大学的斯坦·艾伦（Stan Allen）教授提出。

的转与衔接是一个具有挑战性的研究议题。

除了物理空间层面的整合，在整合设计中还需要统筹考虑人与自然环境等要素。其中，人类行为活动是交通与空间系统内部不可分割的一部分，而城市生态系统构成了这两个系统的外部环境。陈天（2007）指出整合性城市设计是依据生态学原理建立起来的健康的、可持续的、各构成要素高效且协调组织的城市空间形态和环境。因此，以人为本、设计结合自然等思想拓展了整合设计的研究对象，提供了一种将人类行为要素与自然环境要素纳入基础设施设计的策略。

2. 实现整合的手段探索：方法论和操作方法框架

在系统整合的方法论层面，钱学森先后提出了"定性定量相结合的综合集成方法"和"从定性到定量的综合集成系统方法论"。针对系统整合这一复杂任务，既需要定性的研究方法也需要定量的方法，需要将专家经验与量化分析结果等统筹考虑。他还指出，要将人的智慧与计算机的智慧进行统筹，即应用人机结合的方法进行研究。由此可见，将定性与定量相结合的综合集成方法、人机结合等方法应用到交通与空间的设计中，这是实现整合的重要手段，同时也是现阶段所面临的挑战之一。

在操作方法层面上，传统的城市规划方法遵循帕特里克·格迪斯爵士（Sir Patrick Geddes）提出的线性的"调研—分析—规划"的步骤，主要面向物理环境进行设计（Geddes，1915）。现代城市规划与城市设计开始采用系统性方法，布赖恩·麦克洛克林（J.Brian McLoughlin）等学者提出在线性的规划设计过程中增加对系统的分析和反馈环节（McLoughlin，1969）。在操作主体方面，由于交通与空间的整合设计问题具有复杂性、综合性等特征，单一的城市设计知识不能解决所有问题，交通运输、城市规划、城市设计、建筑设计等学科间的分割大大影响了基础设施项目在决策上的高效性和准确性。卢卡·贝托里尼（Luca Bertolini）指出，多元决策主体的参与、城市设计领域的专家与其他相关领域专家的协同合作，可以为城市交通与城市空间的整合设计带来创新性的解决策略，从而为项目的决策和实施环节提供更加全面、客观的支持（Bertolini et al.，2008）。此外，整合设计的过程除了需要由专业人员运用设计知识进行引导和控制，还需要公众参与。构建可供多学科交叉研究团队进行高效合作、可促进公众参与的平台或工具，是实现整合设计的又一重要手段。其中，计算机模型是一种有效的合作和沟通工具（Zellner，2008）。

3. 整合后的效果评估

由于交通基础设施和城市空间系统具有复杂性、动态性、涌现性，城市设计师通常只能操作各个元素的设计、排布和整合，对设计之后产生的系统层面的行为很难把控，即在采用了一系列整合设计手段后，交通与公共空间系统是否能够达到预期的整合效果仍不确定。在系统整合的研究中，学者们普遍将系统的绩效评估作为检验整合效果的重要方法，通过设定一系列的标准，即"关键绩效指标（Key Performance Indicator，KPI）"来评估整合的成功与否（Saidi et al.，2018）。

在城市设计领域，设计评估环节也越来越受到学界的重视，大量研究开始关注城市设计对环境、公共健康、社会经济、交通、气候变化等方面影响的评估。综合中国的城市设计评估现状，赵楠楠等（2018）指出国内以使用后评估为主导的规划、设计评估方式具有一定的滞后性和局限性，应当加强影响前评估（即预评估）方面的工作。其中，城市交通基础设施与公共空间的设计与实施，尤其需要进行预评估。

城市交通基础设施具有较差的适应能力，其更新改造以及新的规划建设方案一经实施便很难在短时间内改变，并且会对城市空间的布局、人的出行和室外活动、生态环境质量等产生巨大影响，是决定城市居民生活环境质量的重要影响因子。城市中的公共空间系统不但可以为人行、骑行等非机动交通模式提供支持，还可以为社交活动提供聚集的场所，是提升居民生活品质的重要保障，该系统通常与生态系统相叠合，可以起到缓解热岛效应，消解空气和噪声污染等作用，好的公共空间还可以吸引人们积极参加体育锻炼和社交活动。由此可见，交通与空间的整合设计需要在实施前进行预评估，一方面预测实施后可能造成的影响、帮助决策者选取相对最优的方案；另一方面帮助设计师优化设计。

4. 评估的方法和工具探索

在对整合设计进行预评估时，首先需要明确设计的预期目标。在系统整合领域，研究人员往往首先定义整合后的"目标系统"，通过构建多指标、多维度的指标体系对该系统进行客观的描述，进而对"设计系统"，即"拟议中的系统"进行评估，即分析设计系统与目标系统之间的耦合程度。在交通与空间的整合设计评估中，也可以采用系统整合的评估方法，将人与环境等因素统筹考虑，进行全面、客观的评析。

在评估方法的选取上，采取定性与定量方法相结合的方法是当代城市研究的趋势。传统城市设计关注美学与物质形态，规划与设计人员通常依据个人经验，以美学价值来定性地评估和选择交通基础设施与公共空间的设计方案。现代城市设计推崇功能与技术的科学理性，追求效率、经济，在方案比选中开始采用评估因子（如渗透性、混合度）进行客观的评估。从20世纪后半叶开始的量化革命对社会科学的各个分支产生了深远的影响，城市设计与规划学界也越来越重视定量的分析与评估（Batty，2010）。

此外，支持设计分析与评估的计算机辅助工具有待开发与完善。日益进步的数学和计算机模拟技术为全面而理性的规划设计城市系统提供了辅助，在验证设计理论、辅助设计过程、量化分析和评估设计方案等方面推动了设计学科的发展，同时也促进了传统的美学评价、社会科学研究方法以及自然科学研究方法的融合（DeLanda，2016；Dovey et al.，2016；Aschwanden，2014；Gan，2014）。随着大数据时代的来临，人在交通设施中的行为以及在公共空间中的活动也被数据可视化地呈现了出来，这大大推动了交通与城市设计对人行为的影响方面的研究。通过提取、分析居民的出行数据、户外活动数据等信息，计算机仿真技术可以快捷地预测出不同设计方案中交通基础设施和公共空间的使用情况，由此筛选出满足某方面设计目标的最优方案。计算机仿真模拟技术是进行定量、客观、综合的分析与评估的主要工具，为认知和设计城市复杂系统提供了多维度的决策支持，是实现可持续城市设计的重要保障。在此背景下，交通与空间系统的整合应当充分利用计算机模拟技术，并与城市设计的分析、评估、决策支持等环节相结合，为实现一体化、信息化、人性化的智慧城市建设提供条件。

三、交通与空间系统整合的类型

（一）城市交通基础设施系统

"城市基础设施"一词由支撑城市生存与发展的工程性基础设施（Engineering/Hard Infrastructure）和社会性基础设施（Sociality/ Soft Infrastructure）两部分组成，最早出现于1951年北约成立的基础设施委员会（NATO's Infrastructure Committee）。一直以来，城市基础设施的分类方法没有形成全球通用的标准（Momoh，2018）。其中，哈佛大学设计研究生院2016年出版的著作《规划可持续的城市：一种基于基础设施的方法》将工程性基础设施划分为7个大系统，分别是：交通、能源、水、信息、固体废弃物、景观、食物（Pollalis，2016）。

结合以上研究并参考我国颁布的《城市规划基本术语标准》GB/T 50280—98，本书中的工程性基础设施分为6个大系统（图0-1），其中的城市交通基础设施系统（Urban Transport Infrastructure System）承担着输送城市对内和对外物流、客流的职能，是维持城市的能源供应、给水排水、邮电通信、环保环卫、防卫防灾等子系统良性运转的支撑条件，同时也向其他子系统索取电力、信息等资源。城市交通基础设施系统（以下简称"交通系统"）按照功能可以划分为陆路交通、水路交通、航空三部分，本书只针对陆路交通基础设施线网展开研究，既包括承担着市内交通功能的道路、轻轨、快速路，也包括城际铁路和高速公路的城市中心区部分。交通运输站点、地下交通基础设施不作为本研究的内容。

图0-1　城市基础设施的分类（笔者绘制）

（二）城市空间系统

城市空间是那些具有鲜明的几何特征和美学价值的由建筑所包围的室外空间，《城市空间》（Urban Space）一书中按照空间的权属将城市空间划分为，私密空间、半公共空间、公共空间（Krier，1988）。《城市：人文地理学领域的重要论述》（The City: Critical Essays in Human Geography）一书中提出利用空间的社会性与可达性两个参量定义城市空间（Lévy，2017）。以此为据，本书所探讨的"城市空间系统"（以下简称"空间系统"）是指城市中社会公有型、公众可达的具有公共和半公共属性的城市空间。由于空间系统在不同尺度上所研究的内容不尽相同，既包括大尺度的有关土地使用的探讨，也包括小尺度上针对公共空间的研究。本书将焦点放在"公共空间（Public Space）"，尤其是其中行人所使用的空间的研究，不包括车行道空间和基础设施结构所占用的空间的研究。同时，考虑到城市规划与城市设计的联动作用，本书也将宏观尺度的城市空间、土地使用等纳入研究范畴，以期将大尺度城市交通网络和土地使用规划的结果反馈到小尺度的城市设计中，综合考虑其在微观尺度上对公共空间、人的行为等产生的影响。因此，本书中的"空间系统"又是多维度的。

（三）交通－空间系统

根据城市复杂系统理论，城市是由许多相对独立的子系统构成的，相互关联的子系统又会形成高一级的城市子系统，经过迭代，最终会形成完整的城市系统。城市交通基础设施与城市空间是城市复杂系统中的两个子系统，二者经过耦合、相互作用形成了高一等级的"城市交通基础设施－城市空间系统"，以下简称"交通－空间（Transport-Spaces System）系统"。

（四）交通－空间系统整合类型

在此需要对所研究的交通系统与空间系统进行界定："A类整合对象"是承担着交通与公共空间双重职能的基础设施空间的整合；"B类整合对象"是承担着独立的交通功能的基础设施同其边缘所形成的附属空间，以及周边的城市开放空间与公共设施系统的整合。其中，铁路及轻轨站站房建筑、地下交通（地铁等）及其空间设计不在本研究范围内。根据交通基础设施的类型、交通运输主体（使用者）、路权属性、与周边城市的关系、周边城市空间的产权等因素，又可以将这两类对象进行细分，如表0-1所示。

整合对象类型的细分（笔者绘制） 表0-1

	对内交通基础设施		对外交通基础设施（市内段）				
	A类整合对象		B类整合对象				
基础设施分类	有轨电车	街道	轻轨（地面）	轻轨（高架）	铁路	高速公路（地面）	高速公路（高架）
交通运输主体	公共交通 私家车 非机动车	公共交通 私家车 非机动车	公共交通	公共交通	公共交通	公共交通 私家车	公共交通 私家车

续表

	对内交通基础设施			对外交通基础设施（市内段）			
	A 类整合对象			B 类整合对象			
路权	半专用	混用	专用	专用	专用	专用	专用
与周边关系	可连通	可连通	相隔离	高架桥下部可连通	相隔离且有防护带	相隔离且有防护带	高架桥下部可连通
边缘附属空间产权	产权不定	产权不定	产权不定	桥下产权不明，依情况而定	两侧 8～10m 属铁路部门	两侧 1～3m 属公路部门	桥下空间产权不定

考虑到整合对象的复杂性，本书在设定研究对象时，将"公共空间"的范围进行如下限定：

（1）针对铁路和地面上高速公路，由于有安全防护距离的要求，可以将轨道、路面两侧的安全防护用地作为公共空间进行整合，但在设计时公共空间的类型需限制为开放绿地，并不影响交通运输的正常运行。

（2）针对高架的高速公路和轻轨，需先判别桥下空间的产权，对于公共所有的空间进行整合设计，而对于其他产权情况则进行指导建议。

（3）针对地面上轻轨、有轨电车、道路，其周边土地的产权依具体情况而定，在整合时选取具有公共属性的空间进行设计，对于迫切需要被整合的其他权属用地，可提出指导建议，在实际操作中进行多方协商。

（五）系统整合的尺度层级

通过参考《城市设计》等研究成果中对城市空间的层级划分方法（Rodrigue，2020；王建国，2011；Ooka，2007），可以依将交通与空间系统研究的尺度划分为 3 级：微观、中观、宏观（图 0-2）。

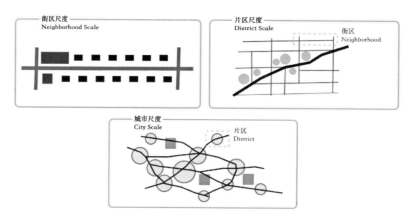

图 0-2　城市交通与空间研究的微观、中观、宏观尺度层级

（改绘自：Rodrigue，2020）

（1）微观尺度，地段级（或街区级、街道级，Streets/ Neighborhood Level）城市设计，这一尺度的空间范围由于所研究的对象不同因而有所差异。如在进行建筑群及周边空间的城市设计时通常称为地段级尺度，而在对城市道路体系进行总体设计时这一尺度称为街道级，因为这一尺度城市设计主要关注人本尺度的空间及行人的活动和体验，因此本研究将这一微观尺度定义为400～1000m（大约5～15min步行距离）。

（2）中观尺度，片区级城市设计（District Level），由于不同的国家，城市片区的地理空间划分尺度不尽相同，本书将中观尺度定义为1～10km。

（3）宏观尺度，区域-城市级城市设计（Regional/ City Level），这一尺度上的城市设计经常与城市规划相重叠。

本研究将着眼点放在微观和中观两个尺度上，这两个尺度也是公共空间与交通基础设施交互最明显的领域。但为了保证城市设计的有效性及与城市总体的关系良好，将宏观尺度也纳入研究范围，宏观尺度的规划作为上位条件影响中观和微观尺度的研究。另外，由于本研究关注的是被基础设施割裂的城市空间，因此，研究范围的选取往往会横跨多个行政区域（如铁路两侧的街区都属于研究范围），边界并不一定是行政划分的界限。

上 篇
交通基础设施空间整合的理论

第1章
交通与空间系统整合的理论基础与原则

一、系统研究的理论及方法

关于系统的理论概述出现在20世纪中叶，早期的系统观认为：系统由许多相互关联的元素组成，这些元素按照有等级、可分解的结构进行组织（Brady et al.，2014）。

（一）复杂系统理论

复杂系统是一个从20世纪80年代发展起来的新的跨学科研究领域，研究的对象是由许多相互关联的部分组成的系统，这些系统所体现出的集体行为并非简单地由个体行为叠加而成，而是体现为一种涌现行为。典型的复杂系统有生态系统、社会和经济系统（如城市）、凝聚态物质系统、人体系统等。通常，人们用"主体"来描述复杂系统中的各组成部分（Waldrop，1993）。

主体一词并无通用的定义，但被广泛接受的是主体与行动有关，"主体做事情、有行动"。主体的行动的最大特点是自主性（Autonomy）和理性（Rationality）（Wooldridge et al.，1994）。学界有两种针对主体的观点，一种观点认为凡是具有自主行为能力、可以对环境产生影响（Proactivity）的都是主体，即"弱主体"定义；另一种观点认为主体还应具备社会性（Social Ability，可以与其他主体进行交流）、反应性（Reactivity，可以感知环境并且回应环境变化）、精神观念（Mentalistic Notions，如拥有知识、欲望、意愿、信念）、可适应性和学习能力（Adaptivity and Learning）、真实性（Veracity），这种观点属于"强主体"定义（Kendall et al.，1996）。

主体是人工智能技术的核心概念，通过编写计算机主体可以对真实场景中的"行动者（Actor）"进行模拟。行动者一词在"行动者网络理论（Actor-Network Theory）"中被定义为所有通过制造差别而改变一个事物状态的物体（Non-Human Actor）或人（Human Actor）（Latour，2005）。而区别计算机主体和行动者的关键是其行为的能动性（Agency）。行动者的行为具有很强的目的性，由自由意志（Free Will）、完成某个目的意愿等引导，同时还具有非理性的成分，即行动者虽然知道某些行为是有益的，但仍然可能不选择该行为。计算机主体的行为相对简单，在构建模型时假设主体的行为是理性的。

早在1962年，诺贝尔经济学奖得主、人工智能领域奠基人赫伯特·西蒙（Herbert A. Simon）就指出，复杂系统的概念由于应用范围广、在不同的领域定义各不相同，因此很难为其下一个明确的定义。他将复杂系统阐述为"由许多部分组成，各部分之间的相互关系不能由简单的法则所描述"，还提出"整体大过各部分之和""系统由许多子系统按照一定的等级体系组成"（H.A.Simon，1962）[468]。卡尔·西蒙（Carl Simon）则给出了较为具体的复杂系统的定义，他认为复杂系统中的各主体都是异质的（Heterogeneous），具有非静态（Non-Static）、非线性的动力机制（Non-linear Dynamics），主体之间有反馈环路（Feedback Loops，一个元素的输出是另一个元素的输入），形成的系统是有层级的，单独的子系统又可以看成是一个复杂系统，系统的总体行为（涌现）不能通过单纯观察个体的行为而预测（C. Simon，2006）。同时，由于系统本身与周围的环境存在物质、能量、信息的交换，因此复杂系统又具有开放性。

"社会-技术系统（Socio-Technical System）"是由一个或者多个社会网络以及一个或多个物质网络组成的系统。其中的社会网络遵循着法规、社会习俗、经济协议等社会规律，而物质网络遵循着如牛顿定律、爱因斯坦相对论等物理规律。技术系统可以被视为一个问题解决系统，通常用来对物质系统进行重组，是"一种达到目的的手段"（Van Dam，2009）。"社会-技术"一词是用来描述城市中复杂的基础设施与人的行为之间的互动关系的术语（P. P-Y. Wu et al.，2015）。

城市是一个复杂的社会-技术系统，由许多相互关联和作用的城市子系统组成。最先提出这一观点的学者有杰伊·弗雷斯特（Jay Forrester），他基于城市系统理论提出了城市动力学理论，指出城市是一个由相互关联的部分组成的复杂系统，具有非线性行为、自组织性、涌现行为等特征（Forrester，1969）。20世纪90年代，米歇尔·沃尔德罗普（M. Mitchell Waldrop）在复杂系统理论的基础上，指出现代城市具有复杂、动态、异质、自适应等特性，其中的异质性体现在系统中的人、机构、基础设施等主体具有异质性（Waldrop，1993）。

（二）研究方法

对于系统的研究主要有3个方面的内容，首先是认识系统；其次是在认识系统的基础上去改造和设计系统；最后是评估系统（于景元，2007；钱学森，2001）。其中，改造系统是通过改变和调整系统结构或系统环境以及它们之间的关系使系统具有我们所期望的功能（于景元，2017）。但系统环境不容易改变，因此需要通过调整系统组成部分、各部分之间、系统与环境之间的关系主动地去适应环境。

本书对交通与空间系统的研究以改造系统、实现系统整合为切入点。但改造系统的前提是认识系统,在改造之后需要借助系统评估对效果进行校验。因此,本书针对交通与空间系统整合的理论研究也遵循这样的普遍方法,依据图1-1所示框架,第2章为认识系统,第3章为改造(整合)系统,第4章为评估系统。

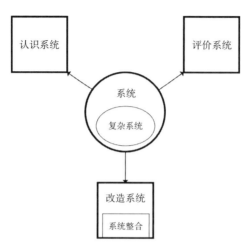

图1-1 系统研究的一般方法(笔者绘制)

二、系统整合的概念及方法论

(一)系统整合的概念

系统整合是改造系统的核心任务之一,是通过协调子系统内部各组成部分之间以及各子系统之间的关系而形成一个完整的系统的过程,也可以看作是一个对物质、社会系统进行重组以达到一定目标的"技术系统",图1-2(a)为单一的复杂系统整合的过程(如交通基础设施系统的整合)。当同时考虑多个复杂系统时(如交通、空间、社会系统),需要引入"体系(System-of-systems)"的概念,整合过程如图1-2(b)所示,在完成了子系统的协调、实现"分目的"之后,还要考虑系统之间的协调,以实现"总目的"。

系统整合包含"整合"与"分解"两个过程,"整合"的目的是使各部分之间协同合作,"分解"的目的是对每个部分进行设计和定义,二者相互迭代才形成了系统整合(Elliott et al.,2007)。系统整合的核心是对各部分之间不同的互依关系的协调。詹姆士·汤普森(James D. Thompson,2017)指出系统之间的互依关系有三种:联合式互依关系(Pooled Interdependence)、系列式互依关系(Sequential Interdependence)和交互式互依关系(Reciprocal Interdependence),如图1-3所示。联合式互依是最为简单、基础的相互关系,体现为各子系统为母系统提供服务并获得母系统的支持,但子系统之间不存在相互依赖。系列式互依相对复杂,一个子系统的输出会成为另一个子系统的输入,或一个子系统的产生和扩张引发另一个子系统的产生,而新产生的子系统又会触发其他子系统。

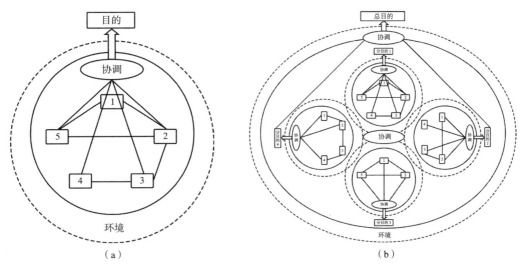

图 1-2 复杂系统整合机制
（a）单一系统；（b）体系

（笔者根据顾基发研究员 2019 年 4 月 26 日于中国科学院大学所做"系统思维与创新思维"报告内容改绘）

交互式互依最为复杂，子系统之间互为对方的输入或输出，具有较强的依赖关系。

针对城市基础设施系统之间的整合，赛义德·赛义迪（Saeid Saidi）指出，首先需要对各子系统的组成要素（主体）之间的互依关系和界面进行分析，其次要分析主体之间的相互作用与冲突，找到实现短期、中期、长期供求平衡的方案，最终解决系统整合所面临的两大挑战，即对人类行为的整合，以及系统的风险评估（Saidi et al.，2018）。

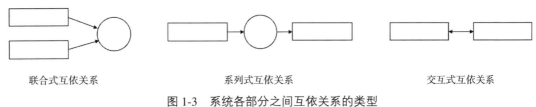

联合式互依关系　　　　　　系列式互依关系　　　　　　交互式互依关系

图 1-3 系统各部分之间互依关系的类型

（改绘自：J.D.Thompson，2017）

（二）综合集成方法论

在系统整合的方法论层面，钱学森提出了"定性定量相结合的综合集成方法"，其实质是"将群体（各种有关专家）、数据和各种信息与计算机技术有机结合起来，把各种学科的科学理论和人的经验知识结合起来。这三者本身也构成了一个系统。这个方法的成功应用，就在于发挥这个系统的整体优势和综合优势"（钱学森 等，1990）[4]。后又提出将该方法改为"从定性到定量的综合集成系统方法论"，还提出"大成智慧"

的理论。该理论以辩证唯物主义为基础，运用以人为核心的人-机结合，搜集各种有用的数据、信息、知识、模型、经验、智慧，即实现 DIKMEW（Data - Information - Knowledge - Model - Experience - Wisdom）的集成。钱学森的大成智慧是"性智"与"量智"、科学与艺术、逻辑思维与形象思维的结合，是专家个人知识和群体智慧的结合，是人与计算机的智慧的结合，也是组织、社团、社会的知识和智慧的结合。

综合集成方法论（Meta-synthesis Methodology）包括5个方面的特点：①贯穿全过程的定性与定量研究有机结合；②科学理论与经验知识相结合；③应用系统思想将多种学科进行结合；④根据复杂巨系统的层次结构，综合宏观和微观研究；⑤有大型计算机系统支撑，兼具管理信息、决策支持、综合集成等功能（于景元 等，2002；钱学森，2001）。

从定性到定量综合集成方法体现了辩证思维，即人们将感性认识上升到理性认识的思维过程。从定性到定量综合集成方法是整体论（Holism）与还原论（Reductionism）的辩证统一。整体论所用的思维形态主要是形象思维，强调从宏观、整体上以经验为基础的体验、顿悟、直觉，而不是逻辑分析和推演。具有一定程度的模糊性，所得出的结论多属于定性结论。还原论所用的思维形态主要是逻辑思维、抽象思维，从构成成分、因素及其结构、功能等不同角度揭示了事物的内在本质与规律，所得到的结论往往是定量化、精确化的。在15世纪以前的两千年中，整体论思想在西方没有得到充分发展，在中国却比较充分地发展了。近代以来的四五百年中，还原论在中国未得到充分发展，却在西方展示出旺盛的生命力。卢明森（2007）等系统工程学家指出，21世纪思维方式转变的必然趋势是将整体论与还原论优势互补、辩证统一。

在任何一门现代精密科学中，科学概念产生于对数量关系的研究之后，这同样适用于社会科学——它以各种社会现象为研究对象，旨在探究这些现象产生的原因和发展规律；而对现象的探索必须依靠科学的抽象。科学的概念抽象有两种：一种是反映事物量的关系的"量的抽象"；另一种是反映事物质的方面的"质的抽象"。量的抽象可以准确、直接地表征客观现象及规律，而质的抽象通常是在前者的基础上、由量的表征反映出来的，是对定量关系所体现出来的客观现象或规律的质的概括，又称为"第二阶的概念抽象"（宋健，1982）。总体来说，社会科学正在从定性描述科学向定量精密科学过渡。

城市设计虽不完全隶属于社会科学或自然科学，也包含了艺术和人文学科的内容，但在进行设计之前必须要对城市中的现象进行分析、抽象和解读。对城市系统运行机制的科学、严谨的分析与抽象就离不开定量的方法。事实上，定性与定量研究方法之间并不是二元对立的，而是辩证统一的，在实际研究中往往会交替使用。在研究社会发展规律时，通常采取"定性判断与假设"——"定量分析与验证"——"定性归纳与总结"的方法工具。因此，交通与空间系统的整合因所研究对象的复杂关系和相互作用，应以"从定性到定量的综合集成方法论"作为基础进行系统整合。

三、操作系统整合的切入点——城市设计

为了实现系统整合，不同的学科门类以及各研究领域从不同的侧面进行着操作。本书在对系统整合的操作层面进行研究时，以城市设计作为切入点，探讨整合设计的具体方法（图1-4）。

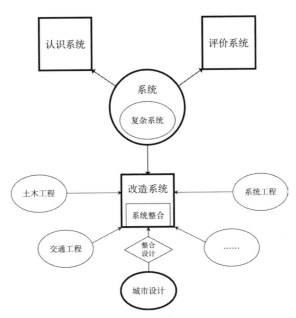

图1-4 操作系统整合的切入点（笔者绘制）

（一）城市设计概述

现代城市设计概念起源于1956年由哈佛大学设计研究生院召开的城市设计国际研讨会，在此次大会上，乔斯·路斯·塞特（Josep Lluis Sert）提出使用"城市设计（Urban Design）"替代原先的"市政设计（Civic Design）"，这一概念和语义上的转变，预示着城市物质空间层面的设计开始关注人文与社会意义（丁沃沃，2015），也意味着建筑师逐渐介入到城市化发展进程中。相较于规划师主导的城市设计，建筑师参与或主持的城市设计在空间组织和场所营造等方面更具有美学和创造性上的优势（王建国，2016）。对比城市规划与城市设计，前者偏重二维城市形态和环境的设计，关注土地使用和基础设施的配置等问题；后者侧重三维城市形态设计和环境的质量，更加关注人的尺度。

城市设计的具体定义也经历了不断的完善和修正过程，其中宾夕法尼亚大学乔纳森·巴奈特（Johnathan Barnett）教授在其专著《作为公共政策的城市设计》中明确了城市设计的公共政策属性（J.Barnett，1974）。王建国院士在最新版的《中国大百科全书》中给出的定义是"城市设计主要研究城市空间形态的建构机理和场所营造，是对包括人、

自然、社会、文化、空间形态等因素在内的城市人居环境所进行的设计研究和工程实践活动"（王建国，2016）[1]。

西方城市设计理论的发展大致经历了 3 个阶段。大部分学者将 20 世纪 20 年代之前视为"传统城市设计"，此阶段以"物质形态决定论"为理论基础，城市的规划关注形态美学（如：Sitte，1986）。20 世纪 20 —70 年代被视为"现代城市设计"，遵循经济和技术理性，在此阶段后期尤其是第二次世界大战后，城市研究者们开始关注人文和社会等因素，关注人的需求满足（如：Lynch，1960）。从 20 世纪 70 年代往后通常被称作"当代城市设计"，可持续、绿色城市设计、公众参与等议题日益受到关注。

在此基础上，王建国（2016）指出从 2010 年以来城市设计进入了第四代范式，即所谓"数字化城市设计"，新的数据环境、计算机技术所引发的城市设计方法与工具上的革新，尤其是在定量研究方面的突破是此阶段最显著的特点（龙瀛 等，2017；杨俊宴 等，2017）。此外，韩冬青（2018）[9] 还指出"在尊重自然和以人为本双重价值前提下"，城市设计在改变物质空间形态、介入城市环境时必须考虑"多类型复杂要素从整体到局部、从内在到外在的综合创意与决策"。

在中国，从 20 世纪 80 年代开始，随着城市化进程的加速，城市设计的概念被引入，并在 20 世纪 90 年代开始崛起。2015 年的中央城市工作会议①上提出"加强城市设计，提倡城市修补"的指导思想，随后，住房城乡建设部印发《关于加强生态修复城市修补工作的指导意见》，城市修补与生态修复（"双修"）逐渐成为 21 世纪中国城市设计的核心任务之一（王建国 等，2018）。

（二）调研及分析方法

克利夫·芒福汀（Cliff Moughtin）等学者在《城市设计：街道和广场》（Urban design: Street and Square）中指出城市设计的调研阶段主要包括了历史分析和城镇景观分析（如城市的易辨识度、可渗透性、视觉等内容）两部分内容（Moughtin，2003），主要采用社会学研究方法，包括观察法和调研法两大类，其中调研法又分为调查问卷、访谈、专家调研等，《城市设计》一书对相关方法进行了详细的阐述（王建国，2011）。而在形态分析和设计方面，城市形态学理论和方法提供了重要的依据（韩冬青，2014）。

综合以上研究，可将城市设计的空间分析方法和内容概括如下：

（1）空间 - 形态分析：基于城市形态学等理论，包括视觉分析、图底分析、城市建筑和街道元素的色彩、材料分析等内容。

（2）场所 - 文脉分析：基于十次小组（Team X）所提出的机构分析理论，简·雅

---

① 据 2015 年 12 月 20 ~ 21 日在北京举行的中央城市工作会议内容。

各布斯（Jane Jacobs）提出的城市多样性、混杂性等理论，凯文·林奇（Kevin Lynch）提出的认知地图理论等。其中，认知地图理论可以帮助进行认知意象分析，具体方法包括心智地图绘制等。

（3）生态分析：结合伊恩·麦克哈格（Ian McHarg）的设计结合自然、景观建筑学、绿色城市设计等理论，进行系统的环境评估，用生态适应性作为人工环境的评价标准。

（4）相关线-域面分析。

（5）城市发展预测：如人口增长量以及就业和经济发展趋势。

（6）SWOT分析，又称态势分析法：在城市设计和规划领域中利用此方法对研究区域的优势、劣势、机会、威胁等进行分析，通常采用矩阵进行系统评价，分析得出的结果可以作为制定项目目标的依据。

（7）数字化分析：CAD、图形图像处理技术、Sketch-up三维模型、地理信息系统（Geographic Information System，GIS）、空间句法（Space Syntax）、分形理论等工具可以辅助空间分析，虚拟现实（Virtual Reality）、计算机模拟等技术可以辅助视觉分析和可视化，计算流体力学等生态环境模拟可以辅助环境评估。

（三）过程组织

早期的城市规划学者帕特里克·格迪斯（Geddes，1915）将城市规划的一般流程概括为"调研——分析——规划"，在此基础上，城市规划与城市设计领域学者对其进行了扩展。英国皇家建筑师学会在1965年出版的《建筑实践与管理手册》一书中将设计过程划分为4个阶段，分别是信息搜集与吸收、问题调研与分析、策略提出、方案沟通与汇报。布赖恩·麦克洛克林、托马斯·马库斯（Thomas A. Markus）等学者提出在线性的规划设计过程中增加对系统的分析和反馈环节，其中的分析环节包括了总体目标和具体目标的制定，规划与设计的一般流程被总结为"明确目标——系统描述——系统模拟——规划设计——方案预评估——方案实施——系统监控与反馈"（McLoughlin，1969），以及"分析——综合——预估——决策"（Markus，1969）。

城市规划与城市设计两者在过程组织、分析方法、设计思想、评估方法、决策等过程中有很多相似之处。学界逐渐意识到，应当将不同尺度的规划与设计过程进行集成，因为大尺度的城市规划可以引导和控制中尺度的城市设计，城市设计的策略制定又会影响到最小尺度的建筑设计流程，这也体现了城市规划与城市设计向系统性方法进行的转变（Chadwick，2013；Batty，2010；McLoughlin，1969）。

在城市设计的过程控制和方法框架研究方面，查尔斯·W. 斯蒂格（Charles W. Steger）将其总结为"分析——综合——评估——实施"四个步骤（Steger，2002），芒福汀（Moughtin，2003）将城市设计的过程归纳为包含多个循环和反馈环节的"目标——调研——分析——供选方案——评估——规划——监测"过程（图1-5）。此后，中国学者金广君（2010）提出了"城市设计过程论"，在《图解城市设计》一书中将城

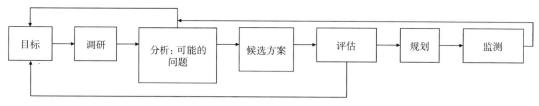

图 1-5 城市规划过程图示

(改绘自：Moughtin, 2003)

市设计的过程总结为 6 个阶段，分别是现场调查、资料分析、目标建立、设计评估、实施计划、维护管理，如图 1-6 所示。

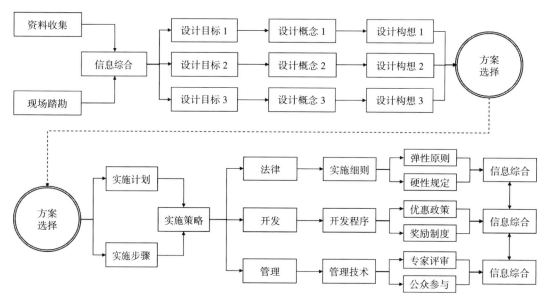

图 1-6 城市设计过程图解

(改绘自：金广君，2010)

（四）设计评估

从 20 世纪 60 年代开始，西方国家的城市规划逐渐从物理规划向公共政策性规划转变，而评估也渐渐成为一项不可或缺的内容。中国在 2007 年颁布的《中华人民共和国城乡规划法》中也强调了评估的重要性，这也体现了中国的城市规划向政策性规划的转变。在 20 世纪 70 年代，城市规划领域强调规划的科学性、系统性、客观性，评估以选取"最优"方案为目的[①]，这一时期成本收益分析法（Cost Benefit Analysis，CBA）使用最为广泛。而后几十年，学者们意识到这种绝对理性的判断方法无法全面地考虑城市规划在社会、经济等方面的影响。同时，规划的过程、目标的制定也可能存在问题，需要在评估过程中同时对目标进行校正，"最优"在很多情况下难以定义。

---

① 最优方案选择是建立在规划过程无误、目标制定无偏差等假设上的。

因此,"相对最优"方案选择的概念被提出①,规划人员利用关键问题作为标准进行判断,通过一系列测试选取最满足需求的方案,即与项目设立的目标和所选取的标准最相符的方案。因此,在系统性规划过程中,目标的制定与评估是相互影响的(Chadwick,2013)。

近些年,交互式规划理论逐渐发展起来,新的多元模型等第四代评估方法开始被广泛应用。第四代评估是一套综合考虑不同决策主体的观点、诉求、所关心问题的方法论,它旨在通过构建协调机制来解决多元主体之间的冲突,实现各方的利益最大化(Guba et al.,1989)。此外,评估的视角也经历了从一致性出发(Conformance-based)的评估,向绩效出发(Performance-based)评估的转变(张磊 等,2017)。前者关注实施方案与项目制定的目标之间是否相符,后者则将评估范围扩大到规划方案对城市可持续性的影响,从城市整体的角度出发,综合考虑城市的复杂变化。因此,城市绩效评估是可持续城市设计重要的评估方法。

在中国,城市设计评估指标主要通过控制性详细规划(以下简称"控规")的编制予以规范,许多学者因此针对城市设计的导则、管控机制等展开了研究。汤海孺等(2015)针对控规的评估总结了4类方法,分别是对比分析法、模型分析法、问卷调查法、GIS数据分析法。其中,模型分析法包括了交通需求预测模型和市政评估模型。

(五)成果及管控机制

城市设计的成果最先进入"控规"的编制中,以文本、图则、法规等形式出现,同时也呈现为街区和地块级的"城市设计导则",新时期的城市设计还以大数据成果的形式呈现(王建国,2016)。韩冬青(2018)指出城市设计的成果只有转化为规划控制的有效决策,才能产生物质空间形态与场所环境的真实改变。巴奈特教授(J. Barnett,1974)指出优秀的城市设计应当是一系列连续的行政过程,由此可见城市设计作为一项公共政策,正逐渐从以设计和结果为导向的操作机制向着以管控为导向的机制转变,并走向精细化设计(杨震 等,2018;段进 等,2017)。在此背景下,城市设计应进一步对接法定规划(地块出让条件、控规、城市总体规划),完成规范化的成果转译。具体在导则的编制过程中,应遵循刚性与弹性控制并重的准则,道路等交通基础设施规划应采取刚性控制,而地块内的半公共开放空间设计可采取弹性控制(杨嘉 等,2016)。

四、整合设计的基本原则

传统的城市设计关注对各城市组成元素的设计,哈米德·胥瓦尼(Hamid Shirvani)将城市设计的基本要素划分为8类,其中,交通基础设施、公共空间、人的

---

① "合适的(Satisficing)""退而求其次(Second-best Solution)"等方法逐渐被使用。

活动支持等都是重要的设计和整合要素。随着当代城市设计师们对城市系统的认识逐渐加深，开始更多地从整体的角度思考城市问题并提出解决策略。在此背景下，整合设计的思想在城市设计和城市规划等领域越来越受到学者们的关注。朱文一 等（2015）[109]指出："城市设计最核心的方法是整合，其哲学基础是整体论、系统论等。"

卢济威（2004）[26]对城市设计中的整合机制进行了深入的剖析，将整合设计的运作方式总结为四方面，包括：深入研究要素，让要素开放、促进要素相互渗透和结合，寻求要素的整合方式，结合点设计。卢济威将城市要素之间的整合关系划分为3个层次：实体要素整合、空间要素整合和城市区域整合。实体要素整合以处理城市组成要素之间的关系为着力点，目标是满足城市正常运转所需要的各种功能；空间要素整合以城市公共生活（各种活动的总称）为核心，着重实体物质空间之间的协调；区域整合关注区域彼此之间以及和城市之间的关系。王一（2005）将整合设计的研究对象和设计要素归纳为4类：交通网络、土地使用、公共空间、景观。

郑明远（2012）[25]对城市规划中的整合问题进行了概括，他提出"整合规划的核心任务是认知冲突和化解冲突"，是一个"由各种利益相关者驱动，通过协商达到解决问题的过程"。费林·加弗龙（Philine Gaffron）等强调整合规划是实现可持续发展的重要条件，书中还提出了整合规划所面临的3个核心议题：①多学科规划团队；②迭代过程，即对各个部分的分析结果进行整合；③多场景规划（Gaffron et al.，2005）。

（一）操作路径

与传统的城市设计方法相比，当代城市设计所体现的是一个连续决策的过程。以任务为导向的传统城市设计方法在设计初期即建立明确的目标，并假设实践的状态是可知的，是一种静态的设计过程。当代城市设计在设计之初往往设立阶段性目标或拟定目标，通过在设计流程中增加反馈环节，不断根据实际情况调整目标。因此，城市设计的流程是动态的，具有开放性和科学性。同时，多尺度整合设计、多专业协同配合在当代城市设计过程组织中也有明显体现。结合以上观点，本书将城市规划、城市设计、建筑设计的过程组织总结为如图1-7所示的互动式流程。

维基·乔治（Vakki George）认为当代城市设计实质上是"二次订单设计"，"城市设计师设计的是其他设计决策者工作的决策环境"（George，1997）。金广君等（2008）在二次订单设计的基础上，诠释了"城市设计策划"的概念，并将其定义为"三次订单设计"的过程。在城市设计的过程组织中，在方案确定与项目实施之前的过程被称为设计策划，也称为预先设计，是指为完成某一任务或达到预期的目标而做出的当前的合理决策（董君，2016；庄惟敏，2016）。庄惟敏在《建筑策划与设计》[6-7]一书中提出建筑策划包括两个领域，其中，研究建筑、环境、人之间的关系是基本出发点。另外，要研究建筑设计的依据以及空间、环境的设计基准，具体包括：①目标的确定；②目标的构想；③对构想结果以及使用效益的预测；④针对目标的定性与定量评估；⑤设计任

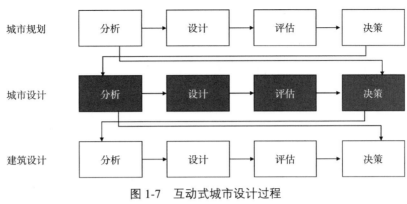

图 1-7　互动式城市设计过程

（改绘自：Moughtin，2003）

务书拟定。

庄惟敏（2016）还指出，预测的过程已经从经验推演的感性化阶段向基于空间句法、模糊决策、大数据分析以及虚拟现实等逻辑化、理性化的预测方向发展，预测过程中引入计算机模拟技术是未来研究的重要方向之一。在评估环节中，使用者行为模拟和预测是一个重要议题。最后，他指出在当代建筑设计研究中为实现科学、合理的决策，可以通过采用计算机技术建立数学模型和决策支持系统，"把定性与定量方法相结合，以使得决策摆脱主观随意性而更符合客观实际"（庄惟敏，2016）[148]。

本研究在构建一体化的整合设计方法框架时，借鉴了建筑策划的方法，将其与城市设计一般过程组织方式相结合，既包含"空间-人-环境的关系研究"，又包含"设计的目标制定——目标实现——预测——评估"，主要针对城市设计过程组织中方案选择及其之前的环节。

（二）操作主体

1. 学科交叉及多主体参与

从 20 世纪末开始，学者们逐渐意识到城市决策机构、设计专业之间的隔离现象（Healey，1997）。在城市建设专业不断细分的背景下，城市中的建筑物、公共空间、道路、铁路等组成要素之间被用地红线、道路红线等分割开来，设计人员在所负责的区域内进行设计，由此造成了城市各组成要素之间的隔离（卢济威，2003）。同时，城市建设部门与环境保护部门、卫生部门等各自为政，对于基础设施建设等工程项目的环境影响控制通常出现在方案确定之后，在城市设计的过程中可持续、绿色、健康等内容的具体体现仍有待研究。

因此，城市规划和设计研究人员逐渐认识到群体知识、协商方式、学科交叉，以及整合细分专业和所服务对象数据的重要性（斯通纳 等，2016；Couch，2016）。依靠个人经验和因果判断的中央集权式的决策方式风险系数高，单一的决策者很难对城市复杂系统的复杂问题给出明智的决定。如图 1-8（a）所示，传统的决策模式中决策者、政策制定者与研究人员之间是命令发出者和接受者的关系，缺乏及时的互动和反馈。由此，莫伊拉·泽尔纳（Moira L. Zellner）提出如图1-8（b）所示的"整合式分析-决策"模型，使专家、决策者（多数为政府部门）、社会机构等形成一个多元决策主体，为城市设计提供决策支持（Zellner，2008）。

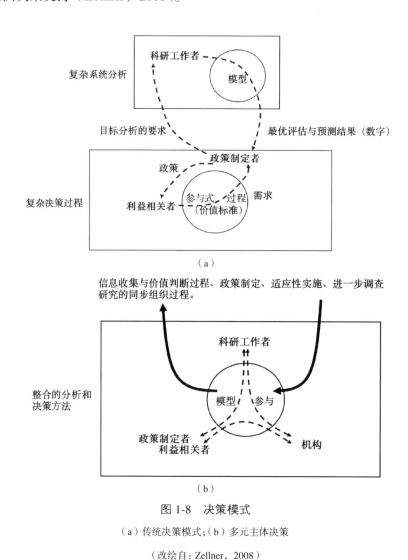

图1-8　决策模式

（a）传统决策模式；（b）多元主体决策

（改绘自：Zellner，2008）

2. 公众参与

1970年从斯堪的纳维亚地区兴起的参与式设计给城市设计过程带来了变革，自下而上、分散式的设计方法逐渐被各国所采用。在社区设计中，公众参与让居民指出社区的真实问题，帮助他们建立起一种强烈的社区归属感，是促进使用者与设计师、开发商、政府之间相互理解和沟通的重要途径，使得使用者可以更深入地了解设计专业人员的设计意图。通过公众参与，设计方案可以更好地体现最不具有决策权和话语权的城市居民的需要和意愿，以实现民主的决策（Lee，2008；Sanoff，1990）。

埃佐·曼奇尼（Ezio Manzini）强调城市设计不再是设计专家的独立工作，需要有非专业人员参与的协同设计（Co-design）过程。设计人员在协同设计中所扮演的角色是运用专业知识设计目标明确的方案，激发非专业人员的设计能力，并将他们的想法转化到图纸上，生成一种新的设计知识（Manzini，2015；Al-Kodmany，1999）。

在我国，参与性设计从20世纪90年代才开始出现，但大部分公众参与过程是半公开的。在2008年出台的《中华人民共和国城乡规划法》中，明确提出了在编制过程、评估过程、修改过程、监督过程中采取公众参与的具体方法。依据我国的国情，在整合性城市设计的不同阶段，公众、设计专业人员、政府机构的参与程度的理想情况如表1-1所示（陈天，2007）。以构建生态城市为目标的城市设计过程中，有学者将公众参与的程度划分为5个等级，从弱到强分别是：无参与、信息公开、听取意见、参与设计，以及参与决策环节（Gaffron et al.，2005）。

整合性城市设计过程中的参与者构成　　表1-1

城市设计阶段		参与者		
		公众	专业设计人员	政府机构
建立设计目标	目标确立	主要角色	促进支持	主要角色
	可行性分析		主要角色	促进支持
	全面评估	促进支持	主要角色	促进支持
设计活动	工作计划安排		主要角色	促进支持
	资料收集	促进支持	主要角色	
	资料分析		主要角色	
	方案设计		主要角色	
设计评审	方案选择	主要角色	促进支持	主要角色
	方案修改		主要角色	
实施过程	方案实施		主要角色	主要角色
	反馈修正	主要角色	主要角色	
运作维护	维护与更新	主要角色	主要角色	主要角色

（改绘自：陈天，2007）

（三）操作工具

1. 物理-数字相结合

信息通信技术是构建智慧城市的核心，它为城市设计人员提供了定量分析和设计的方法，使得城市规划和城市设计不再单独依靠人的主观判断以及美学标准进行定性分析，而是充分利用人-机结合的优势（Batty et al.，2012）。伦敦大学学院的麦克·巴蒂（Michael Batty）等学者认为整合的物理-数字方法是一种系统的、理性的方法，可以帮助城市规划师和决策者进行客观的方案比选、城市文脉分析，并且可以实时监测城市系统的变化、预测环境和经济效益。

随着系统理论和计算机技术的发展，城市设计领域也逐渐引入了数学和计算机模拟等方法。许多学者开始使用诸如参数化思想、量化分析、过程设计、社会仿真模拟等技术进行理论验证、客观评估、预测设计方案，并探索将社会学与自然科学研究进行结合。大数据、机器学习等技术的发展也为人类行为研究、交通规划、城市设计等领域注入了新的知识，使研究者、设计实践者们了解城市中个体的行为活动并且预测设计方案对群体行为的影响。

2. 城市设计-计算机模拟相结合

在当代城市规划设计领域，计算机仿真技术主要应用在城市模拟、分析、评估等方面。巴蒂教授（Batty，2008）在《城市模拟的50年：从宏观静态到微观动态》（Fifty years of urban modeling: Macro-statics to micro-dynamics）一文中梳理了城市模拟与城市规划和城市自身的发展历史，图1-9是对科学研究、计算机模拟、城市规划进行的横向比较。

1）城市模拟及分析工具

城市模型的构建通常用于理解复杂城市系统的内在机制。由于改变一个真实的系统既昂贵又可能具有破坏性，建立一个表征该系统的模型是经济又高效的方法（Law et al.，1991）。城市模型是现实的简化，是在某一目标指导下对城市系统的一种便于理解的转化（van Dam et al.，2013；Batty，2009）。

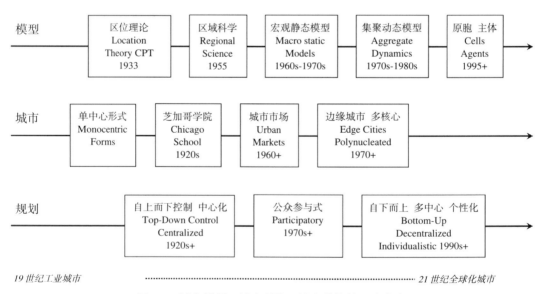

图1-9 城市规划、城市理论、城市模拟的历史演变

（改绘自：Batty，2008）

许多概念模型、数学模型、计算机城市模型都能够解释和描述城市过程并辅助城

市规划与设计,例如,规划师所利用的城市指标体系。当系统中的关系相对简单时,分析性的方法就可以解决问题。然而,当处理复杂关系时,通常需要采用模拟的方法来解决。在20世纪90年代,城市研究人员指出,计算机模拟可以作为认知城市复杂系统的媒介(Decker,1993)。仿真工具通过遵循逻辑或数学规则可以对复杂的自适应性城市系统进行建模,并通过大规模计算进行定量分析(Batty,2013;Law et al.,1991)。此外,计算机模型也不像纯粹的概念或数学模型那么抽象,而探索非线性行为的唯一有效方法是通过建立模型来模拟(Gilbert et al.,2005)。计算机模拟还可以实现预测、解释、理论阐述、描述、图示等多重目的(Edmonds,2017)。乔治·博克斯(George E. P. Box)和诺曼·德雷珀(Norman R. Draper)曾指出:"从本质上讲,几乎所有模型都不是正确无误的,但至少有些是有用的。"(Box et al.,1987)[424]

2)方案评估及决策支持工具

此外,模型还有助于测试系统的不同配置,以通过评估和预测各种策略指导下的备选方案来支持决策过程。在传统的环境行为学、环境影响评估等研究中,研究人员通常采用做实验、数理统计等方法定量研究人、自然环境、建成环境几者之间的关系。近几十年来,随着计算机技术的普及,越来越多的学者开始采用计算机模拟的方法进行研究。模拟的方法可以帮助科学家在研究中充分考虑个体的自主决策过程,以探索建成环境变化对个体的影响。有学者指出可持续城市设计需要多标量的决策方法,需要对所研究系统的绩效进行指标评估(Flourentzou,2012)。计算机模拟可以将不同决策的可能后果呈现给决策者,以帮助他们做出明智的决定。然而,决策过程是一个复杂的认知构建过程,一个决策的制定既取决于决策者对现实情况的认识,也受到其自身主观偏好的影响。当决策者所感知到的现实情况改变后,其主观偏好也可能会相应改变。计算机仿真模型是帮助决策者更好地认知真实情况的媒介,可以揭示"现状系统"的真实状态以及设计系统的未来可能状态,扩展了决策者的视野。图1-10所示为科恩·H·范达姆(Koen H. van Dam)提出的迭代式智慧城市设计与评估方法框

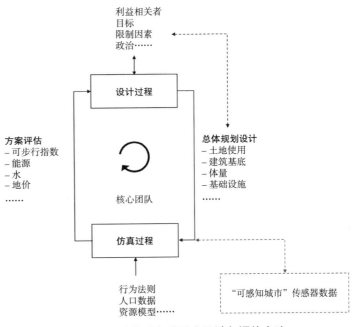

图1-10 迭代式智慧城市设计与评估方法

(改绘自: van Dam et al., 2013)

架(van Dam et al., 2013)。

本章小结

　　本章从复杂系统理论入手，梳理了城市复杂系统、复杂系统的主体等概念，指出系统研究的一般方法包括认识系统、改造系统、评估系统。本书在对交通与空间系统整合进行理论层面的研究时也由这三个方面展开。本章还详细阐释了系统整合的概念与核心任务，介绍了可以应用于交通与空间系统整合的"从定性到定量的综合集成方法论"。在众多操作交通与空间系统整合的手段中，本书选取城市设计作为切入点，深入剖析了整合设计的内涵与基本原则，分别从操作的路径、主体、工具三个方面进行了解读。

第 2 章
认识系统

城市基础设施的建设会嵌入到已有的人类建成环境和自然环境系统中,并与这些开放的城市子系统之间产生相互作用(Whyte,2016)。

一、系统整合的对象

(一)交通基础设施子系统

斯皮罗·博拉里斯(Spiro Pollalis)将城市尺度道路交通基础设施的组成要素划分为 4 类,包括交通出行、车辆、交通运输站点和交通运输线网(Pollalis,2016)。周君等(2005)结合中国的国情,将交通基础设施划分为 4 类:交通建筑系统、交通服务系统、交通管理系统、交通工具系统。

本研究中将交通基础设施系统看作由两类主体组成。一类是交通工具及交通出行,由于车辆(由人操控)、行人等主体的行动具有较强的自主性和理性,符合"强主体"的定义,因此,这类主体属于"人类主体";另一类是提供运输服务的基础设施线网及站点,这些物质网络的"行为"由人类主体设计并操控,同时在建设完成后又可以"自主地"对人类主体和其他系统产生作用,具有一定的理性,符合"弱主体"的定义,因此,这类主体属于"非人类主体"。交通基础设施的主要功能是为城市提供交通运输服务、保障各种交通方式正常运行。根据基础设施城市化、绿色基础设施(Green Infrastructure,GI)[①] 等理论,交通运输线网的线性、网络化特点还使其具有成为城市景观和生态廊道的潜力,将交通与绿色基础设施进行一体化设计是应对气候变化、实现韧性城市的重要途径。例如,可考虑将部分废弃交通基础设施改造为绿色基础设施,或者在交通线网的附属空间植入绿色基础设施,或者用交通基础设施串联城市的绿地、水系以形成网络。

---

① 绿色基础设施是经过系统性规划的集合了自然、半自然、人造自然区域的网络,它同时也对其他的环境条件进行设计与管理,绿色基础设施的建设提供了广泛的生态服务和生活品质(European Commission,2016;Tzoulas et al.,2007)。

（二）城市空间子系统

在描述城市总体的空间系统时，通常从城市空间结构[①]和城市空间形态两个方面展开，空间结构反映了城市中不同功能区之间的关系、分布，以及人与物的流动，其在物质空间上的表征体现为空间形态。在城市总体规划中，土地利用规划是重要的协调和控制城市空间结构与形态的工具，决定了城市中不同土地使用功能的分布，每块土地的开发强度、密度，以及混合使用程度。

城市空间系统按照权属、社会性、可达性等指标又可以分为公共空间、半公共空间、私密空间，城市公共空间子系统（包括公共和半公共空间）是组成城市空间系统的重要部分。这一系统往往散布于城市的不同片区、街区中，因此，对这一子系统的研究需要选取中观 - 微观尺度的视角（相较于城市空间结构和空间形态研究），也是本书的主要整合对象。具体而言，公共空间按照空间形式可以分为点状、带状、面状空间，按照在城市中的位置和作用可以分为主导型空间、附属空间（赵蔚，2001）。其中，主导型公共空间突出空间的场所意义，可以独立于建筑实体而存在，如城市公园；附属型公共空间往往依附于某些建筑或设施而存在，如城市高架桥下空间。

如同交通基础设施系统中对主体的定义和分类，本研究将城市公共空间系统看作由"人类"和"非人类"两类主体组成。其中，公共空间的使用者及其产生的行为活动，属于"人类主体"；提供这些活动的物质空间、公共设施、自然环境等，属于"非人类主体"。公共空间的主要功能包括为居民提供公共活动的场所，形成城市中可感知的、舒适宜人的空间，有机组织城市中人的行为，以及改善生态环境（如应对气候变化，缓解城市空气、水、噪声污染等），诱导城市有序开发，保留城市预备土地（王鹏，2001）。联合国人居署在"人居三大会（Habitat Ⅲ）"中提出建设公共空间基础设施的概念，根据城市基础设施的定义和分类，公共空间应充当社会基础设施的功能，其规划设计影响到城市的正常运转。

（三）人类子系统

在城市规划与设计领域中，以人为本的概念越来越受到学界的关注。现代城市在经历了以技术为主导、以效率为目标的传统规划范式后，人本尺度空间环境品质日益恶化，慢速交通的需求缺乏重视，城市中弱势群体、更广泛居民的生活质量难以保障。卢济威（2015）指出城市设计未来的发展趋势是从"视觉城市"向"行为城市"转变，既要重视人的视觉行为的需求，更要重视人的活动行为的需求，增加对行为模式的研究以增强城市活力。社会各界呼吁城市规划、城市设计与交通规划应当由车本位思想向以人为本思想回归，而在交通与空间的设计中也应当遵循以人为本的原则。做到以

[①] 或称作城市内部空间结构（Urban Internal Spatial Structure）。

人为本的交通-空间整合设计需要回答3个基本问题,即:

(1) Who——为哪些人而设计?
(2) What——为他们的哪些方面而设计?
(3) How——怎么为他们而设计?

首先,这里的"人"包括了社会不同阶层的人,在设计中,由于弱势人群(如贫困人群、老幼病患)的利益容易被忽视或剥夺,以人为本的城市设计更应关注这些人群的需要。其次,当考虑人类个体的需求时,设计师可以介入的方面包括改善人在环境中的体验和使用,从研究的角度看,即为人的感受和行为而设计。最后,将人的感受和行为纳入设计实践和研究的可参考理论和范例已有很多,查德威克(Chadwick,2013)指出人的行为研究是交通设计和城市规划的核心内容。本书将在第3章详细梳理、总结相关的方法。

(四)自然环境子系统

在我国现代城市设计理论的发展中,吴良镛先生首先对城市复杂系统的整体秩序进行了研究,并指出"人类的居住环境包括社会环境、自然环境和人工环境的整体",在《人居环境科学导论》(吴良镛,2001)[40]一书中转引了道萨迪亚斯所建构的人居环境系统模型(图2-1),提出环境整体性等原则。

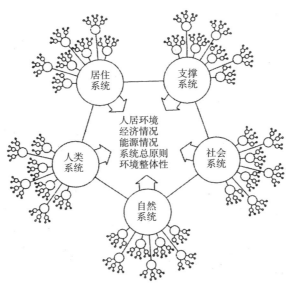

图 2-1 人居环境系统模型

(引自:吴良镛,2001)

钱学森先生从系统论的角度出发,为我国城市规划、建筑学等领域提出了整合思想,他还指出学科交叉是历史发展的必然趋势。1985年,钱学森先生在《关于建立城市学的设想》一文中提出"建立从城市规划 - 城市学 - 数量地理学这样一个城市的科学体系"（钱学森，1985）[28]。1990年，在写给吴良镛先生的信中他提出创立"山水城市"，构建人造环境与自然环境相结合的人居环境。

当代城市设计也逐渐认识到城市复杂系统的特点，城市设计学科从单纯追求美学、功能走向兼具绿色、可持续、韧性、气候适宜等方向，将环境的可持续发展作为城市设计的重要目标之一。王建国在《城市设计》（2011）《生态原则与绿色城市设计》（1997）等文献中强调了"绿色城市设计"的重要性，指出当代城市设计应当"贯彻整体优先、生态优先的原则"。

二、子系统之间的关系

针对以上系统整合的对象，本书首先研究交通系统与空间系统二者间的互动关系，并以此为核心，进一步研究交通 - 空间系统与人类子系统、与自然环境子系统之间的相互作用与反应机制。

（一）交通系统与空间系统的关系

交通基础设施系统与城市空间系统是城市复杂系统的重要组成部分，其中，交通基础设施系统为城市提供了运输人与物的物质网络，城市空间系统则是城市经济、社会网络形成和发展的重要空间载体。根据复杂系统理论，二者耦合形成的交通 - 空间系统也是一个复杂的社会 - 技术系统，也具有动态性和涌现行为，组成系统的各主体是异质的，具有能动性，彼此之间依循一系列社会和物理法则相互联系和作用。

1. 交通系统与城市空间结构和空间形态的关系

城市交通运输系统的发展带来交通方式的转变、不同区域可达性的提升、区域之间连通性的增强，这些因素都影响着城市的空间结构。在早期以步行和马车为主要交通方式的城市发展阶段，城市空间呈现聚集式、中心型结构。随着轨道交通的兴起，许多城市逐渐形成沿轨道交通线网发展的带状、楔形结构。在小汽车逐渐普及后，为躲避城市中心的高地价，许多工业、住宅的选址逐渐向城市边缘甚至是郊区迁移，城市不断向外扩张，呈现出多中心、多组团的城市结构，北美、中国的许多大城市都处于这种阶段（Rodrigue，2020；王春才 等，2007）。

但随着城市的向外蔓延，交通通勤的成本也随之增加，为实现利益的最大化，城市不同功能区在选址时需要考虑地价与交通成本之间的平衡，因此空间结构在一定程度上也限制着交通网络的建设。此外，城市的总体规模、空间形态、人口、就业、土地利用的密度和混合使用等因素也决定着交通系统的规划和建设。例如，当城市面积、人口数量、就业需求较小时，只需提供步行、自行车等交通基础设施即可满足城市功能需求。当城市达到一定的人口、就业数量和总体规模时，才有必要进行（并有能力支撑）快速轨道交通网络的建设，而相应的需要分配给轨道交通基础设施的土地面积也会远大于分配给非机动交通基础设施的面积。

2. 交通系统与公共空间系统的关系

聚焦于城市公共空间系统，它与交通基础设施系统之间的互依关系和矛盾冲突也是随时间而变化的，在不同的城市发展阶段，二者的演变速度不尽相同，既存在良性互馈机制，又存在矛盾冲突甚至是相互阻碍。图 2-2 是本书所研究的陆路交通基础设施系统与公共空间系统之间互馈反应关系的层级框架图。图中箭头所示为交通系统与空间系统两者之间的互动关系。箭头①表示交通基础设施占用城市空间；箭头②表示同时承担交通与公共空间职能的复合型交通基础设施空间，即本书中的"整合对象 A"；箭头③表示交通基础设施及其边缘形成的附属型公共空间，为本书的"整合对象 B"；箭头④意指与主导型公共空间有功能联系的交通基础设施。

运用系统整合的思想，可以总结出城市处于初建期、发展期、稳定期（康红梅，2012），交通与空间的互依关系以及体现出的典型矛盾及其原因。在前期研究（杨柳 等，2020）中，通过深入分析伦敦博罗市场（Borough Market）和交通基础设施建设的演变案例，总结出二者动态的互动机制。

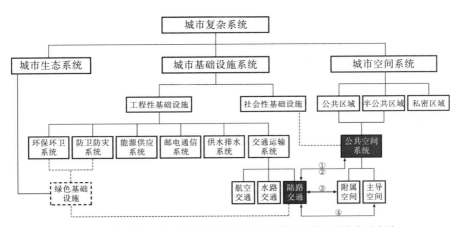

图 2-2 本书所研究交通与空间系统之间的关系图（笔者绘制）

注：图中黑色方框显示部分为本书所研究的对象，箭头①~④是交通和空间系统之间的不同关系，虚线表示交通和空间系统未来的设计方向

1）城市初建期

在城市发展的初期，交通与空间两者既存在联合式互依，也存在系列式互依关系。联合式互依体现为两个子系统的快速发展共同为城市提供交通运输、社会交往等服务，系列式互依体现为交通基础设施的建设引领城市开发，同时在其边缘形成了一系列附属公共空间。在此阶段，由于城市中有大量空闲土地，两个子系统之间的交互式互依关系不明显。这一时期，交通基础设施建设为公共空间（尤其是经济交易型公共空间）

的发展带来资金、人流和物资。同时，公共空间的无序扩张也对交通出行造成阻碍，产生交通与空间之间的冲突。其首要原因是公共空间缺乏专业的设计管理和系统规划，并缺乏市民的参与和维护。

2）城市发展期

城市进入快速发展期后，主要的公共空间已基本形成，此时快速交通基础设施的建设势必会嵌入原有城市肌理中，由此也产生了与公共领域的空间争夺。在城市发展的后期，增量空间逐渐减少，早期的发展所引发的诸多城市病凸显出来，交通基础设施与公共空间系统的进一步发展需要利用城市中的存量空间。

交通与空间的互依关系从系列式互依渐渐转变为交互式互依。交通基础设施发展进一步提高了公共空间的可达性，并将空间中的居民活动从街区范围扩展到城市乃至区域范围。相应地，原本担负公共空间职能的城市街道、广场等基础设施被机动车所统治，步行、骑行等能够促进社交活动、体育锻炼的出行模式逐渐减少。快速交通产生的空气、噪声等污染使得公共空间品质大大降低，其强势介入也打破了后者在视觉、空间、使用者心理感受上的连续性。城市中的公共空间松散布局，尚未形成体系。这些问题的产生主要与城市总体发展策略有关，决策者以提升交通效率和经济发展速度为指导思想，大力发展机动交通基础设施，因而忽视了街区、街道等近人尺度城市空间的品质。在此背景下的公共空间往往处于弱势地位，很容易被侵占。

3）城市稳定期

城市步入稳定期后，伴随着城市老城区的衰落、基础设施的老化、功能单一、服务滞后等问题，公共空间吸引力也逐渐降低，尤其是处于交通基础设施边缘的附属型公共空间，环境品质受到基础设施所产生的噪声、空气等污染的影响也日益加重。同时，基础设施扩建项目的实施也会进一步侵占原有公共空间，使其与城市其他区域的联系减弱。这一时期，虽然城市中的公共空间较成体系，交通与空间体现为交互式互依关系，但两者之间的良性互馈反应机制仍需要完善，即重构为整合的交通-空间系统，该交通-空间系统的发展受所在区域的影响较大。

3. 交通系统与公共空间系统的冲突及现实议题

1）空间争夺

交通基础设施与公共空间系统的发展都需要占用物理空间等资源，当城市以平面扩张的方式生长时，二者在空间上的争夺显得尤为强烈。现代城市逐渐走向立体式联合开发的发展模式，这为二者在区域、要素上的整合设计提供了解决途径。然而，在具体的空间整合层面，两者之间仍存在彼此的扰动和脱节。例如，当把高架桥下部的空间作为商业型公共空间利用时，交通运输带来的震动、噪声、光线遮挡等都会对下部公共空间造成消极影响。同时，很多的城市交通枢纽仅满足了交通运输、人流集散等功能的需求，却与城市的公共空间之间缺乏功能上的整合和步行网络的连通。

2）服务对象

当代城市交通基础设施的建设以效率、便捷等作为目标，以车作为首要服务对象进行设计。而城市中的公共空间以步行者和部分骑行者为首要服务对象，设计的目标是促进这些人群的社会交往、提升他们活动的环境品质等。二者在核心服务对象上的差异也为系统整合带来了挑战。

3）设计的尺度和机制

交通基础设施系统的规划设计往往以城市总体的开发要求为着眼点，尤其是机动交通基础设施，其规划尺度范围通常是城市尺度，由交通运输部门制定方案。而城市公共空间的设计多为近人尺度，着眼点通常在城市的片区、街区尺度，由城市规划和设计单位制定方案。二者在设计的着眼点、尺度、操作主体方面的差异为系统整合带来了困难。

4）路权和用地权属

根据《牛津英语大辞典》（Oxford English Dictionary）路权（Right-of-way）是由交通法规、条例等设立的通过特定道路或他人财产的合法权利，用于规范道路使用者的权利。城市中的交通运输基础设施的路权可以分为：专用型、半专用型、混合型（如街道）。其中，路权专用型基础设施（如铁路、高速公路）以及部分的半专用型基础设施（如有轨电车）其自身享有道路沿线一定范围内的土地使用权。因此，当城市设计师和规划师意图将其与周边空间进行系统整合时，会遇到许多现实问题。

5）开发时序

当城市处于发展期的阶段，机动交通基础设施先行开发，公共空间的设计有所滞后，由此带来二者开发时序上的不一致。因此，在整合设计时基础设施往往已经是城市中既有的一部分，公共空间在与其进行整合时较为被动。

针对以上问题，本书将专注于解决前三类与分析和设计直接相关的议题，后两类议题由于涉及具体的政策制定、项目开发与实施，具有较强的地域性特点，需要根据不同国家、地区的具体情况进行研究，故不作为本次研究的重点。

（二）交通-空间系统与人类系统的关系

1. 与人类需求的关系

城市交通基础设施与城市空间系统发展演化的动因是人的需要。马克思说："没有需要，就没有生产。"国际建筑师联合会在《华沙宣言》中也强调，建筑师和规划师在设计环境时应当充分理解建筑和城市空间与人的需求之间的关系。波兰人类学家布罗尼斯拉夫·马林诺夫斯基（Bronislaw Malinowski）指出："通过研究需求，我可以理解一个人类组织、社会环境，以及这两者与自然环境之间关系的系统，需求是关于真相的有限集合。"（Malinowski，1944）[9]

瑟夫洛（Cervero，2009）认为，交通与空间在演变过程中产生的矛盾冲突的背后原因是人的机动性需求与宜居性需求没有得到平衡和满足。为了调和两者的矛盾、实现整合设计，首先需要从人的需求出发，分析两者发展演化的动力机制，以找到整合的突破口。

1）人类基本需求

马林诺夫斯基（Malinowski，1944）将人类的需求划分为基本需求、衍生需求和综合需求三类。亚伯拉罕·马斯洛（Abraham Maslow）将需求统归为基本需求与发展需求两类。两位学者都提出，人们需要在满足基本需求的前提下满足衍生或发展需求，而在追求高层次需求的过程中很可能出现基本需求得不到满足的情况，例如，过度追求方便快捷交通出行所造成的环境污染会影响到人对健康的追求。

马林诺夫斯基将人的基本需求归纳为7类，其中包括身体舒适、安全、移动、健康等。在此基础上，卡洛斯·马尔曼（Carlos Mallmann）总结出个人、社会和生态三类基本需求（Mallmann，1980）。曼弗雷德·麦克斯-尼夫（Manfred Max-Neef）所提出的"人类需求矩阵"中囊括了9种基本需求（Max-Neef，1992）。

2）交通-空间系统与人类需求

交通基础设施系统的构建主要是为了满足人对移动性的基本需求，而系统的不断完善与优化则是为了满足舒适性、安全等需求。也有学者认为（Vella-Brodrick et al.，2013），交通只是一种衍生需求，是为满足人的基本需求（如外出就餐）提供服务的。公共空间系统的形成主要为了满足人的休闲娱乐、社区归属感、公众参与、社会交往、生态环境等基本需求。值得指出的是，这些需求也可以通过建设非机动交通基础设施（如漫步道）进行满足，而非机动交通系统的构建也可以同时满足人对健康的需求。

现代社会为满足人们对机动性的需求而大规模地建设快速交通基础设施，并不断提升交通出行的效率、速度和便捷性。另外，城市中实体公共空间系统的面积受到交通基础设施的挤占、连续性被打破、空间的环境品质逐渐降低。同时，随着社交媒体和网络平台的发展完善，人们的社交活动从物质空间渐渐转移到网络空间，并形成了"虚拟公共空间"（Lévy，2017）。在两者的综合作用下，人与人面对面的社会交往频率降低，体力活动水平也下降，这危及人的社会交往、健康、社区归属感以及社区参与等基本需求的满足。机动交通的发展也引发了环境污染、交通事故等危害，因此，城市居民的生态环境需求，以及步行者、骑行者对室外活动舒适性和安全性的要求很难得到保证。

2. 与人类感受和行为的互动关系

交通-空间系统与自然环境系统共同影响到人的行为的产生和延续。人们对环境与人行为关系的认知经历了环境决定论、环境可能论，以及环境忽然率等理论的转变。当代环境行为学研究普遍认为，人类通过对外界物质环境的感知，并结合个体的特征及以往的经验形成主观的环境认知与评估，即一个存在于人类头脑中的被感知的环境。其中，人对环境的感知既包括城市设计长期关注的人的心理感受也包括人的生理感受，如皮肤的温感等。而人对环境产生感知主要通过视觉、听觉、触觉、嗅觉、味觉等五个方面。

主观的评估与客观的需求（或"动机"，如上班）共同刺激便产生了具体的人类行为，包括交通出行、休闲活动、家庭活动、职业活动等。其中交通出行又包括：交通方式选择、目的地选取、出行路线选取、活动时间表的制定。人对环境体验的评估可划归为5个层面：①舒适度；②可达性；③方便度；④安全感；⑤吸引力（Sallis et al., 2006）。图2-3为环境与行为之间的关系图。

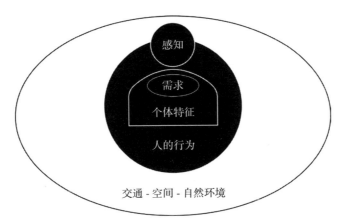

图2-3　人的感受、行为与交通-空间-自然环境系统之间的关系（笔者绘制）

（三）交通-空间系统与自然环境系统的关系

交通基础设施系统可能会直接导致自然环境系统的生物多样性降低、栖息地破碎化、基本农田丧失、噪声污染、非点源暴雨径流污染、土壤侵蚀、湿地丧失、地下储油罐泄漏污染等问题（Radin et al., 1994）。其中，栖息地破碎化会导致动植物的生存地面积变小，生物多样性也相应降低，当自然灾害来临时（如暴风雨、干旱、洪水）物种消失的概率也就越大。同时，交通基础设施也会通过影响土地使用而对以上因素产生间接影响。

有学者指出（Geneletti, 2006; Saunders et al., 1991），新建的交通基础设施是破坏生物多样性的重要因素，它们会影响到生态系统的功能，改变生态斑块的生物与非生物条件。其主要影响包括3个方面：使斑块之间的分离度增加、减小斑块的大小、使其暴露于外部扰动之下。

交通基础设施系统与自然生态系统之间的互动关系可概括为两个部分，即交通运输工具对自然环境系统的影响，以及基础设施对自然环境系统的影响。不同的交通工具及其基础设施所产生的影响也是不同的，如电动车对空气产生的污染明显小于传统的汽油车，但其运行过程中消耗的电力能源却远大于后者。但总体来说，可将两个系统之间的关系划分为3个阶段，即交通基础设施系统在建造、运行、废弃过程中与自然环境系统之间的关系，如图2-4所示。

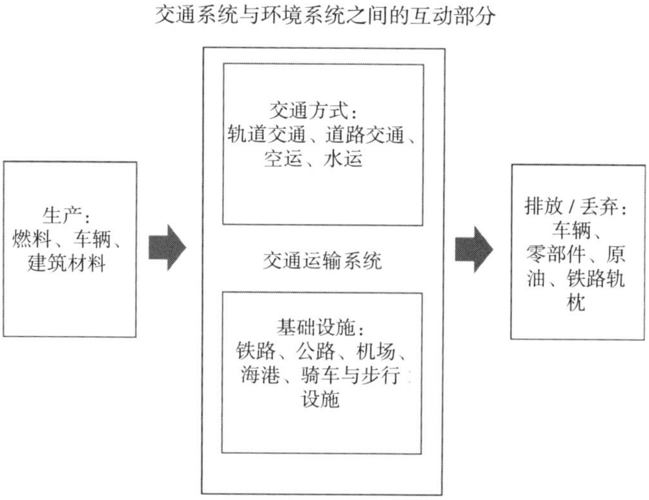

交通系统与环境系统之间的互动部分
生产：燃料、车辆、建筑材料
交通方式：轨道交通、道路交通、空运、水运
交通运输系统
基础设施：铁路、公路、机场、海港、骑车与步行设施
排放 / 丢弃：车辆、零部件、原油、铁路轨枕

图 2-4　交通基础设施与环境系统间的关系

（改绘自：Radin et al.，1994）

1. 建造

交通工具和基础设施的生产如图 2-5 所示，首先要从自然环境系统获取能源（如电力）和材料（如橡胶）。基础设施的建造又会占用自然环境系统的物理空间，由此会对自然栖息地的连续性、动植物的生长和生活环境、基本农田用地等产生消极作用。在生产过程中，还会排放气体（如氮氧化物）、固体（如废煤渣）、液体（如污水）废弃物。

劳动力输入
小时 / 天
人数
工作类型
能源输入
电力
热
燃料
气体排放物
废热
生产、建造过程
材料输入
质量 / 小时
~~ / 天
~~ / 周
~~ / 月
~~ / 年
产品输出
质量 / 小时
~~ / 天
~~ / 周
~~ / 月
~~ / 年
液体废弃物
体积 / 时间
固体废弃物
质量 / 时间

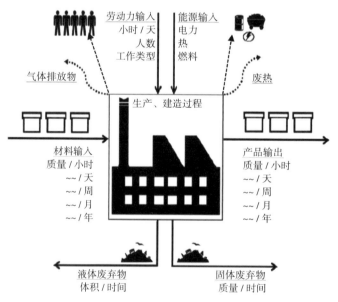

图 2-5　交通基础设施系统的生产、建造过程图示

（笔者根据 Koen van Dam 博士 2018 年 7 月 27 日，于北京大学 / 土人设计公司所做“Feasibility study green infrastructure interrelation with water- energy- waste nexus”的报告内容改绘）

2. 运行

在系统的运行过程中，基础设施的建造对自然环境系统产生的物理空间层面的占用和结构性破坏作用仍然存在。与前一阶段不同的是，交通运输工具开始和自然环境系统产生动态的互动关系，如交通工具向外排放废气、废热等。

3. 废弃

该系统的废弃可以分为两种情况，一种是交通运输工具的废弃（如高架铁路桥更新利用为城市公园）；另一种是交通运输工具及其基础设施的整体废弃。两者的废弃都会产生大量固体垃圾（如轮胎、混凝土）以及液体排放物，并进入自然环境系统中。

与交通基础设施系统不同，城市空间系统对自然生态系统的积极影响明显，二者之间甚至存在着重叠，如公园、水系既属于公共空间系统，又属于生态系统。因此，许多学者着力于研究公共空间中的蓝绿空间对生态系统的影响，这部分公共空间具有空气净化、调节气候和太阳辐射、水净化、土壤和营养物循环、保护生物栖息地、废弃物降解、缓解噪声污染等生态功能，进而影响到自然生态系统的空气质量、土壤结构、能源和材料循环、水质、自然栖息地和生物多样性、系统韧性等内容（Tzoulas et al., 2007）。

然而，需要指出的是，不合理布置以及有硬质铺地的公共空间也会对生态系统造成负面影响。不透水的地面会影响地表径流、水体循环、植物的生长和繁衍，由于其反射热的能力较强，还可能会加剧城市的热岛效应。

三、交通与空间系统整合的目标

（一）系统整合的总目标

1. 满足二者对物理空间和资源的需求

交通基础设施系统和公共空间系统分别是城市中工程性和社会性基础设施的重要组成部分，为保障和提升城市的效率、经济增长、集聚效应、居民生活质量等提供重要支撑，是城市发展过程中不可或缺的要素。强调交通基础设施与城市空间的耦合发展不代表要放弃对机动性和经济发展的追求，而是寻找更加合理、优化的方案（如新能源汽车）来满足交通与空间系统建设、运行所需要的物理空间和资源，实现该系统的经济可持续性。

2. 平衡人类的机动性与宜居性的需求

根据前期研究可以发现，人类系统是交通-空间系统不可分割的一部分，在系统整合中应当统筹考虑人类主体的需求和行为，一个整合的交通-空间系统应当以满足人的基本需求为首要目标，进而实现对衍生需求的满足。对该系统的规划设计既需要满足人类对机动性的追求，也需要满足宜居性的需要，实现二者的平衡是系统整合的关键。具体体现为，在保证机动交通出行量的同时，通过公共空间系统与非机动交通基础设施系统的构建满足人们对社会交往、健康、社区归属感及参与度、生态环境、室外活动舒适性及安全性的需求，进而实现该系统的社会可持续性。

3.满足人类系统与自然环境系统的双重需求

交通与空间系统的整合，在满足人类自身需求的基础上应当满足生态环境的需求，单纯以满足人类自身的需求为出发点的城市设计和建设会剥夺生态系统中其他生物以及地球自身的生存条件，造成生态系统失衡，之后会反过来危及人类自身的生存需要。格迪斯（Geddes，1915）指出城市是一个不断进化的生命有机体，由此，可以通过生物体的内在运行机制来类比城市系统的演进法则，这类研究又被称为生物启发的城市主义。

DNA作为自组织生物有机体的一个基本单元，与城市系统存在很多相似之处；受DNA双螺旋结构的启发，本书提出了城市交通基础设施规划的概念模型，如图2-6所示。与DNA中的两条螺旋链相对应，人类需求和生态需求构成了城市系统的支柱，因为人类的需求推动了城市的发展和运转，而生态系统承载力为城市设置了发展的上限。这里的人类需求包括基本需求和衍生需求，生态需求则涉及生物多样性、绿色网络和水系统。应该根据人类和生态的需求来建设城市交通基础设施以及其他5种城市基础设施系统，并同时满足这两种需求——这一过程对应于DNA中的碱基对。该原型通过将人类需求和生态需求视为支持和约束决策者行动的重要干预变量实现对其决策过程的帮助，进而推进交通与空间系统的生态可持续性。

图2-6 城市基础设施建设的DNA概念模型

（改绘自：L.Yang et al., 2019a）[①]

（二）目标系统：交通-空间-人-环境系统

综合以上研究，交通与空间的系统整合不单单是物质空间的整合，更需要与人类社会、自然生态实现良性的互馈，在进行交通与空间整合时，目标系统既包括了交通基础设施子系统与城市空间子系统，也包括两个系统内部的人类要素以及外部的自然环境。由此，本书提出构建如图2-7所示的"交通-空间-人-环境的可持续系统（Sustainable Transport-Spaces-Humans-Environment System）"。

---

① 笔者根据以本人为第一作者的文章插图进行翻译、改绘。

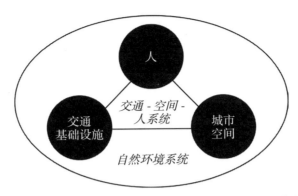

图 2-7 系统整合目标系统：交通 – 空间 – 人 – 环境的可持续系统（笔者绘制）

本章小结

本章首先明确了交通与空间系统整合所要针对的对象，分别对交通系统、空间系统、人类系统、自然环境系统自身及相互的关系进行了梳理。本章将组成交通基础设施系统、城市空间系统的元素按照"人类主体"和"非人类主体"进行了分类，并阐述了两者各自承担的主要功能、类别以及发展方向。随后，对不同城市发展阶段中交通基础设施与（宏观）城市空间结构及形态，以及（微观）公共空间之间的互依关系进行了阐释，并将交通与公共空间二者之间的冲突概括为空间争夺、服务对象、设计的机制和尺度、路权和用地权属、开发时序五个方面，本书围绕前3个方面问题展开了进一步的研究。

在此基础上，本章总结出交通与空间系统整合的总目标，强调人类系统是交通-空间系统不可分割的一部分，交通与空间系统的整合应当以满足人的基本需求为首要目标，需要平衡和满足人的机动性与宜居性两方面基本需求。以整体性、人性化、结合自然设计为出发点，本章指出系统整合需要以人类与生态的双重需求作为约束条件。最后，研究明确了系统整合的目标系统，包括交通、空间、其中的人和外部的自然环境等子系统，还提出构建"交通 – 空间 – 人 – 环境的可持续系统"的概念。

第 3 章
改造系统

一、交通基础设施与公共空间的设计理论

（一）主要理论演变

本研究按时间顺序梳理了针对交通及公共空间的规划理论及设计手法，由于该领域的研究深受不同时代交通基础设施、交通运输方式的发展、城市规划理论演变、人类行为学研究等旁系学科发展的影响，也受到计算机等科技进步的推动。因此，在历史梳理中还囊括了有影响力的社会学、控制论、系统论等相关研究，以找出整合设计概念的渊源。

1. 前工业时代（18 世纪 60 年代—19 世纪 90 年代）——街道与活力

随着 19 世纪 20 年代第一次工业革命的开始，大规模的机械生产和蒸汽动力的采用刺激了电动机的出现、道路系统的升级，以及机械化铁路系统的诞生。在这一时期，西班牙规划师伊尔德方索·塞尔达（Ildefonso Cerdá）在论及街道的功能时阐述，街道是人与建筑之间联系的桥梁，它构成了城市化的基础（Puig，1995）。同时，他还创造了一个新词"活力街道（Viality）"来描述街道（Via）和活力（Vitality）之间的联系。在交通系统的发展方面，1855 年法国巴黎诞生了第一辆电车。随后，19 世纪 80 年代实用电动汽车和有轨电车的出现开启了电气化交通的新纪元。

同时，城市理论家开始探索公共空间中物理环境与人类感知之间的关系。其中一位代表人物是卡米罗·西特（Camillo Sitte），他主张重建一个可创造日常生活乐趣的美学城市（Sitte，1986）。该时期最有影响力的人类行为研究是格式塔心理学。该理论的主要观点是人类可以在接收到来自外界的部分信息后重构一个完整的世界，这对后世的城市研究者，如凯文·林奇产生了深远的影响。

2. 工业时代（20 世纪初—20 世纪 40 年代）——最初的人车分流

1908 年，美国福特公司生产了第一辆福特 T 型车，其低廉的价格使得汽车走入了寻常百姓家。此后，日益增长的交通量大大刺激了欧洲和美国的交通基础设施建设。当时，效率、标准化和模块化的概念成为工业生产的重要特征，由此也引发了城市设

计的转变。现代城市设计以功能主义为标志，通过建造多层道路交叉口和环形交叉口将马车和行人分开，以最大限度地提高道路的通行能力。这些做法相继出现在伦敦、纽约和巴黎[①]，这也导致了交通基础设施与公共空间设计分离的开始。

第一次世界大战后，交通与城市空间被严格地分隔开。这体现在《雅典宪章》的声明以及哈维·克贝特（Harvey Corbett）对未来城市的展望中，克贝特（Corbett，1925）认为，铁路、汽车和步行交通应隶属于不同的水平面，因此交通规划应遵循：铁路在地下，汽车交通在地面，步行系统高架的规则。勒·柯布西耶（Le Corbusier）在其功能主义宣言中也表达了消除城市公共空间的意图，这也导致了现代城市设计对公共空间的忽视，特别是对街道和广场的社会功能的忽视。此外，这一时期个人机动车和公共汽车得到了推广，交通基础设施建设优先发展高速公路，而一些传统的交通模式如电车在许多城市逐渐消失。

3. 第二次世界大战后期（20世纪50—70年代）——整合设计初探

第二次世界大战后，汽车在欧洲和美国迅速普及并得到发展。在交通规划中，分离还是整合的问题在学界引发了激烈的论战。一些学者断言，街道和公共空间的两个主要目的——运输和社会功能——应该严格分开以满足不断增长的交通需求（Buchanan，1963）。随后，诸如"交通隔离应成为现代道路设计的基本原则"的政策被很多国家效仿（UK Ministry of Transport，1966）。

同时期，世界上许多国家经历了严重的社会矛盾和个人思想的转变，这也催生了社会心理学的研究，建成环境对使用者的影响方面的研究因此得到了发展。凯文·林奇（Lynch，1960）提出认知地图的概念，将人类认知与建筑环境联系起来。他指出，人所感知到的城市意向由五方面要素组成，其中公共空间被抽象为刺激社会融合的节点，而交通基础设施的隐喻取决于其尺度和城市背景。例如，一条高速公路在城市尺度上可能是一个路径，但是在街区尺度上很可能是一个会导致社区隔离的边界。简·雅各布斯（Jacobs，2016）认为一个好的城市必须促进行人和汽车之间的互动，同时满足公共空间的需求，为此她提出了4个设计原则，分别是渗透性、功能混合（建筑物类型和活动类型）、新旧建筑物的混合，以及密度。还有学者指出，城市是生活的容器，公共空间具有维持人类接触的基本社会功能。在此背景下，出现了一系列先锋实践和设计提案（Christopher，1965）。

荷兰的规划师们专注于将街道融入社交空间，通过消除住宅区的路缘和道路障碍，减少交通对公共领域的影响。在荷兰代尔夫特，工程师朱斯特·瓦西里（Joost Váhl）发明了第一个交通缓行设施（van den Boomen，2001）。在20世纪70年代，"生活化的道路（Woonerf）"的设计模式出现，营造了一个步行友好的居住区，其内部街道对车辆开放，但对驾驶员的行为和行驶速度有具体要求。骑行者可以自由进入Woonerf，

---

① 例如，建于1905年的星形广场（Place de l'Étoile）和民族广场（Place de la Nation）。

但大面积道路都有铺装，并且设计了大量的公共活动。在这里，道路上的物理隔离措施被移除以刺激各种户外活动（如游戏），并且也引入了多种交通模式。乔普·H·克雷（Joop H. Kraay）指出："Woonerf是过去十年中荷兰人对城市交通环境管理最重要的贡献。"（Kraay，1986）[2]

另外，对交通基础设施与公共领域之间相互作用的重新思考也使得由交通车道建设所引起的城市空间割裂问题受到广泛关注，许多城市开始探讨将高速公路、铁路、城市轻轨线周围的剩余空间进行适应性再利用。1968年，美国联邦公路管理局（United States Federal Highway Administration）首先提出了联合开发的概念，旨在将这些城市中的剩余空间进行功能复合的空间再利用。

到20世纪70年代，油价上涨、交通事故和汽车污染等问题的加剧引发了人们对过度依赖汽车的反思，也引起了对以小汽车为主导的交通基础设施规划模式的重新思考。雷纳·班纳姆（Reyner Banham）将基础设施规划总结为独立处理人造生态和地形的过程（Banham，1971）。另有学者指出，交通走廊应该被设计为城市更新的催化剂、一个城市形态的环境触发因子（Wolf et al.，1975）。由于交通基础设施具有"连续空间"的特点，他们还提出了在基础设施中构建公共领域的概念，以延长人们在其中的使用时间。

4. 后工业时代（20世纪80—90年代）——整合思想的涌现

几十年来，为追求机动交通的效率，城市快速发展对城市中居民的生活质量和自然环境产生了消极影响，由此引发了将行人尺度和生态指标重新纳入城市设计语境的反思。阿尔多·罗西（Aldo Rossi）指出，通过功能主义规划的城市建筑物不过是一群按照特定顺序排列着的城市伤口。他将城市比喻为"集体记忆"，并强调交通基础设施和公共空间应当是构成人们记忆的物体和场所（Rossi，1982）。

在这一时期，世界上许多国家还迎来了有轨电车的复兴。电车可以有效地调整城市中心区的机动性，通过减少机动交通所占用的空间，增加行人和骑行者的空间来激发公共空间的重建。例如，在法国的许多城市复兴项目中，大量引入有轨电车以恢复和重建城市中心区的肌理（Boquet，2017）。法国政府对铁路项目的补贴中，有近1/3用于改善社会住宅以及有轨电车系统（Cervero et al.，1997）。

从20世纪80年代中期开始，"新都市主义（New Urbanism）"的概念从美国渐渐发展起来。拥护者们主张城市应该由广泛可达的公共空间、可步行社区和智慧增长等方式塑造而成（Congress for the New Urbanism，1999）。新都市主义学者们提出将TOD作为一项城市规划的基本原则（Calthorpe，1993），该理念旨在大力发展城市公共交通，通过将公交站点和城市绿地空间、居住办公等土地使用进行统筹规划，在交通节点的可步行范围内提高土地利用的密度和混合度，为城市提供绿色、高效的整合设计方案。如图3-1所示，在TOD方案中，公共开放空间和交通枢纽同步被规划。TOD的概念在郊区被转译为"步行袋"，它是一个距离交通枢纽1/4英里（400m）或

5min 步行半径的由绿带环绕的紧凑区域。TOD 和步行袋均提供了多种交通方式的通行，包括步行、公共汽车、轻轨、私家车等。事实证明，围绕交通基础设施的紧凑型、行人为导向的城市规划可以减少汽车的使用并鼓励非机动出行模式（Cervero et al.，1997），同时还可以防止公共开放空间的碎片化，进一步研究表明，以行人为导向的城市设计可以预防犯罪并鼓励社会互动。场所营造是新都市主义的另一个关键原则，同样也适用于重新设计交通廊道周围的剩余空间，将过境的交通基础设施从社区退化的主要原因转变为社区发展的引擎。

在设计（以及再设计）基础设施时，出现了整合的基础设施观，以实现既尊重自然又保持自身与文化和社会背景的一致性。景观都市主义的概念因将交通设施、景观、建筑看作一个整体的巨型构筑物来组织城市（Frampton，1999），为重新思考现有的单一用途基础设施走廊提供了新的视角。这种多功能的方法将景观重新定位为一个复杂的功能系统，不但包含了自然环境系统也包括无处不在的人行网络。这一理论随后被应用于欧洲和美国的许多实践中，其中，纽约高线公园（High Line）的成功证实了交通基础设施是城市空间结构、社会网络变化的催化剂。此外，一体化的城市和城郊道路 - 公路服务系统的概念被提出，将不同的机构边界、娱乐区和度假屋联系为一体（Dupuy，1995）。

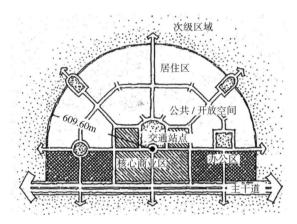

图 3-1　TOD 模式图解

（改绘自：Calthorpe，1993）

此外，诸如人类需求理论等人类行为学研究的发展为交通和公共空间设计带来了新的启示。在马斯洛的人类需求层次理论的基础上，马尔曼提出了一个三等级的需求理论，将人的个体性、社会性和生态性的需求进行了划分。为了满足人们日益增长的需求、改善公共生活，一些设计师指出公共空间应通过提供社交、市场和步行空间等功能来激发社会凝聚力。扬·盖尔（Jan Gehl）指出，多功能和多样化的空间形成了满足不同人群需求的物理场所（Gehl，1987）。通过室外观察，他还提出了户外活动的数量和人与人社交频率之间的线性函数。

5. 新千年（21 世纪初至今）——复杂系统的整合

在城市设计和规划领域，由斯坦·艾伦（Stan Allen）提出的"基础设施城市化"的概念，渐渐成为从建筑角度解决基础设施议题的主流思想（Allen，1999）。他提出工具的特性应当被重新纳入建筑学范畴，而模拟技术和计算工具可以推动这种转变。他还提出了包括基础设施是动态的、不断演化的，其形成遵循自下而上的规则在内的 7 个论点。此外，通过采用细节化的建筑设计和典型或模块化的结构，将多种类型的活动设计到基础设施系统（即未被占用的空间）也至关重要，基础设施城市化因此提出了一个多层次的、基于社会 - 物理系统的、以技术为中心的人工生态系统概念。托马斯·豪克（Thomas Hauck）和沃尔克·克莱因科特（Volker Kleinekort）等人在《基础设施城市化》（2016）一书中指出，在早期城市化中，轨道交通基础设施由于无法整合进已有的城市空间系统，往往属于城市中的邻避设施（Not In My Back Yard，NIMBY）。新的基础设施城市化以设计并提升基础设施结构性空间的空间质量为焦点，呼吁设计师们关注城市中铁路等高性能基础设施的边缘所产生的"中介空间"的日常性和再利用，充分挖掘其美学和功能潜力（Hauck et al.，2011）。

基于这一观点，绿色基础设施（Tzoulas et al.，2007）、景观基础设施（Landscape Infrastructure）、基础设施建筑学（Infrastructural Architecture）、建筑化基础设施（Architectural Infrastructure）等概念相继出现。一些专家指出，绿色基础设施和景观基础设施可以成为交织在一起的大型构筑物和城市地形之间的媒介，具有有效应对气候变化的潜力。因此，自然环境与人造环境的融合是可持续发展的关键（Varnelis，2008）。建筑化基础设施观旨在运用场所营造、多层交通网络设计、多功能空间设计和景观设计等方法来进行面向活动的基础设施设计（Meyboom，2009）。基础设施建筑学是一种设计策略，通过重新设计障碍、边缘、空隙、边缘和张力区域来弥合不同尺度（如道路地形和建筑）之间的差距（Jerkovic，2009）。其中，交通基础设施是最密集且不断变化的边缘空间之一，但同时它也会形成线性切割，通常会产生物理和社会结构中的空隙。菲比·克里斯曼（Phoebe Crisman）指出，这种线性切割和由此产生的边缘化城市空间应该转变为一个容纳高密度、混合使用和众多住宅建筑的可持续容器（Crisman，2006）。理查德·桑内特（Richard Sennett）的研究关注城市边缘空间，他将这些空间划分为两种形式：有限的边界（Limited Boundaries）和可交换的边缘（Exchangeable Borders）（Sennett，2011）。通过比较人造系统与自然生态系统，他指出边缘区域往往是自然选择最密集的区域，而边界则是一个交换较少的静态空间。为了形成动态的边缘，以前密闭的线性基础设施（Linear Infrastructure）应该转变为无定形的城市边界，支持社会、宗教、经济的渗透及交融。

进入新世纪以后，人们开始关注如何调和交通、空间、人、环境之间的冲突。自 20 世纪 80 年代以来，一些工程师和城镇规划者批评了 Woonerf 的理论与实践，认为

Woonerf 很难控制，它在很大程度上取决于当地的集体住房和分区规划方案，并且与街道本身没有联系（Constant，1981）。根据当时的立法，Woonerf 只能作为一个完整的分区规划而设计，因而产生了难以管理、融资和出售等问题。在 21 世纪初期，英国政府引入了 Woonerf 的概念，将其改名为"家庭区域（Home Zones）"并制定了一系列控制导则（Institute of Highway Incorporated Engineers，2002）。家庭区域被定义为行人、骑行者、车辆可以安全地共享空间的住宅街道，在这里生活质量优先于机动交通的便利性。几十年来，该策略一直被应用在城市住宅区的规划中。

为了将家庭区域的概念应用到更广泛的城市区域中，"共享空间（Shared Space）"的概念逐渐产生，一些先锋设计师们开始在购物中心等商业、办公区域的设计中引入此概念（Anvari，2013）。共享空间消除了车辆和人之间的隔离，交通速度因此大大降低，而非机动车行驶的安全性得到改善。丹麦、德国、荷兰、英国等国先后进行了一系列共享空间的尝试，例如，英国政府出台了关于"本地交通记述：共享空间（1/11）"的报告（Department for Transport，2011）。然而，在早期的试点项目中忽视了残疾人（尤其是盲人）的使用，因此引发了一场抵制共享空间的运动。作为对这项运动的回应，英国于 2016 年制定了专业的共享空间指导意见，以改善道路安全和公共卫生，对共享街道的实践案例进行了重新评估。学界认为共享空间的实施和连续的公共领域的构建需要政府、专业人士、公众的多方面行动（Hamilton-Baillie，2008）。在制定政府指导方针以及说服公众接受这些规划方案时，深入地研究成功的共享空间案例尤为重要，而制度和教育方面的改进对于弥合交通工程和设计专业之间的差距起着关键作用。

21 世纪，越来越多的理论与实践家开始在可持续发展的大背景下探讨城市设计方法。作为可持续规划的原则之一，马修·卡莫纳（Matthew Carmona）指出应加强公共空间的可达性和通透性，应把道路通行优先权给予行人，然后是自行车和公共交通工具，最后才是汽车（Carmona et al.，2003）。在此基础上，有学者提出将"可持续的可达性"作为一种规划方法，因为该方法考虑了活动场所的数量、功能多样性以及环境友好型交通出行模式的使用量（Grengs et al.，2013）。与此同时，TOD 规划经历了从单纯侧重于促进社区规模的公共交通使用，到建立城市规模的可持续系统的转变，这种具有可持续发展观的 TOD 模式吸纳了以人为本的设计理念和场所营造等概念（Loo et al.，2017）。将城市交通和公共空间作为一个综合的系统进行考虑，并利用公共空间作为可持续设计的重要工具开始受到学界的广泛关注（Ravazzoli et al.，2017）。此外，这一可持续的系统应该是以人为本、以人的需求为基础的，它具有实现美好生活的可能性，因为人们的生活质量取决于其各种需求的总体满足程度（Q. Zhang et al.，2011；Jackson et al.，2004）。

图 3-2 较全面地展示了相关领域研究的思想演变以及整合设计的理论根源。

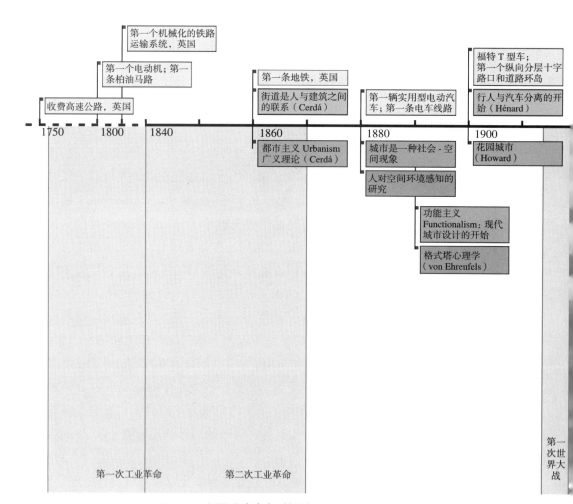

图 3-2　主要理论演变时间轴

（改绘自：L. Yang et al., 2021b）

第 3 章 改造系统

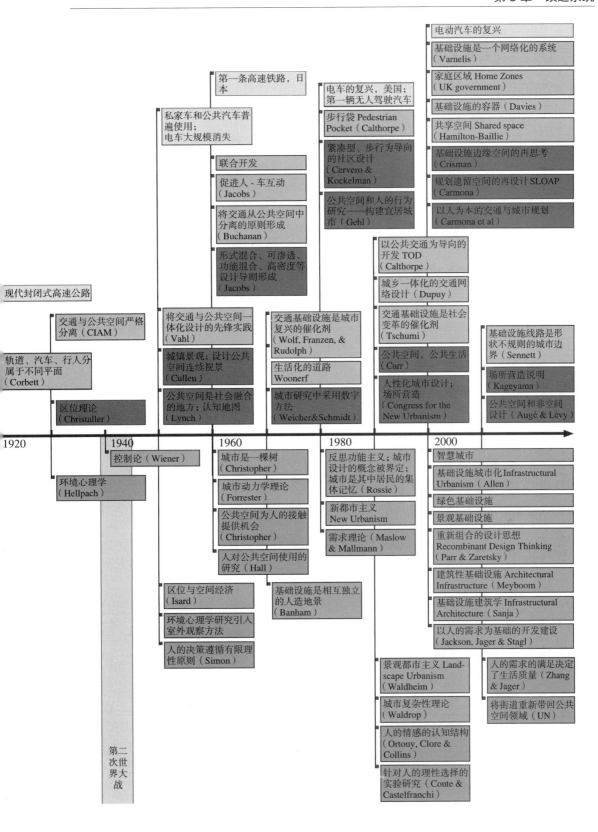

（二）针对不同对象的设计理论总结

通过前文的历史梳理可以发现，交通基础设施在设计之初不仅是为了支持城市中的运输功能，它同时起着在公共领域产生活力的作用，但随着优先考虑机动交通的需求并将它们与公共空间设计分开，这种活力逐渐被破坏。近年来，专家学者们开始认识到精心规划的交通基础设施可以成为城市更新的触媒，交通规划和公共空间设计越来越多地被视为整体考虑，行人、骑自行车者、公共交通使用者的需求也逐渐受到关注。因此，城市规划者和设计师开始构建多标量、可渗透的交通网络，其中整合了大量的活动和公共空间，公共空间的设计遵循提供可持续的可达性、渗透性、混合使用和密度等原则。

公共空间在城市中具有调和交通、人、环境之间冲突的功能。一方面，它可以激活在交通枢纽周边的未充分利用的城市空间，并为公民提供会面场所、市场、绿色空间，以满足他们的社会性、生态性、个人性的需求；另一方面，通过整合街道设计，它可以创造无边界、可达的、视觉美观的、环境友好并可持续的公共领域，这可以有效改善行人和骑行者的出行体验。

随着城市系统理论的发展，人们对交通基础设施和公共空间的认识也不断加深。早期的理论指出了此类物理系统与外部社会系统之间的相关性，提出交通与公共空间的设计应当以人为本、以地方为基础。此后，景观基础设施、绿色基础设施等思想的出现提供了一种将自然生态系统纳入基础设施规划设计的范式。

近几十年来，信息通信技术系统的进步、计算机建模等辅助工具的发展，进一步推动了可持续交通-空间-人-环境系统的建设，该思想以系统整合为目标、兼顾人类和生态的双重需求，旨在实现城市的可持续发展。

针对本书所提出的整合对象，交通与空间的设计理论和概念可总结为表3-1。

不同整合对象的设计理论总结（笔者绘制） 表3-1

	对内交通基础设施		对外交通基础设施（市内段）				
	A类整合对象		B类整合对象				
基础设施分类	有轨电车	街道	轻轨-地面	轻轨-高架	铁路	高速公路-地面	高速公路-高架
路权	半专用	混用	专用	专用	专用	专用	专用
与周边关系	可连通	可连通	相隔离	高架桥下部可连通	相隔离且有防护带	相隔离且有防护带	高架桥下部可连通
理论及方法	以有轨电车主导的城市空间设计	活力街道、生活化道路、家庭区域、共享空间	基础设施城市化且联合开发、绿色基础设施等理论				
			车站区域：采用TOD建立整体的多标量交通、公共空间网络				

（1）对于 A 类整合对象，即兼具交通与公共空间双重职能的有轨电车、城市街道空间，可采用以有轨电车主导的城市空间设计、活力街道、生活化道路、家庭区域、共享空间等理论。

（2）对于 B 类整合对象，即单独承担交通运输职能的基础设施及其附属空间，在整体线网的设计上可运用基础设施城市化、联合开发、绿色基础设施等理论；在站点区域的设计中可采用 TOD 建立整体的多标量交通、公共空间网络。

二、交通基础设施与公共空间的设计策略

（一）典型案例分析

为了给交通与空间的整合设计提供具体的设计策略、针对交通基础设施与公共空间之间不同的空间关系给出建议，本书选取了 6 个典型案例进行分析。在选择案例时遵循以下标准：每个项目至少对一个设计理论进行了实践，所选案例中交通与空间的关系各不相同：①公共空间在高架的交通设施下方；②交通设施和公共空间均在地面上；③交通设施在公共空间下方。这 6 个案例分别是英国的伦敦展览路共享空间项目、爱丁堡威瓦利火车站项目、伦敦波特贝罗集市、美国的底特律 Q-line 有轨电车项目、西雅图的奥林匹克雕塑公园，以及荷兰的代尔夫特大开挖项目。本书根据设计中所涉及的主要公共空间类型，将这些案例归纳为"街道作为公共空间"，"交通基础设施和公共开放空间设计"以及"交通基础设施和公共设施设计"三个方面。尽管整合项目可能是多种类型公共空间的集合，但将每个案例归结为一个主导的设计动机将为设计师提供一个具有描述性用途的概述，可对已有方案的评估和新方案的构思提供指导。

1. 街道作为公共空间

利用共享空间原则将城市中心的街道带回公共领域的一个著名的例子是英国的"展览路（Exhibition Road）项目"，它位于伦敦的文化、教育中心，曾经是一条城市主干道。2016—2017 年的统计数据显示，每天有近 4 万名游客通过这条街进入伦敦 3 个著名的博物馆：自然历史博物馆、维多利亚和阿尔伯特博物馆、科学博物馆，同时伦敦帝国理工学院（Imperial College London）的工作人员和学生们也经由这条道路往返于校园的两个片区之间。

该项目于 2012 年完成，是伦敦先锋的共享空间尝试之一。如图 3-3（a）所示，在消除了行人和车辆之间的分隔后，步行体验得到了提升，交通冲突也有所减少。同时，沿街的公共空间也被激活，成为社交活动、零售、现代艺术（如街头艺术）的温床，如图 3-3（b）所示。一项使用后评估报告指出，相当多的行人更喜欢新的共享空间，而非传统的街道布局（Ruiz-Apilánez et al.，2017）。然而，2017 年在展览路上发生的行人与机动车之间的交通事故引发了人们对这些空间中使用者安全的重新思考。"共享空间"的实践需要进一步约束机动车司机的行为，以使得他们更加友好地对待行人，

保障行人的安全。

有轨电车是振兴城市空间的催化剂，与公共汽车相比具有舒适、可靠度高和安静等优势（Culver，2017）。通过与汽车和非机动车共享车道，有轨电车在周围环境中创造出了一种独特的公共领域感。在全球范围内，美国城市拥有世界上最杰出和最具影响力的有轨电车网络，因此，我们在这里选取了底特律以有轨电车为引导的城市复兴项目。

自20世纪50年代以来，底特律遭受了严重的经济衰退、人口减少、城市废弃和犯罪。然而，复兴项目主要是在市中心开发的，因此该市的大量住房处于空置状态。在这种背景下，最初被命名为M-1铁路的Q-line有轨电车规划，满足了建设可靠、快速的交通网络以连接下城区、中城区、新城区的迫切需求。2014—2017年，一个"公私合伙制（Public-Private-Partnership，PPP）"机构设计并建造了一条沿着伍德沃德大道（Woodward Avenue）的1.5km的电车轨道，如图3-4（a）所示。完成后，该线路为底特律的211个开发项目带来了超过70亿美元的新投资，沿着大道的商业区以及市中心的娱乐和文化目的地重新焕发出活力。伍德沃德大道也成为一条完整的街道，使得车辆和行人可以安全通行。虽然这种多使用者道路设计导致了电车系统的延误，但一些即将出台的关于限制和规范停车、骑车和行走等行为的新规定为改善这一交通-公共空间系统提供了机会，如图3-4（b）所示。

（a） （b）

图 3-3 伦敦展览路（笔者拍摄）[①]

（a）帝国理工学院旁；（b）街头艺术

[①] 图3-2、图3-3、图3-4、图3-5（a）、图3-7、图3-8、表3-2根据以笔者为第一作者的文章插图进行翻译、改绘：（L. Yang et al.，2021b）。

（a） （b）

图 3-4　底特律 Q-line 项目（刘宣拍摄）

（a）电车轨道与道路；（b）不同使用者

2. 交通基础设施和公共开放空间设计

公共开放空间，如公园、广场、运河，在重新设计交通基础设施周边的剩余空间以及建立行人和环境友好型交通系统方面发挥着至关重要的作用。一个例子是位于荷兰代尔夫特市的"代尔夫特大开挖（Digging Delft）"项目，该项目通过紧凑型住宅单元、办公空间、公共开放空间的建设取代了高架的过境铁路。由于规划优先考虑了机动交通，大型高架桥在两个街区之间形成了障碍，在投入使用后列车量的急剧增加，也是它成为周边区域一个巨大的噪声源。自 20 世纪 90 年代以来，规划人员和建筑师一直在讨论车站区域的重新安置和密集使用问题，从而提出了一个双层高架桥的建议，并最终选择了一个在最大程度上避免了环境和社会扰动的方案。新的总体规划拆除了双轨铁路，保留了历史建筑，建立了多层交通网络，并恢复了原有的运河，如图 3-5（a）所示。通过应用联合开发、基础设施城市化、绿色基础设施的原则，该项目重建了周边的城市结构，并在社会、经济、环境层面缝合了周围的社区。

该项目也是一个 TOD 的例子。新的立体车站形成了一个城市交通枢纽，邀请行人、骑自行车者，以及乘坐电车、火车和公共汽车的乘客在这里聚集。车站前广场种满了著名的荷兰郁金香，如图 3-5（b）所示。然而，由于规划中的住宅建筑没有按预期售罄以补偿开发费用，因此该项目从 20 世纪 90 年代开始引发了一些争议。

（a） （b）

图 3-5　代尔夫特大开挖项目

（a）恢复后的运河（笔者拍摄）；（b）新建车站站前广场（Steven Lek 拍摄）

在某些情况下，铁路被保留作日常使用，因此，联合开发项目通常会在铁路轨道周围建立新的公共领域。例如，西雅图的奥林匹克雕塑公园（The Olympic Sculpture Park）在现有的火车轨道和主干道上建造了一个新的步行友好的绿色基础设施，而这里曾经是一个工业废弃地。为了重新连接不同的空间，规划师和建筑师建立了一个连续的Z形"绿色平台"——一个容纳行人、景观、种植的混合容器，如图3-6所示。

图3-6　西雅图奥林匹克雕塑公园（M.O. Stevens 拍摄）

另一个类似的案例是英国的爱丁堡威瓦利（Waverley）火车站项目，如图3-7（a）所示。在这个项目中，建造了连接铁路两侧的桥梁，铁路两侧空间被保留为公共花园，并设计有各种活动，如游乐园，如图3-7（b）所示。在基础设施场地上保留"薄公园"（其最小长宽比为10:1）的方法，被证实是一种有效的包容性景观保护策略（Kullmann，2011；Smith，1993）。

3. 交通基础设施和城市公共设施设计

市场等城市公共设施建设有助于增强社会凝聚力、促进经济繁荣和创造社区认同感。因此，它们也是激活交通附属空间以及实现物理-社会-经济多重可持续规划的重要触媒。这里选择的项目位于伦敦诺丁山（Notting Hill），其中高架公路下的剩余空间被用作市场、餐馆、商店，并形成了著名市场——波特贝罗集市（Portobello Road market）的北侧部分（图3-8（a））。韦斯特威（Westway）高速公路建设于20世纪60年代中期，之后周边社区的种族冲突和社会隔离日益加剧，交通对居民造成的噪声和空气污染也逐渐加重。在此背景下，韦斯特威信托机构成立，旨在通过激活高速公路下超过23英亩（约9.3hm²）的土地来提高公共生活质量。如图3-8（b）所示，他们

（a）　　　　　　　　　　　　　　　　（b）

图 3-7　爱丁堡威瓦利火车站（笔者拍摄）

（a）行人友好型交通基础设施；（b）轨道两侧——左侧为公园，右上方为游乐园

（a）　　　　　　　　　　　　　　　　（b）

图 3-8　伦敦波特贝罗集市（笔者拍摄）

（a）跨越波特贝罗街道的韦斯特威高速；（b）高速下方零售业

将剩余空间重新用作慈善、零售、体育、绿地、文化、停车场等一系列多用途、多尺度的公共空间。同时，这些空间也构成了波特贝罗集市不可分割的一部分，以其古董、服装、时尚、新鲜食品而闻名。此外，这里也是举办最重要的欧洲节日诺丁山狂欢节的地方，该节日是为了增强社会凝聚力而设立的。这个项目不仅刺激了当地经济，还产生了大量的社会住房，以及有吸引力的艺术和文化场所（West Way Trust，2018）。

（二）针对不同语境的设计策略总结

这些来自欧洲大陆、英国、美国的实践所体现出的设计理念和策略阐明了交通规划和城市设计的范式转变。设计师们通过在街道上设计一个充满活力的公共领域，或重新利用铁路和公路附属的剩余空间作为公共开放空间和公共设施，协调了交通、空间、人之间的矛盾。这些案例中的多功能、多标量和美学的公共空间刺激了社会凝聚力、非机动出行、场所感和当地环境质量，因此，也证明了公共空间是进行以人为本的交通系统规划的中介和催化剂。

街道上的共享空间实验和以有轨电车为导向的城市更新项目，通过将交通与城市系统带回到一个"Viality"的系统，提升了行人体验和社会的可持续性。事实证明，有轨电车在淡出主流规划思想数十年之后，仍然具有广阔的发展前景，因为它较私人汽车具有更强的可持续性，较公共汽车具有更好的舒适性和可靠性。针对共享空间，其安全性还需要进一步提升，将新方法引入城市设计是对这类问题的积极回应。技术创新（如在车辆上安装智能传感器），针对驾驶员、骑车人、行人的道路交通规则制定，以及道路缓冲带设计等都是值得探讨的改进策略。

针对城市公路、铁路及其附属空间的整合设计，由于基础设施本身体量巨大，对城市空间结构影响深远，其策略制定因此也较为复杂。根据项目所处的空间、社会、经济背景，所采取的设计策略应有所差别。这首先体现在对现存交通基础设施的处理上，是废弃还是继续使用。这些巨型构筑物及周围的城市空间记录了城市的集体记忆和独特的身份（Rossi，1982），凯文·林奇（Lynch，1972）[39]指出："为了现在和未来的目的而进行的城市改变，以及对城市遗产的活化再利用比起盲目崇拜历史遗迹更为可取。"全面保护和推倒重建都不可取，相反，两者之间应该有一个权衡（Carmona et al.，2003）。为实现这种平衡，专家（设计师、工程师、规划师）、政府、公众、其他利益相关者需要共同参与研讨，以决定是否继续使用当前的交通设施。

对于需要废弃的基础设施，需要考虑完全拆除或者进行功能置换。在后一种情况下，废弃的轨道可以进行适应性再利用，例如纽约高线公园所采取的"从轨道到步道"的策略。如果决定完全拆除巨型结构，如代尔夫特大开挖，以及波士顿大开挖项目（Big Dig）（耗资148亿美元，耗时30年），那么经济的可持续性应该是评估规划方案的重要指标。Q-line所采用的公私合伙制是一种有效的经济可持续发展策略，并已在TOD中得到广泛应用，如香港MTR地铁站的开发。而对于继续使用的基础设施结构可以考虑多种改造方式（表3-2）：①地面基础设施下沉；②地面基础设施上部盖板；③地面基础设施高架。这三种改造策略所耗费的资金往往比较大，如波士顿大开挖项目和北京的京张铁路地下化项目。对于不便进行大规模结构改造的基础设施项目，可以借鉴伦敦博罗市场和波特贝罗集市更新改造案例，对交通附属空间进行场所营造，将消极空间积极化。

不同城市语境下交通与空间整合设计策略　　表3-2

设计策略	初始交通-空间系统	交通-空间整合系统	空间策略
街道作为公共空间	伦敦展览路		交通-空间在同一平面上
	底特律Q-line项目		
交通基础设施-公共开放空间设计	代尔夫特大开挖项目		立体化的交通网络，公共空间在地面上（轨道的下埋还需要从交通网络整理考虑；地下空间的处理有专业的设计方法和策略）
	西雅图的奥林匹克雕塑公园		立体化的公共空间网络，交通在地面上
	爱丁堡威瓦利火车站		立体化的交通网络和公共空间网络
交通基础设施-城市公共设施设计	伦敦波特贝罗集市		立体化的交通网络，公共空间在地面上

（改绘自：L.Yang et al.，2021b）

三、以人为本结合自然的交通 - 空间系统设计方法

在第二章中提到，以人为本的交通 - 空间设计，需要满足不同人群，尤其是弱势群体的宜居、健康等基本需求，并将人在环境中的感受和行为纳入考虑范围。本节将深入探讨如何通过交通 - 空间系统的物理环境设计促进人的健康行为，并以此为依据设计既满足移动性又满足宜居性的交通 - 空间系统。笔者团队的一项系统性文献综述（Systematic Review）[①]（L. Yang et al., 2019b）发现，混合用途土地使用，紧凑型城市发展，可达性高、连通性好并配有专用非机动交通车道的基础设施建设，以及考虑到儿童和老人使用的高环境质量的公共空间设计等措施可以显著提高积极出行的比例。

某些学者还提出积极出行方案，即优先考虑行人、骑自行车者、滑旱冰者出行的设计，对公共健康和儿童发展都是有利的（Townsend，2016）。然而，另一些学者对积极出行方案与公共健康之间的因果关系产生了质疑。尽管步行街区可以通过刺激体力活动来增加体能消耗，但行人和骑行者可能面临更大程度的空气污染暴露和更大的交通伤害风险（de Nazelle et al.，2011）。此外，尽管街道连通性对于以交通为目的的步行具有积极影响，但它可能会对以休闲为目的的散步产生负面影响（Koohsari et al.，2013）。综合考虑到政策、建筑环境设计、人类行为、环境质量、暴露、健康之间的相互关系后，有学者建立了几者之间互馈反应关系的整体框架（Kollert，2017；de Nazelle et al.，2009）。图 3-9 是一个比较完整的互馈机制框架。

鉴于单纯的积极出行方案可能会带来副作用，有学者提出一套包括增加积极出行基础设施、减少机动车污染物排放、提供绿色基础设施在内的综合策略（Mueller et al.，2017；Woodcock et al.，2009）。例如，设计连通性好的自行车道和绿地系统可以提高城市绿地的可达性并刺激骑行行为产生，从而减轻人在空气污染中的暴露程度（Niţă et al.，2018）。为此，相关研究针对绿色空间设计、人类行为、健康儿者之间的关系进行了分析，指出绿色空间的"疗愈能力（Healing Power）"可以缓解人的心理健康问题，尤其是对生活在高密度城市环境中的人群（Xue et al.，2018）。然而，通过使用空间句法的方法，有学者证明了绿色空间的易接近性和吸引力与人的体力活动水平无关（Koohsari et al.，2013）。该研究指出，人的体力活动应该分别从两个方面进行分析：体力活动的发生和维持过程。因此，对绿地和人类活动之间关系的研究应该将易接近性和吸引力指标与绿色空间的数量和大小相结合，研究这些因子与人的体力活动发生与持续时间之间的关系（Koohsari et al.，2013）。综上所述，可以将促进居民健康行为的交通 - 空间系统设计策略归纳为以下 5 个方面：

[①] 系统性文献综述是依循一系列科学方法进行，以降低研究者自身的主观偏见为目标，旨在通过发现、评估、综合所有相关研究以回答一系列由研究者提出的问题的方法（Petticrew et al.，2008）。该方法在公共健康等领域应用较广，是研究多个元素间关系的重要定性研究方法，研究人员通过网络文献数据库搜索某一段时间内相关主题的所有文献并综合其他资源，运用内容分析法对不同文献按主题归类。

（1）混合用途土地使用和紧凑型、高密度城市开发；
（2）连通性好，并配有步行、骑行专用基础设施的交通基础设施建设；
（3）考虑到弱势人群使用的高品质公共空间设计；
（4）缓解机动车污染；
（5）绿色基础设施建设。

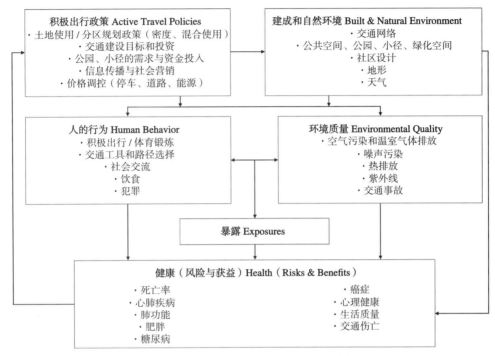

图 3-9　积极出行鼓励政策对健康的影响框架

（改绘自：de Nazelle et al.，2011）

与此同时，为了实现结合自然整体设计，还应考虑使用可持续城市设计方法，重要的交通基础设施与公共空间可持续设计方法包括以下内容：

（1）可持续交通规划方法：在交通工具和出行产生方面，将不必要的机动交通出行、机动车的空气污染物和温室气体排放降到最低，交通方式规划时使公共交通和非机动交通方式占主导地位。在交通网络规划方面，保护野生动物自然栖息地和生态廊道，设计透水路面，配置绿色基础设施。建造过程中降低原料的使用，并将材料、能源进行循环利用。

（2）可持续公共空间设计方法：公共空间的环境可持续设计应当调节城市微气候（太阳辐射、风环境、温度等），有机结合绿色基础设施，缓解城市污染（空气、水、噪声污染等）和气候变化（如汽车的热排放对城市热岛效应的影响）。空间的设计采用可透水铺地、屋顶绿化、雨水花园设计等方法。

本章小结

整合设计是一个根据目标解决问题、化解冲突的过程，也是改造系统的过程。本章按照时间线索对相关理论和思想进行了梳理，总结出以下交通 - 空间整合设计的趋势：

（1）交通基础设施不但需要提供交通运输的功能，还应当起到提升城市公共领域活力的功能；

（2）良好的公共空间设计需要调和交通、人、环境之间的冲突；

（3）构建多标量、可渗透的交通网络，并整合大量的活动和公共空间；

（4）面向系统的可持续设计，综合考虑交通 - 空间系统与外部的社会、生态系统之间的关系，采用可持续交通规划、可持续公共空间设计的方法，充分利用信息通信技术、计算机建模技术等工具。

本章针对 A 类、B 类整合对象分别总结了对应的设计策略，通过分析 6 个典型案例，归纳了处在不同空间关系与历史文脉中的交通 - 空间系统的整合设计和空间策略。最后，在研究了交通 - 空间的建设对环境质量和人的健康行为的促进机制后，总结出五方面可以满足人的宜居性、健康、环境等需求的交通 - 空间设计策略，并总结了重要的结合自然的可持续设计方法。

第 4 章
评估系统

一、评估的任务

在系统研究中,评估是影响科学决策的重要步骤,做出正确决策的前提是对系统演化进程、现状以及当前环境的准确评估。《系统评价:方法、模型、应用》(刘思峰 等,2015)等著作中对系统评估的任务、步骤、方法进行了详细的梳理。本研究的重点为事前评估,即在对现状系统进行分析、改造之后,预测系统的发展变化并做出预评估。

系统评估的一般步骤包括:①确定目标体系;②剖析约束条件;③明确评估任务;④构建评估指标体系;⑤选取评估方法;⑥收集数据资料;⑦进行综合评估。

在改造城市系统的过程中,规划师与设计师往往需要提出多套备选方案,为支持方案的选择(决策过程),城市规划与设计领域也发展出一系列评估范式。查德威克(Chadwick,2013)将评估的任务概括为:对设计目标、现状系统绩效、未来系统绩效、不同设计方案场景、不同政策影响的评估,以及对最终决策的评估。他还指出评估中需要解决的 3 个关键点是:

(1)对所研究系统进行描述,尤其是对系统之中各种关系的描述;

(2)确定评估的边界,因现状系统在改变过程中会对外部系统产生影响,评估边界的划定就是明确需要考虑到哪一层次(或阶段)的影响;

(3)对未来系统的评估还应考虑时间维度,即考虑从现在到未来某一时间点的过程中系统如何变化,以及当时间超出该过程后系统的改变。

城市规划评估的一个重要发展趋势是将"环境质量评估"纳入其中,将绩效评估的维度从建成环境自身,扩展到环境、经济、社会影响等方面。城市设计的评估也经历着相似的历程,传统城市设计以形态、美学质量作为评估标准,当代城市设计在此基础上又包容了生态环境等多维度的评估(Carmona et al.,2003)。

在环境评估方面,环境影响评估(Environmental Impact Assessment,EIA)方法最为常用,该方法不仅包括了对物理环境的评估也包括了对社会-经济环境的多维度评估。表 4-1 是对 EIA 的评估指标和工作流程的总结(Glasson et al.,1999);EIA 常用的方法包括：清单法（Checklist）、矩阵法（Matrix）、覆盖技术（Overlay）①、网络法（Network）②、量化技术（Quantitative Methods）③（M. A. Thompson, 1990）。本研究在进行环境影响评估时，主要采用了清单法和矩阵法。其中，清单法以一维数组的形式列出需要评估的可度量和不可度量指标，矩阵法以二维数组的形式同时列出多项指标进行平行对比。

城市设计环境影响评估指标　　　　　　表 4-1

分类	评估内容	评估子项目
物理环境	空气和大气	空气质量
	水资源和水体	水质、水量
	土壤和地质	分层、灾害风险（如：泥石流）
	植物和动物	鸟类、鱼类等；水生、陆生植物
	人类	生理、心理健康
	地景	地景的特征、质量
	自然遗产	保护区、建筑遗产、历史和考古遗址
	气候	温度、降雨、风
社会经济环境	经济基础-直接影响	直接就业；劳动力市场特征；本地-外地趋势
	经济基础-间接影响	非基础/服务业就业；劳动力供需关系
	人口	人口构成和趋势
	住宅	供需关系
	当地服务	供需关系和服务；健康、教育、警力
	社会文化	生活方式/生活质量；社会问题；社区压力和冲突

（参考：Glasson et al., 1999）

二、评估指标选取

（一）选取标准

黄燕玲（Cecilia Wong）将城市与区域规划中的指标（Indicator）④定义为：对某一特定研究现象的某方面进行度量的统计数据，它是一种衡量抽象概念的方法（C

---

① 覆盖技术通过将不同的图层进行叠加来确定环境影响最严重的区域，不同图层的深浅由其影响的重要程度、大小而决定。GIS 是常用的分析工具。
② 网络法可视化地描述每一个设计行动所产生的直接、间接、首要、次要等影响。
③ 量化分析方法建立在一系列综合指标的基础上，通过数学方程求解等途径实现对设计的定量评估。
④ 早在 20 世纪 40 年代，量化指标就开始在一些国家的政策制定中起到指导作用，当时的美国采用"经济指标"来评估经济走势。20 世纪 60 年代之后，社会学家们开始使用指标进行社会学研究，因此提出了一系列"社会指标（Social Indicator）"。Raymond Bauer（雷蒙德·鲍尔）提出"与社会有关的指标（Societal Indicator）"的概念，以此综合考量经济和社会两方面的指标。进入 20 世纪 90 年代后，环境指标开始受到广泛关注。随后的 30 年间，可持续性指标、绩效指标等概念相继被提出。

Wong，1995）。指标可以划分为不可度量指标与可度量指标两大类，也称为定性要素与定量要素。定性要素是对对象属性的衡量，定量要素利用数值来衡量对象的特点，好的评估指标体系需要将二者有机结合。

在指标的选取上，麦克·库姆斯（Mike Coombes）提出以下五方面的标准：①有数据支持；②有空间意义；③可操作；④可转化、可解释；⑤考虑时间的延展性和动态性（Coombes et al.，1992）。此外，指标的选取还应当满足：①客观性，即清晰、易于理解、准确；②相关、可度量、可重复性；③有效性，即具有被验证的可能性，且数据质量有保证；④代表性；⑤可比较性，即在不同的时间、地理位置中可比；⑥可获取性，即数据易于获取（Garau et al.，2018）。同时，指标的选定还应当考虑评估它们所需的时间和人力资源，尽可能地精简，但同时不能遗漏关键因素。

（二）可持续性指标

可持续性评估也被称为继战略环境评估、环境评估之后的第三代影响评估（Sadler，1999）。继1992年联合国在《21世纪议程》中呼吁建立可持续性指标之后，联合国可持续发展委员会又发表了详细的《可持续发展指标：框架和方法论（2001）》报告。在此报告中，分别从社会、环境、经济、组织机构四个方面列出了134项可持续发展指标。作为回应，欧洲统计局随后发表了适用于欧洲地区的可持续发展指标。从生态环境可持续的角度，表4-2从4个方面提出了可持续城市规划、城市设计评估的指标体系（Gaffron et al.，2005）。LEED-ND（LEED for Neighborhood Development）和BREEAM-Communities分别是美国和英国在国家层面上制定的社区规划设计评估绩效指标体系，在世界范围内具有最为广泛的影响[①]，我国的生态城市构建主要依据住建部《绿色生态城区评价标准》GB/T 51225—2017和生态环境部《生态环境健康风险评估技术指南总纲》HJ 1111—2020两个标准。

城市规划、设计的生态可持续性指标　　　　表4-2

类别	城市结构	能源、材料	交通	社会、经济
指标	建筑密度 居住地区位 混合使用 公共空间 自然地景 城市舒适度 整合规划	能源效能 能源需求 温室气体排放 建筑材料 土壤运动 水资源管理	基础设施供给 交通方式和碳排放 可达性 使用友好性 安静度 停车空间供给	社区参与 社会基础设施 经济基础设施 劳动力相关议题 效益

（改绘自：Gaffron et al.，2005）

[①] 其他在国际上被广泛使用的指标体系还有CASBEE-UD、SBToolPT–UP、Pearl Community Rating System（PCRS）、GSAS/QSAS等。

(三)指标体系构建方法

以指标来指导和评估设计的思想已成为当代城市设计的主导思想之一。指标体系（Indicator Set）的构建也经历了从单一指标向多维度、多尺度的多元化体系的过度。建立系统评估指标体系主要采取两种方法，分别是德尔菲法（Delphi）和目标分析法（Multi-Criteria Analysis，MCA）。

德尔菲法的应用依据以下步骤：组建专家组——向专家提问（附上问题的相关材料）——专家提出意见——收回意见、判断并汇总、整理成图表、进行对比——再次分发给各位专家——专家修改意见——收回意见、判断并汇总——再次分发——专家二次修改。经过几轮修改后，对专家意见进行综合处理。目标分析法也是一个很常用的方法，更加节省时间与人力，利用此方法首先需要建立系统目标体系，然后将系统目标不断分解，直到各子目标可以用定量和定性指标衡量，形成评估指标体系。

在指标的筛选与指标体系的制定方面，黄燕玲（C. Wong，1995）提出了一个"四步式"方法：

（1）对评估概念的阐释及背景理解；
（2）建立研究框架，指出评估概念的多维度；
（3）研究可能获取的数据，指标的确定；
（4）设计权重方案，建立指标索引。

基娅拉·加罗（Chiara Garau）和瓦伦蒂娜·帕文（Valentina Pavan）基于目标分析法，将评估指标体系构建的流程概括为7个步骤（Garau et al.，2018）：

（1）目标制定；
（2）关键要素确定；
（3）指标初选清单制定，对应于前期的目标；
（4）筛选后的指标详单制定，综合考虑指标选取的标准后确定的清单；
（5）对每个指标的完整描述，如对应于哪个目标，为什么选择，怎么计算，去哪里获取数据等；
（6）对指标进行细分；
（7）从评估地方的特点开始。

在以上步骤中，需要特别指出的是关键要素的选取，在有些文献中也称为"关键绩效指标（KPI）"，这个步骤是对所确定目标的进一步细化与分解。在可持续城市设计、生态城市设计、智慧城市设计中，由于需要综合考虑设计对象与外部城市系统的复杂关系，KPI的确定都极为重要（Lombardi et al.，2015）。

KPI的筛选主要采用两种方法：①基于专家的群体知识、经验、直觉、推理、偏好、价值观的德尔菲法（专家评定法）；②基于数据统计分析的主成分分析法（Principal

Component Analysis，PCA），该方法是通过线性变换从原来的多个变量筛选、组合出少数几个代表性变量的一种统计分析方法。通过主成分分析法得出的指标彼此相互独立，能用较少的指标基本反映原来较多指标所代表的信息。

（四）本书的选取方法及步骤

本研究采取目标分析法进行指标体系的构建，在关键绩效指标的选取方面，采用了主成分分析法。以下3个步骤是本研究制定指标体系的依据：

（1）目标体系构建。

（2）关键绩效指标选取：首先，进行系统文献综述，并对文献做关键字分析。其次，提取主题要素分析其维度。最后，分析综合，提炼KPI。

（3）指标体系搭建：首先，基于系统文献综述形成初选指标清单。其次，对指标进行细分，生成子指标。最后，筛选出指标详单，并对指标解释、描述与标准化，将指标区分为可度量和不可度量，并整理常用计量单位。

三、交通与空间系统评估的目标体系

（一）目标体系层级

赛义迪（Saidi et al., 2018）将基础设施系统整合的目标划分为4个层级，分别是：

（1）在某一个子系统内部存在高层级的整合；

（2）在某一个子系统内部存在精细的整合；

（3）在多个子系统之间存在高层级的整合；

（4）在多个子系统之间存在精细的整合。

针对交通基础设施，有学者提出采用"解决方案空间法（Solution Space）"来设定项目整合的目标（Heeres et al., 2016），分别是：

（1）功能割裂型：基础设施项目单独设计，与城市空间之间无协同规划；

（2）系统内部整合型：在交通基础设施内部构建了连通不同区域的多交通方式组织网络；

（3）与系统外部整合型：将关注点从单纯提升交通系统的连通性，扩展到与其他相关系统的整合，尤其是与城市公共空间、自然环境系统、人的行为、土地使用等整合设计。同时，这一类项目的整合设计不单单体现在策略层面，还体现在实施和操作层面。

由此再一次证实：城市基础设施系统的整合设计既需要单独的系统内部进行整合，也需要系统之间整合。与此同时，交通-空间的人造系统需要与生态系统、人类系统进行统筹考虑。因此，在分析现状系统的整合度以及评估设计系统的整合度时，可以从子系统内部、子系统之间以及系统与外部系统的整合度三个层级进行标量。

(二)理想目标及具体目标

王建国(2011)将城市设计的目标划分为理想目标和具体目标,理想目标是指城市发展所追求的长远目标,在现阶段可能因为某些条件制约而无法实现,具体目标则是在现阶段可以实现的目标,具有可操作性。由此,本书将交通与空间整合设计的目标从理想目标和具体目标两部分进行阐释。

1. 理想目标

从长远角度来讲,交通与空间的系统整合需要满足人与生态的基本需求,实现宜居性和机动性的平衡,遵循社会、环境、经济可持续发展的原则,构建生态、健康、智慧的城市,并在全生命周期中实现循环经济。根据复杂系统的理论,系统整合既需要实现系统内部要素相协调的目标,也需要满足系统与外部环境之间、各个系统之间协同的目标。因此,交通与空间系统的整合目标包括3个层次:

第一级(L1):协调交通基础设施系统和城市空间系统内部各要素间的互依关系,实现各要素之间的协同作用。以人为本,通过短-中-长期的基础设施建设满足人对安全性、机动性,以及社会交往、健康、社区归属感及参与度、生态环境、室外活动舒适性的基本需求。

第二级(L2):构建良性互馈的交通-空间系统,从要素、空间、区域三方面实现整合设计。平衡机动性与宜居性的需求,促进人的健康行为。

第三级(L3):结合自然,实现交通-空间系统与外部环境之间的良性互馈。优化交通-空间系统与生态系统、社会系统、经济系统、信息技术网络之间的物质、能量、信息交换,同时满足人与生态的需求,实现系统的社会、环境、经济可持续性。

2. 具体目标

以实现理想目标作为出发点,交通与空间系统整合的具体目标可以概括为以下3个层级。同时需要指出的是,针对具体的交通基础设施空间整合项目,目标的制定还需要统筹考虑当地政策、社会问题、文化和社会习俗等内容。

第一级(L1):实现交通系统和空间系统内部各要素之间的协同作用,满足人的机动性和宜居性需求。

满足机动性需求:在单一交通方式内部实现交通线网、站点的配置合理;不同交通方式之间高效接驳;可持续交通方式(公共交通和积极出行)占主导地位。

满足宜居性需求:根据《宜居性101》(Livability 101)中提出的宜居社区规划设计原则,交通与空间系统的设计应当实现以下目标:①场所精神;②土地的混合开发;③高密度开发;④步行友好型街道;⑤公共健康;⑥公共安全;⑦可持续性(American Institute of Architects,2005)。

第二级(L2):构建良性互馈的交通-空间系统,平衡人的机动性与宜居性需求,促进人的健康行为。

从视觉、心理、空间上缝合城市中被交通基础设施割裂的城市空间,城市公共空间系统化设计且具有较高的空间品质,街道、广场等复合型公共空间(A 类整合对象)实现交通流线与公共活动场所的一体化设计,交通附属型公共空间与基础设施(B 类整合对象)之间实现空间、意象、功能的一体化设计,鼓励居民的体力活动、积极出行等健康行为。

第三级(L3):实现交通 - 空间系统与外部环境之间的良性互馈,同时满足人与生态的双重需求,提升系统的可持续性。

可持续交通系统规划:博拉里斯(Pollalis,2016)在《规划可持续的城市:一种基于基础设施的方法》(Planning Sustainable Cities:An Infrastructure-based Approach)一书中明确指出,可持续的交通基础设施规划在满足使用者的交通需求的同时,应当避免、减少和补偿基础设施建设对个体、社区和生态系统所造成的消极影响。交通与公共空间基础设施的建造、维护、处理过程应当运用循环经济的理念,即减少原料使用、增强再利用和循环利用,以此实现该系统的"环境可持续性"和"经济可持续性"。

可持续公共空间设计:《可持续城市设计:一种环境的方法》(Sustainable Urban Design:An Environmental Approach)一书中提到,环境可持续城市设计需要通过调节太阳能、风环境、空气质量、温度、雨水、声音和噪声等因素为场所中的居民提供健康的环境(Ritchie et al.,2013)。

(三)目标系统特性

根据以上系统整合的目标,可以概括出一个理想的交通 - 空间"目标系统"所应具备的特性:

(1)交通系统在提供高效、便捷的交通运输服务的同时,支持市民的公共活动和体力活动等健康行为;

(2)空间系统在提供良好的环境品质、促进公共活动的同时,承担起城市社会基础设施的职能,为积极出行等体力活动提供高质量、体系化的服务;

(3)减少机动交通出行以及基础设施建设所造成的城市环境污染,增强交通 - 空间的气候适宜性,在交通与空间规划时避免对生态栖息地的破坏;

(4)交通 - 空间系统与绿色基础设施有机结合,缓解交通与空间系统对生态环境的消极影响,同时也为人提供一个宜居、健康的环境;

(5)交通与空间设计充分利用信息、数字技术,发挥人 - 机交互的优势;

(6)交通与空间设计考虑经济、环境、社会效益的平衡。

四、交通与空间系统评估指标体系构建

(一)文献检索及数据统计分析

为了选取评估交通基础设施与城市空间系统的准确的主题要素、关键绩效指标,以及备选指标清单，本研究利用 Web of Science 搜索引擎，检索了以"Transport* Infrastructure AND Evaluation AND Indicator""Public（OR Urban）Space AND Evaluation AND Indicator"为关键词 1970—2019 年间的所有文献，分别得到 217、306 篇。利用 CiteSpace 文献分析工具（C. Chen，2006），对这些文章中的关键词进行了分析，如图 4-1、图 4-2 所示分别为交通基础设施评估指标研究、公共空间（涵盖城市空间）评估指标研究中统计出来的关键词，关键词字号越大代表出现的频率越高，单词之间的连线指明了其相关性。

可以发现，在交通基础设施评估指标的研究中，排除了检索文献所用到的检索词后，模型（Model）、可持续（Sustainability）、影响（Impact）、可达性（Accessibility）、绩效（Performance）、公共交通（Public transport）、绿色基础设施（GI）、管理（Management）、道路（Road）、索引（Index）、风险评估（Risk analysis）、系统（System）、设计（Design）、行为（Behavior）、质量（Quality）、接驳（Access）、效率（Efficiency）、框架（Framework）、规划（Planning）、出行（Travel）、步行（Walking）、增长（Growth）、弱势群体（Vulnerability）、成本收益分析（Cost benefit analysis）等都具有较高的出现频率。

在公共空间（城市空间）评估指标的研究中，除了检索文献所用到的检索词，城市（City）、质量（Quality）、可持续（Sustainability）、健康（Health）、生态系统服务（Ecosystem service）、环境（Environment）、影响（Impact）、土地使用（Land use）、地区（Area）、绿色空间（Green space）、绿色基础设施（GI）、可达性（Accessibility）、管理（Management）、可持续发展（Sustainable development）、系统（System）、模型（Model）、景观（Landscape）、体力活动（Physical activity）等也是高频词汇。

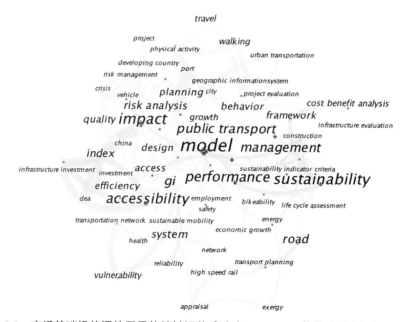

图 4-1　交通基础设施评估因子的关键词构成（由 Cite Space 软件生成）（笔者绘制）

图 4-2　公共空间（涵盖城市空间）评估因子的关键词构成（由 Cite Space 软件生成）（笔者绘制）

（二）文献内容分析及指标清单生成

在此基础上，为进一步确定主题要素、选取 KPI，本研究查阅了 2009—2019 年间的文献（超过 93% 的文章发表于这一时期），就题目和摘要进行了纵览，筛选出 38 篇与本研究相关的文献进行详细阅读。此外，还对文中引用的重要文章进行了二次索引，并针对可持续性、宜居度、公共空间质量的评估、社区隔离等专题进行了重点文献检索，共找到 27 本书籍及期刊论文。通过整理和分析这些文献中所列出的指标，最终选出针对交通系统评估的 20 个主题要素、119 个备选指标，以及针对空间系统评估的 13 个主题要素、110 个备选指标。根据交通 - 空间系统评估的目标体系，本书将这些要素和备选指标进行了分类（图 4-3）：

（1）考虑人的行为要素的交通系统及空间系统自身绩效；

（2）交通与空间系统之间的相关绩效，即两个系统之间存在着直接的相互影响的绩效；

（3）交通系统与空间系统所产生的互补环境影响绩效；

（4）交通系统与空间系统所产生的其他环境影响绩效；

（5）社会影响绩效；

（6）经济影响绩效。

在此基础上，依据以下标准对指标进行了筛选：

（1）与主题的相关性，针对交通系统的评估删除地下轨道交通系统的评估指标，针对公共空间系统的评估充分考虑交通基础设施结构对其影响，忽略周边房屋立面等要素的影响。在备选清单中，由于涉及可持续性的评估，包含了对系统社会影响、经济影响、环境影响三个方面的评估因子；而本书着重分析交通 - 空间系统与自然环境

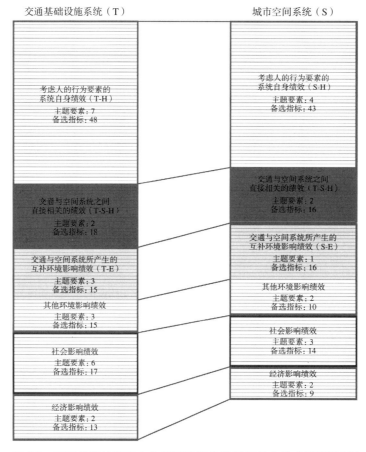

图 4-3 不同的评估层级上主题要素和备选指标的个数（笔者绘制）

系统之间的整合情况，因此，只保留了环境影响评估方面的主题要素及相关指标。

（2）将相似的指标整合，实现指标之间的相互独立，无重复、无交叉。

（3）增加必要的指标项目。例如，当公共空间被交通基础设施包围时应当考虑后者产生的阴影作用。

经过筛选，共得到针对交通基础设施的 86 个指标以及城市空间系统的 82 个指标。表 4-3 是对备选指标和筛选后指标详单的数目记录。此外，针对每一个筛选出来的指标还进行了必要的解释说明以及标准化；针对可度量的指标，从文献中选取了最常用的单位；而针对不可度量指标则进行了标注。

不同评估层级上备选指标和筛选后指标详单的数目比较（笔者绘制）　　　表 4-3

评估维度	交通基础设施系统		城市空间系统	
	备选清单	详单	备选清单	详单
考虑人行为要素的系统自身绩效	48	44	43	41
交通与空间系统之间直接相关绩效	18	18	16	15

第4章 评估系统

续表

评估维度	交通基础设施系统		城市空间系统	
	备选清单	详单	备选清单	详单
交通与空间系统的互补环境影响绩效	15	15	16	16
其他环境影响绩效	9	9	10	10
社会影响绩效	17	—	14	—
经济影响绩效	13	—	9	—
总指标数目	120	86	108	82

（三）关键绩效指标选取及整合度评估

图4-4是依据交通-空间目标体系构建的主题要素的框架。在此基础上，本研究构建了表4-4所示44项KPI。需要指出的是，在实际项目中KPI的选取以及增添还需要根据具体目标进行调整。另外，本书还需要提出"整合度"的概念，用来描述系统各要素之间良性互馈的程度，可以借由交通与空间"现状系统"或"设计系统"与"目标系统"在特性和指标上的拟合程度进行表征，拟合程度越高代表现状或设计系统的整合度越高。交通与空间的系统整合需要围绕所构建的目标系统及44项KPI展开。首先，需要分析"现状系统"的整合度，同时也结合实地调研、数据分析、文献资料等提出问题、分析冲突。其次，通过设计手段解决问题，实现从现状到目标的转换，并提供多方案备选。再次，评估"设计系统"的整合度。最后，帮助决策者选取与目标系统最为接近的相对最优方案。

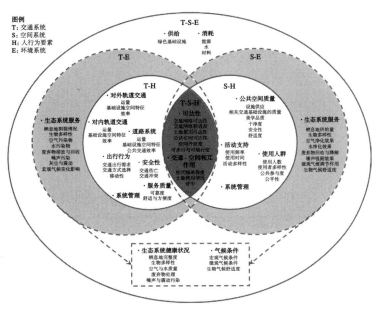

图4-4 评估交通与空间系统的主题要素

（改绘自：L. Yang et al., 2020a）

交通 - 空间目标系统的关键绩效指标（44 项）　　　　表 4-4

系统评估的目标体系层级			关键绩效指标（KPI）	
第一级	第二级	第三级		
交通系统内部与人行为整合			（1）对外轨道交通系统：运量、基础设施空间特征、效率 （2）对内轨道交通系统：运量、基础设施空间特征、效率 （3）城市道路系统：运量、基础设施空间特征、效率	（4）交通出行需求 （5）交通方式选择 （6）移动性 （7）安全性：交通伤亡、冲突 （8）可靠度、舒适与方便度 （9）交通系统管理
空间系统内部与人行为整合			（10）设施供应 （11）相关交通基础设施质量 （12）美学品质 （13）干净度 （14）安全性 （15）舒适度 （16）使用频率	（17）使用时间 （18）活动多样性 （19）使用人数 （20）使用人群多样性 （21）公众参与度 （22）公平性 （23）公共空间管理
	交通 - 空间系统与人行为整合		（24）交通网络可达性 （25）交通网络连通度 （26）土地使用可达性 （27）公共空间可达性 （28）空间开放度	（29）可步行与可骑行度 （30）社区隔离程度 （31）土地使用情况 （32）停车
		交通 - 空间系统与环境系统整合	（33）栖息地完整度 （34）生物多样性 （35）空气与水质量 （36）废弃物处理 （37）噪声与震动污染 （38）宏观气候条件	（39）微观气候条件 （40）生物气候舒适度 （41）绿色基础设施供给 （42）能源消耗 （43）水消耗 （44）材料消耗

（改绘自：L. Yang et al.，2020a）

（四）指标体系构成

本书针对每一个 KPI 列出了具体的、可操作的评估指标，图 4-5 ~ 图 4-7 为最终所形成的交通与空间系统评估指标详单。

五、交通 - 空间系统的定性与定量评估

（一）定性评估

从以上指标体系可以看出，针对交通基础设施系统的交通服务质量、交通系统管理质量，以及针对公共空间系统的公众参与度、公平性、公共空间管理质量、相关基础设施质量、公共空间的美学品质、干净度、舒适度等的 KPI 评估，基本都属于定性研究的内容，很难用量化的方法进行评估，因此，可以考虑采用以下 3 个办法比选：

（1）设计师、规划师依据自身专业知识，进行观察与分析，给出判断。例如，对公共空间美学品质、干净度以及相关交通基础设施质量的评估适合采用此种方法。

（2）使用者的评估，通过发放调查问卷、进行访谈等方法，深入了解空间中使用

者的真实感受和体验，从而进行判断。例如，对交通服务质量、公众参与度、公平性、公共空间美学品质、舒适度的评估适合采用此方法。

（3）组成多学科专家团队，针对复杂问题采取头脑风暴法、德尔菲法、专家咨询法等方法做出综合的判断。理论上来说，以上定性评估内容都可以采用这种方法进行判断，尤其是对交通与空间系统的服务质量、管理质量等的评估，但由于德尔斐法需要消耗大量的时间、人力、财力，所以一般只在必要的时候（或大型项目中）采用。

在此需要指出的是，定性研究又分为两个层次，一种是缺乏数量分析的纯定性研究；另一种是建立在定量分析基础上、更高层次的定性评估。在系统评估中，需要将定性与定量研究相结合。通常定量研究可以以定性判断为出发点，用数据分析、统计、模拟等方法进行更加客观、精确的判断；有时通过定量研究也可能会得出与前期定性判断相反的结果。而在进行了定量判断后，往往需要对其结果进行定性的描述，如总结规律、发现影响因素等。交通与空间系统整合的评估应当综合运用定性与定量的方法。在本书中，将着重于定量评估的部分，选取部分有代表性的可量化 KPI 构建方法框架（详见本书第 6 章）。

（二）定量评估

从表 4-4 列出的 44 项 KPI 中可进一步整理出 35 项可量化 KPI，见表 4-5。

交通与空间系统可量化评估 KPI（35 项）　　　　表 4-5

系统评估的目标体系层级			量化评估关键绩效指标（KPI）	
第一级	第二级	第三级		
交通系统内部与人行为整合 T-H			（1）对外轨道交通系统：运量、基础设施空间特征、效率 （2）对内轨道交通系统：运量、基础设施空间特征、效率 （3）城市道路系统：运量、基础设施空间特征、效率	（4）交通出行需求 （5）交通方式选择 （6）移动性 （7）安全性：交通伤亡、冲突
空间系统内部与人行为整合 S-H			（8）设施供应 （9）相关交通基础设施的质量 （10）安全性 （11）使用频率	（12）使用时间 （13）活动多样性 （14）使用人数 （15）使用人群多样性
	交通-空间系统与人行为整合 T-S-H		（16）交通网络可达性 （17）交通网络连通度 （18）土地使用可达性 （19）公共空间可达性 （20）空间开放度	（21）可步行与可骑行度 （22）社区隔离程度 （23）土地使用情况 （24）停车
		交通-空间系统与环境系统整合 T-S-E	（25）栖息地完整度 （26）生物多样性 （27）空气与水质量 （28）废弃物处理 （29）噪声与震动污染 （30）微观气候条件	（31）生物气候舒适度 （32）绿色基础设施供给 （33）能源消耗 （34）水消耗 （35）材料消耗

（改绘自：L. Yang et al., 2020a）

交通基础设施系统（T-H）					城市空间系统（S-H）			
主题	KPI	指标详单	解释	单位	主题	KPI	指标详单	解释	单位
对外轨道交通系统	运量	旅客数量		百万人/d 或 百万人/a	公共空间质量	设施供应	人行道路面材料的质量		不可度量
		货物数量		t/d 或 t/a			防破坏材料的使用比例		%
	基础设施空间特征	运营轨道的总长度		km			自行车停车架的供应量		车架数
		网络密度		km/km²			座椅等家具的供给量		座椅数
		网络的延展程度		%		相关交通基础设施	交通基础设施材料的质量		不可度量
		所影响的人口数		km²/人			交通基础设施结构的质量		不可度量
		电气化铁路所占比例		%		美学品质	可意向性		不可度量
		快速铁路所占比例		%			可辨识度		不可度量
	效率	车辆占用率		旅客数/km			公共艺术		不可度量
		运行频率		车辆数/d			地景——景观具有不同的层次		不可度量
		基础设施中的工人数量		人数			视景		不可度量
		火车头数量		火车头数/a			阴影	测量平均阴影面积	m²
对内轨道交通系统	运量	旅客数量		百万人/d 或 百万人/a		干净度	清扫频率		不可度量
	基础设施空间特征	运营轨道的总长度		km			垃圾清理		不可度量
		网络密度		km/km²			有涂鸦的建筑的比例		%
		网络的延展程度		%		安全性	有效的照明设施		不可度量
		所影响的人口数		km²/人			全天的使用		h/d
	效率	车辆占用率		旅客数/km			平均路人数量		人数
		运行频率		车辆数/d			警察在道路上出现的频率/影像器的配置情况		警察/监视器数
		基础设施中的工人数量		人数			针对汽车交通的防护措施，如车速缓冲设施		不可度量
道路系统	运量	旅客数量		百万人/d 或 百万人/a			针对不宜人感官体验的防护措施		不可度量
		货物数量		t/d 或 t/a			每年的犯罪案件次数		犯罪数/a
	基础设施空间特征	运营道路的总长度		km			针对紧急事件的应对措施		不可度量
		现代化道路所占比例		%			针对大量人群的安保措施		不可度量
		网络密度		km/km²			针对自然灾害的应对措施		不可度量
	效率	公共汽车占用率		%		舒适度	使用心里舒适的感觉		不可度量
出行行为	交通出行需求	非机动交通出行的需求量		个人出行公里数			与坡道、电梯等的连接情况		—
		机动化交通出行的需求量		汽车行驶公里数		活动支持	使用频率	一天/一周中被使用的次数	次数/d 或 次数/周
	交通方式选择	个人出行交通方式选择		非机动交通、私家车、公共交通方式		使用时间	每天有中等或剧烈体力活动参与的时间		h/d
		物流运输方式选择		卡车、铁路、船舶、飞机运输方式		活动多样性	研究范围内公共服务（商业、文化、饮食）的密度		服务数/m²
	移动性	日均/年均个人出行次数		个人出行次数/a			活动类型的多样性		—
		平均通勤时间		h/d 或 h/a		使用人群	使用人数	平均使用者人数		人数/d 或 人数/周
		平均出行速度		km/h			在15min步行、骑行、驾车路范围内居民的密度及其经济状况		人数
安全性	交通伤亡	每十万居民的交通伤亡统计次数		伤亡数/10万人		使用人群多样性	不同家庭收入情况使用者的混合度		—
		在出行中感到安全的（远离一切侵害和危险）人口比例		不可度量			不同教育背景使用者的混合度		—
	交通冲突	机动车和非机动车之间的冲突数量		冲突数			不同种族和宗教背景使用者的混合度		—
		步行者与骑行者之间的冲突数量		冲突数		公众参与度	公众参与到公共空间设计中的程度		不可度量
服务质量	可靠度			不可度量		公平性	弱势群体的需求在多大程度上被满足		不可度量
	舒适与方便度	不同交通方式之间的接驳效果		不可度量			特殊社会群体（如无家可归者）的使用程度		不可度量
		非机动车出行方式相较于机动车出行方式的舒适与方便度		不可度量	系统管理	公共空间管理	利益相关者之间的合作程度		不可度量
		弱势群体交通出行的舒适与方便度		不可度量			公共空间的维护情况		不可度量
系统管理	交通系统管理	交通控制系统的管理		不可度量					
		停车与驾驶系统的管理	随意停车空间的面积	m²					
		信息系统的管理		不可度量					

（系统内部与人行为整合）

图 4-5　交通与空间系统评估指标详单 1

（改绘自：L. Yang et al., 2020a）

交通基础设施系统（T-S-H）			
主题	KPI	指标详单	解释	单位
可达性	交通网络可达性	居住在公共交通站点 300-500m 范围内的居民所占比例		人数
		交通站点数量与参考地域面积的比值		车站数/m²
	交通网络联通度	联通节点比例（CNR）		%
	土地使用可达性	在步行 10min 范围内的公共空间数量	用来评估公共空间的可达性	公共空间数量
		去往最近的地区中心的时间		min
		在距离市场 30min 范围内的居民数量		人数
		具有历史、建筑、文化价值的地点的可达性		—
		在居民 30min 通勤距离内的工作机会数量	用来评估工作岗位的可达性	工作数
交通-空间相互作用	社区隔离程度	屏障效应指标（BEI），BEI = 屏障数 × 跨越的需求	用于测量物理层面的社区隔离程度	—
		感知上的隔离	通常以调查问卷的方式评估	不可度量
		视觉上的隔离	通常以调查问卷的方式评估	不可度量
	土地使用情况	交通设施（道路、停车场）所占用的土地总面积		m²/人
		在交通设施所占用的土地面积中农田所占比例		%
		在交通设施所占用的土地面积中绿地所占比例		%
		土地使用的紧凑度	等于建成区面积与城市发展区面积之比	%
		人口密度		人数/m²
		开发用地所处区位		不可度量
		对具有历史、建筑、文化价值的场所的保护情况		不可度量

城市空间系统（T-S-H）			
主题	KPI	指标详单	解释	单位
可达性	公共空间可达性	步行的可达性		—
		骑行的可达性		—
		公共交通站点的可达性		—
		驾车的可达性		—
		紧急疏散的可达性		不可度量
	空间开放度	沿街布置的易辨识入口的数量		人数/m
	可步行与可骑行度	人行道和自行车道的有效宽度		m
		人行道和自行车道的总宽度		m
		人行道和自行车道的数量		车道数
		单位长度道路出现的正式过街设施数量	用于评估可跨越程度	过街设施数/m
		过街设施的类型		不可度量
		过街设施的质量		不可度量
		以步行为导向的交通信号灯设计		不可度量
交通-空间相互作用	停车	正式停车设施的供给		m²
		被停车所占用的人行道路的比例		%

交通-空间系统与人行为整合

图 4-6　交通与空间系统评估指标详单 2

（改绘自：L. Yang et al., 2020a）

主题	KPI	指标详单	解释	单位
交通基础设施系统（T-E）				
生态系统健康状况	栖息地完整度	栖息地连续性指标（CI）	用于评估交通基础设施带来的栖息地割裂	—
		与野生动物发生碰撞的年平均次数		碰撞次数
	生物多样性	物种消失率	物种丰富度随时间的变化	—
		濒危物种的数量		—
	空气与水质量	NO_x、CO、CO_2、PM 等空气污染物的排放量	用于评估交通带来的空气污染	μg/人
		空气污染物的浓度		μg/m³
		pH 值；水温；叶绿素荧光；导电性及碱度；溶解的氧气量；有害物质含量	用于评估交通带来的水污染	—
		交通基础设施不可渗透地面的面积	用来测量对雨水径流的影响	m²
	废弃物处理	人均固体交通废弃物的排放量		kg/人
		废弃交通工具的循环再利用比例		%
	噪声与震动污染	噪声等级		dB
		震动		Hz
		灰尘排放		—
气候条件	宏观气候变化影响	温室气体排放量		kg/人
		电磁辐射		mG
供给	绿色基础设施	树木、草地、绿篱、花池、水面的供给量		—
		树木、草地、绿篱、花池、水面的大小		m²
		树木、草地、绿篱、花池、水面的质量		不可度量
消耗	能源	交通系统消耗的由化石燃料提供的能源		—
		旅客周转量与所耗用能源的比值	评估能源使用效率	kg/个人出行公里数
		交通系统所消耗能源中可再生能源所占比例		%
	水	运营过程中的年均用水量		L/m²·a
		净化与再生非饮用水的年均消耗量		%
	材料	汽车生产过程中的原材料使用量		kg/m²

主题	KPI	指标详单	解释	单位
城市空间系统（S-E）				
生态系统健康状况	栖息地完整度	动物生存的栖息地供给	为支持动植物多样性所提供的包含生物与非生物要素的生存空间	m²
		植物生存的栖息地供给		m²
		植物授粉的供应		不可度量
	生物多样性	物种的丰富度	Menhinick 的丰富度指数 = 所选样本中物种的数量 / 样本中有机体的总数	%
		对濒危物种的保护		不可度量
	空气与水质量	NO_x、CO、CO_2、PM 等空气污染物的浓度	用于评估公共空间的空气净化效果	μg/m³
		pH 值；水温；叶绿素荧光；导电性及碱度；溶解的氧气量；有害物质含量	用于评估公共空间的水净化效果	—
	废弃物处理	垃圾降解效果		—
		建筑垃圾的再利用情况		kg/m²
	噪声与震动污染	噪声等级		dB
气候条件	微观气候调节作用	空气温度		℃
		平均辐射温度		℃
		风速		m/s
	生物气候舒适度	热舒适度	夏日白天的热舒适度空间分布情况	% 或 ℃
			微观气候条件恶劣地点的年均热舒适度出现频率	% 或 ℃
			主要功能区的年均热舒适出现频率	% 或 ℃
供给	绿色基础设施	树木、草地、绿篱、花池、水面的供给量		—
		树木、草地、绿篱、花池、水面的大小		m²
		树木、草地、绿篱、花池、水面的质量		不可度量
消耗	能源	运营过程中的年均用电量		kW·h/m²·a
		所使用的可再生能源发电量占总用电量的比例		%
		所使用建筑材料的用电量		MJ/kg
	水	运营过程中的年均用水量		L/m²·a
		净化与再生非饮用水的年均消耗量		%
		公共空间不可渗透地面的面积	用来评估对雨水径流的影响	m²
	材料	当地建筑材料和要素的使用情况		kg/m²

图 4-7　交通与空间系统评估指标详单 3

（改绘自：L. Yang et al., 2020a）

（三）可量化 KPI 的选取

因为不同的设计项目的具体定位和目标会影响到指标的选择，并且限于模型搭建时的边界、精度等问题，本书在已有文献的基础上，选取最具有代表性、受学界普遍关注、对交通-空间系统的使用者和环境影响最直接的 12 项可量化指标，见表 4-6。

交通与空间系统量化评估的 KPI 选取（12 项）（笔者绘制）　　　表 4-6

系统评估的目标体系层级			量化评估关键绩效指标（KPI）
第一级	第二级	第三级	
交通系统内部与人行为整合 T-H			（1）非机动交通出行需求 （2）机动化交通出行需求
空间系统内部与人行为整合 S-H			（3）使用时间 （4）活动多样性 （5）使用人数
	交通-空间系统与人行为整合 T-S-H		（6）交通网络连通度 （7）公共空间可达性 （8）土地使用的混合度和密度
		交通-空间系统与环境系统整合 T-S-E	（9）空气质量 （10）微观气候条件 （11）热舒适度 （12）绿色基础设施供给

本章小结

评估，是一种价值判断行为，与目标和标准的制定直接相关，也是对系统整合后效果的评估。评估包括了对设计目标、对现状和设计系统的指标评估等内容。首先，本章阐释了评估指标的内涵和选取标准以及评估指标体系的构建方法。其次，本章依据目标体系构建——文献整理与分析——关键绩效指标选取——指标体系构建等步骤展开了研究。在目标体系方面，本章将交通与空间的系统整合目标划分为 3 个层次，分别是系统内部整合、系统之间整合、系统与外部环境之间的整合。在此框架之下，进一步对交通基础设施空间整合项目提出了 3 个方面的理想目标和具体目标，以及该目标系统所应具备的具体特性。

在此基础上，本章通过系统性文献综述，采用 CiteSpace 等文献分析工具，提取了对交通与空间系统进行评估的主题要素，形成了一个初步的指标清单。依据指标选取的具体标准，最终筛选出 44 项关键绩效指标（KPI），用于对现状系统或设计系统的整合度进行定量和定性分析。针对每一个 KPI，本章还列出了可操作的评估指标及其子项。在 44 项 KPI 中，区分了定性与定量评估的指标，概述了常用的定性评估方法。由于本章侧重于系统定量评估方面的研究，故从 35 项可量化分析和评估 KPI 中选定了 12 项指标（表 4-6）进行深入研究。

下 篇
交通基础设施空间整合的方法

第 5 章
交通与空间系统整合的操作方法框架

一、方法框架的基础

（一）理论基础

通过前文的理论研究，可以总结出如表 5-1 所示的认识系统、改造系统、评估系统各环节的研究要点与基本的类型划分。本章将探讨如何综合处理这些要点，并提供一套系统化、可操作、相对完整的方法框架。结合整合设计的基本原则，本书将从操作的路径、主体、工具三个方面对此框架进行阐述。

交通与空间系统整合的理论研究要点及类型划分（笔者绘制）　　　表 5-1

	认识系统	改造系统	评估系统
研究要点	要素、关系	空间、功能	供给平衡、影响评估
基本类型划分	按照城市发展阶段划分关系： 初建期； 发展期； 稳定期	按照整合对象的类型划分： A 类对象——路权混用型（道路） A 类对象——路权半专用型（电车） B 类对象——地面（轨道、公路） B 类对象——高架（轨道、公路）	交通基础设施系统内部； 城市空间系统内部； 交通与空间系统之间； 交通 - 空间系统与外部系统之间

（二）创建需求

表 5-2 所示为进行城市设计的常规操作方法，采用此类方法对交通基础设施和公共空间系统进行设计时，在认识、改造、评估系统的三个过程中既有优点也存在着一定的局限性。

首先，在分析现状（认识系统）时，对城市运行机制、现象产生原因的分析缺乏客观、科学的验证，许多以经验和观察法得出的定性判断缺乏定量分析的校验。城市系统的复杂性使得对某一现象的致因分析、要素之间的关系分析很难单纯依靠人脑的智慧完成，专家个人的经验知识也很可能存在盲区。

其次，在设计方案（改造系统）时，由设计人员主导的方案较难体现公众 / 使用者的真实需求。同时，常规的设计方法习惯于将宏观与微观尺度分开讨论（如城市总体规划与详细规划），而在进行宏观尺度规划时往往缺乏对微观尺度城市空间影响的考虑（如对人本尺度空间的影响）。

最后，在评估方案（评估系统）时，常规评估方法以专家经验判断、定性的分析、艺术价值等作为首要标准，受到整体论的观念影响较大，关注整体的设计效果，且针对某一方案的评估往往聚焦于特定尺度的少数指标进行。在这一过程中缺乏客观的、科学的价值判断，缺乏对城市中单个要素的分析与评估，以及缺乏多个尺度、多指标的综合评估。这一环节的不完善很可能导致城市建设完成后经过几年的发展便很快与设计师和规划师的设想相左，例如，城市人口的增长远超过设计时的预想而产生基础设施供给不足。

常规城市设计方法的要点（笔者绘制） 表 5-2

	常规城市设计方法——主要基于以下内容
参与主体	专家（设计师、规划师等）
操作方法	设计人员主导
思维方式	形象思维
哲学思想	整体论
学科门类	艺术
理论基础	经验知识
分析方法	定性
空间尺度	宏观 / 微观

（三）方法构想

针对以上需求，应用整合设计的原则应当采取复合的操作方法和工具，人-机结合、物理-数字结合、城市设计-城市模拟结合可以为设计师提供解决的途径。如图 5-1 所示，计算机模拟技术在认识系统和评价系统方面具有明显的优势，城市设计方法通过整合设计对系统进行改造，二者之间的结合将为交通与空间系统整合的操作层面提供支持。

在方法论层面，借鉴钱学森先生"从定性到定量的综合集成系统方法论"的思想，可以形成如表 5-3 所示的新的整合设计方法。该方法以系统整合为目标，综合分析各要素以及要素之间的关系和冲突，制定合理的目标和评估标准，通过城市设计的手段化解冲突，促进各元素之间的协调统一，利用定量和定性绩效指标评估设计，从环境、设计、经济可持续性等方面提供客观、综合的决策支持。

为构建一个城市设计-计算机模拟相结合的方法框架，使这两种方法在分析、设计、评估的不同阶段配合使用，实现二者之间灵活、有机的组织，本书还参考了巴蒂（Batty，2010）对科学研究方法、计算机模拟方法、城市规划方法进行的横向比较，

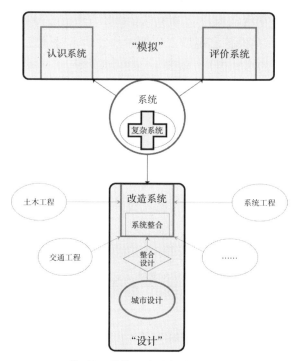

图 5-1 "设计 - 模拟"方法概念图（笔者绘制）

以及范达姆等人（van Dam et al.，2013）提出的迭代式智慧城市设计与评估方法框架（见图 1-10）。

二、"设计－模拟"方法框架的构建

在此基础上，本书构建了交通与空间系统整合的全过程决策支持"设计-模拟"方法框架。此方法框架是对传统的"调查——分析——设计——评估——决策——实施"的线性、以定性研究为主的城市设计方法的扩展。该方法框架体现了操作路径、主体、工具三方面的整合性。

基于综合集成方法的整合设计方法要点（笔者绘制）　　　　表 5-3

	常规城市设计方法 ——主要基于以下内容	综合集成方法论指导下 ——补充/完善以下内容	新的整合设计方法
参与主体	专家（设计师、规划师等）	群体（相关专业人员、公众）	多学科交叉、协同设计
操作方法	设计人员主导	大数据、计算机技术	人-机结合以人为主
思维方式	形象思维	逻辑思维	形象思维+逻辑思维
哲学思想	整体论	还原论	整体论+还原论
学科门类	艺术	科学	艺术+科学
理论基础	经验知识	科学理论	经验知识+科学理论

续表

	常规城市设计方法 ——主要基于以下内容	综合集成方法论指导下 ——补充/完善以下内容	新的整合设计方法
分析方法	定性	定量	性智+量智
空间尺度	宏观/微观	微观/宏观	宏观+微观

（一）操作路径的整合性

如图 5-2 所示。首先，设计专业人员通过计算机模型对现状的交通与空间系统整合度 KPI 进行定量和定性分析；其次，在非专业人士的设计想法、群体智慧支持下，可以通过设计的手段对未实现整合的指标进行整合，并就不同的整合设计方案进行基于 KPI 的定量和定性评估，为方案的选择以及再设计提供支持。

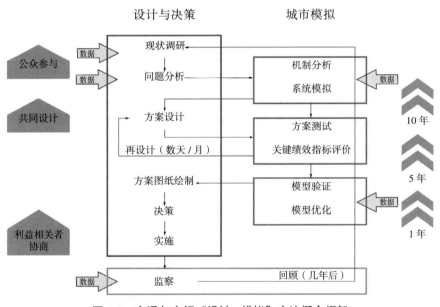

图 5-2　交通与空间"设计 - 模拟"方法概念框架

（改绘自：L. Yang et al., 2019a）

整合设计是一个连续决策的过程，需要采用系统的、开放式、具有互动反馈机制的、可迭代的方法框架。"设计 - 模拟"方法的迭代性和历时性具体体现在 3 个阶段。首先，在计算机模型初步构建后，需要对现状系统进行模拟，并将模拟结果与真实条件（如交通数据）进行校核，以调整模型、实现对现状系统的最真实表征。经过矫正的模型将对现状系统进行再次模拟并分析其整合度；其次，在对不同设计方案进行模拟和预评估之后，如果设计系统与目标系统拟合度差，会进一步修改、完善方案，并将改进后的设计系统重新导入计算机进行新一轮评估，直到满足系统整合的目标；最后，在方案实施 1 年、5 年、10 年甚至更长时间后，可以对建成的交通 - 空间整合项目进行使用后评估，评估其是否实现了系统整合的目标，同时对计算机模型进行修正，以此实现提供长期反馈的迭代过程。

（二）操作主体的整合性

本研究认为，交通与空间系统整合的操作主体应当由多学科的决策支持专家团队主导（包括城市设计师、规划师、建筑师、环境评估专家等），鼓励公众参与，并提供多元决策者协商机制和互动式设计（Responsive Design）平台。

1. 决策主体的多元化

"设计 - 模拟"方法框架提供了一个多元主体的协商平台，为解决争议和利益冲突提供了一个途径。当决策方为单一主体时，其对目标的制定以及KPI的选择受个人主观感受和经验的影响较大，不容易做出最明智的选择。而在分析、设计、决策过程引入多主体协商的方式，可以使项目的目标和评估标准更好地满足大部分人群的需求，尤其是公众的需求。

通常，计算机模拟方法仅由计算机工程师和少数其他专业人员所掌握，决策者、设计师等形象地将计算机模型称为"黑盒子"。由于城市设计人员缺乏对模拟过程、参数设定的控制，模拟结果的可靠性尤显不足。因此，本框架中的计算机模型的构建以服务于多专业、多学科研究人员和设计者的使用为目标，简化模型的输入和算法，以可视化的方式对输出结果进行展示。

2. 公众参与性

公众参与体现在对基地现状的调查阶段、设计、决策阶段以及项目实施后的长期监测和使用后评估中。前期现场调查和问题分析过程中，调查使用者在交通与空间系统中的使用情况、需求以及期望。在设计过程中，通过引入参与式设计发挥公众的群体智慧，结合专家经验与公众的创造力进行方案设计。项目实施之后，使用者可以对交通 - 空间系统整合后的效果进行监控，对交通基础设施和公共空间的使用体验做出反馈。

3. 公众参与设计的方法构想

在交通与空间的系统整合中需要充分了解公众（尤其是使用者）对现状系统的看法（如有哪些亟待解决的问题、缺失哪些功能）、使用者的真实感受（对环境的认知情况），以及交通 - 空间系统与人的行为之间的互动关系、使用者的需求与期望。这些分析不但有助于设计师在整合设计时充分考虑人的需要、融入群体智慧，还对系统的定性评估具有重要意义。传统的社会学方法可以对以上内容中的一部分进行分析研究，但为了同时考虑以上的议题，为公众提供一个参与的平台，本书提出将社会学方法与严肃游戏、基于主体的建模（ABM）、参与式设计等相结合。

图 5-3 为此方法的概念模型——"香蕉"模型（Banana Model），其操作流程根据图中箭头所指方向和序号，包括 6 个步骤（从图中的底部到顶部）。首先，设计游戏以

探索人的行为与交通-空间环境之间的关联，通过观察、访谈、图示等方法收集定性数据，然后通过过程1导入ABM模型中。这里收集到的定性数据还可以揭示出使用者所感知到的真实的交通与空间环境，而这将有助于设计者更为准确地在计算机中模拟交通与空间的物理系统，并深入理解个体和群体的行为以及人的需求，以便为模型中的主体制定更为真实的行为规则。此外，游戏还将收集居民们对改造这一现状系统的期望，这些想法汇集成为集体智慧（过程2）融入参与式设计的过程中。

过程3和过程4描述了从计算机模拟到城市设计的迭代过程，这个过程同时也为决策主体的多元化提供了条件。整合设计方案的模拟结果可以展示给决策者，供他们测试不同设计方案并获取可视化的反馈信息。在此过程中，ABM模型用于对现状系统的定性和定量分析，并对不同设计系统的整合度进行量化评估，以帮助设计人员形成明确的规划方案（图5-4）（Bunschoten，2018；Vainio，2016）。

此外，由可视化工具支持的ABM模型可以吸引游戏参与者，引导、启发他们去感知未察觉的环境。例如，所在区域的社会网络，并促进参与者之间的对话与讨论（过程5表示）。最后，通过过程6，新的整合设计方案可以重新用于游戏的过程中。例如，游戏设计者向参与人员展示新的设计方案，并询问他们的意见。此过程需要模型开发者、设计师、公众的多方参与，将公众的意见及时反馈到模型中，实现良好的人-机交互，进而提升公众的参与度。

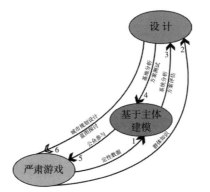

图5-3　严肃游戏-ABM-城市设计方法概念模型

（改绘自：L. Yang et al.，2021a）

4."严肃游戏-基于主体的建模-参与式设计"综合方法

为了了解在使用者眼中交通与空间现状系统的问题，分析交通-空间系统与人的行为之间的互动关系，了解使用者所感知的交通与空间环境，优化ABM模型中人的行为规则，本研究设计了一个三步骤的严肃游戏并结合了ABM模型的可视化展示，图5-5是对这一工作流程的具体描述。

图中第一行是参与者所遵行的行动指令，第二行是设计者（观察者）的观察和研究内容。第一行所提供的定性数据可以帮助设计师分析交通 - 空间系统对人行为的影响以及人对交通与空间环境的感知。所得到的定性数据也有利于计算机模型的验证和优化，并且可以帮助设计人员进一步了解个人对交通与空间系统改造的期望。在这些数据和定性分析的支持下，设计人员可以构思有针对性的方案，并将不同整合设计方案导入 ABM 模型中进行测试和评估。正如曼奇尼教授（Manzini，2015）所说："设计师在参与式设计中的角色是使用自己的专业知识去设计目的明确的方案，同时激发非专业人士的设计潜能，将他们的想法转化为具体的设计，并产生新的设计知识。"

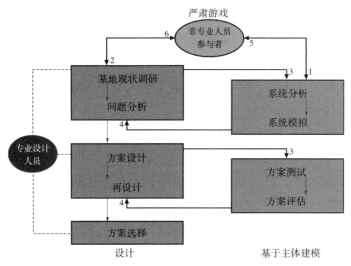

图 5-4 "设计 - 模拟"系统整合方法的公众参与

（改绘自：L. Yang et al.，2021a）

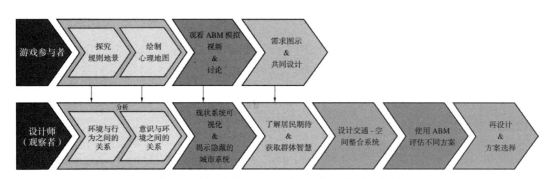

图 5-5 使用游戏、ABM 引导参与式设计流程图

（改绘自：L. Yang et al.，2021a）

5. 严肃游戏与基于主体的模型设计

1）交通 - 空间与人行为的互动关系研究

为了探索交通 - 空间系统对人行为的关键影响因子，严肃游戏的第一步被设计为

一个参与式实验。安德鲁·菲利普帕布鲁斯 - 米哈鲁普鲁斯（Andreas Philippopoulos-Mihalopoulos）《规则地景》（Lawscape）一书中指出复杂城市系统中人类的行为遵循着一套完整规则，他将此规则统称为"Law"[①]。为了观察影响人行为的规则地景，他将规则划分为3个层面，象征性（Symbolic）规则（如道路标志）、物质性（Material）规则（如道路护栏）、气氛性（Atmospheric）规则（如两个具有利益冲突的社区之间形成的紧张气氛）（Philippopoulos-Mihalopoulos，2014）。

在实验中，可要求参与者在交通 - 空间系统中首先寻找并遵守象征性规则，然后发现并打破物质性规则，最终尝试建立一种空间正义，创造一种可合作和谈判的"公正氛围"，以使得不同人群可以在和谐的氛围中共享空间。定性数据的收集方法，一方面可以使用数字技术（如纪录片、社交媒体发帖、GPS跟踪技术等）；另一方面需要使用传统的社会学研究方法（如观察、访谈、文字记录）。

2）使用者认知地图绘制

在初步认知了交通与空间环境之后，参与者需要绘制该区域的认知地图，通过此方式可以揭示出人类主体所感知到的物质系统。凯文·林奇（Lynch，1960）指出：在人脑中，城市形象由5个关键要素构成，其中"节点"具有增强社会交往的功能。城市公共空间就是典型的节点要素，而"路径"和"边缘"两个要素在社区尺度上可能会引起社会凝聚或是隔离。城市交通基础设施虽然在城市和区域尺度上是重要的路径要素，在社区尺度上却会形成边缘。例如，河流可以是城市中的运输路径，但也可以是分隔不同社区的边界，同时还可能是聚集人群的节点。因此，收集参与者的认知地图可以帮助设计师了解在使用者眼中哪些是边缘要素，通过再利用和重新设计，将这消极的边缘转化为积极的路径或节点。从使用人群的视角，可以更准确地选取需要设计优化的基础设施和城市空间。

3）使用者需求图示化及参与式设计

基于对规则地景的感知、对认知地图中主要元素的理解，以及对环境中隐形的社会网络的认识，公众随后被邀请在地图上写下他们的需求和愿望。这些图示可以为整合设计中"问题分析"的过程提供重要的定性数据（见图5-4）。结合第2章中关于交通 - 空间系统与人类需求的分析，研究人员可以从需求图示中归纳总结出研究地段的需求满足程度，依据使用者的需求和愿望以及专业知识设计整合规划方案。同时，为了激发非专业人士的设计能力和集体的创造力，在此方法中邀请参与者将他们的设计想法直接表达并体现在物质空间中。例如，使用粉笔在道路和公共空间上进行绘画。

4）基于主体的模型

为了使居民和游客有更多的参与，计算机的可视化工具是一个很好的方法，GIS、

---

① 这里的Law，不仅包含了国家法律等任何基于文字的法律，还包含了具有象征意义的和物质上的法律以及一般性的行为规范和法则。

三维模型、计算机模拟等是常用的工具。在本方法中，采用后文中所构建的 ABM 模型，利用其可视化的效果将交通与空间系统及内部使用者的活动进行演示，以揭示隐藏在物质系统之下的社会网络，并激发公众的讨论。结合演示，还可以对游戏参与者、公众进行访谈。这种互动的访谈模式可以激发参与者对社会系统的思考（如人群的行为），也因此促使他们在提出自己的需求时考虑到社会中其他群体的需要。

（三）操作工具的整合性

在分析和评估两个阶段，定量与定性分析相结合的方法可以为设计师和决策者提供更为可靠、全面的决策支持。通过将"设计"与"模拟"工具进行结合，可以充分利用以定性研究和美学判断为基础的城市设计方法与以定量研究和科学理论为依托的计算机模拟方法两者的优势。为了实现对空间层面的量化分析，该框架还整合利用了地理信息系统。

在数据的使用方面，该框架同时应用了定性数据与定量数据。定性数据包括居民、游客对现状交通与空间系统的主观评估、需求及期望，人的行为与交通-空间系统之间的关系等，这些数据被用于对基地的分析、问题的提出、设计目标的制定，同时也被用在计算机模型中对人类主体行为的模拟、可感知的交通与空间系统的模拟等方面。定量数据包括交通基础设施和公共空间的空间形态、功能、地理位置等数据，个体的交通出行数据，生态系统的气象数据、植被数据等。

本章小结

本章首先总结了交通与空间系统整合理论研究的要点和类型划分，指出常用城市设计方法的适用性和局限性。在构建系统整合方法框架时，本书借鉴了从定性到定量的综合集成系统方法论，以城市设计的一般过程组织方式作为主线，综合了建筑策划的方法，同时还借鉴了迭代式智慧城市设计与评估方法框架。

本书所提出的"设计-模拟"方法框架为交通与空间系统整合的"分析——设计——评估"全过程（尤其是在方案选择及其之前的环节）提供了可操作的方法与决策支持，具有操作路径、操作主体、操作工具等三方面的整合性。其中，模拟技术为分析、评估环节提供了定量的支持工具。在操作路径方面，采用系统的、可迭代、具有反馈机制、历时性的过程组织方式。在操作主体方面，体现了多专业配合、公众参与、多元决策机制等特点，并针对使用者的需求和期望等定性数据的收集、交通-空间环境与人的感知和行为关系的分析等议题，提出了一个"严肃游戏-基于主体的建模-参与式设计"的综合方法。

具体的定量分析与评估工具将在下一章中展开介绍。

第 6 章
交通与空间系统整合的量化评估工具

一、针对可量化 KPI 的评估模型选取

针对本书所选取的 12 项可量化 KPI（见表 4-6）的评估可以由 4 类计算机模拟工具实现，即交通需求预测模拟、公共空间使用情况预测、室外空间环境质量模拟、交通污染物排放模拟。前两类模拟工具关注的是城市建成环境的设计对人类行为的影响，因此，统称为"交通 - 空间 - 人的复杂系统模拟"；后两类模型关注的是建成环境的设计对自然环境，以及使用者感受的影响，故统称为"交通 - 空间系统的环境影响模拟"。其中，在构建交通 - 空间 - 人的复杂系统仿真模型时，分别选取两个空间尺度进行研究，既包括城市片区尺度（中观）上，以"交通基础设施 - 土地使用 - 私家车"为主体的系统的建模，又包括街区尺度（微观）上，以"步行交通网络 - 公共空间 - 行人"为主体的系统建模。

（一）交通 – 空间 – 人复杂系统仿真模拟范式

通过综述近 10 年国际上的研究发现，社会仿真模拟技术正逐渐成为研究城市交通 - 空间 - 人这一复杂系统的前沿工具。为了选取适合该系统的仿真工具，本书对计算机模拟技术及主要的模拟范式进行了系统的梳理。通过结合 3 本具有权威性的著作：《模拟建模与分析》(Simulation Modeling and Analysis)（Law et al., 1991），《社会科学家的模拟工具》(Simulation for the Social Scientist)（Gilbert et al., 2005），以及《基于主体的地理信息系统模型》(Agent-based Models of Geographical Systems)（Heppenstall et al., 2011），本节概述了城市系统中模拟工具的使用，并对传统建模范式进行了描述。通过系统地比较前沿范式和传统范式的优缺点，阐述了每一种模拟工具的机遇和挑战。为了给建模者和设计师提供理论和应用的工具包，还对每一种模拟范式在整合交通基础设施、公共空间、人行为领域的研究给出了应用实例。

计算机模型的构建都依循着一些基本范式，在社会和地理系统领域，早期的模拟方法植根于微分方程、随机过程和博弈论（Game Theory），之后在 20 世纪 50 年代

中期出现了一组模拟范式，如系统动力学（System Dynamics，SD）和离散事件模拟（Discrete-Event Simulation，DES）。系统动力学用于构建、理解、讨论复杂系统产生的动态问题。从内因的角度来看，系统重要的动态特征是由系统本身的内部工作产生的。可以通过因果循环图（Causal Loop）来描述系统中相互独立的层级的演变过程及它们之间的流动（Richardson，2001；Radzicki et al.，1997）。离散事件模拟是对不断变化的物理系统的建模，它通过数学或逻辑表达式来描述随着时间推移，系统中主体的状态在不同时间点的变化（Nance，1996）。相反，连续模拟所描述的系统，其状态变量在一段时间内是连续变化的。导致不连续性的精确的时间点和状态关系并没有在这个范式中体现出来。由于真实世界中的系统很少是绝对离散或绝对连续的，因此，将离散事件与连续模拟相结合的方法更适于对这些系统进行模拟。其中，离散事件可以对连续状态变量的值或关系产生影响，而连续状态变量也可能导致离散事件的发生（Zeigler et al.，2000）。为了解决需要随机抽样的一些随机或不确定性问题，蒙特卡洛（Monte Carlo，MC）模拟随即产生了。在该模拟中，随机变量即从概率分布中抽取的数值，通过大量的样本计算后得出最终输出的数值（Feldman et al.，2010）。上文所述的传统计算机模型已被广泛应用在模拟动态城市系统和评估建成环境对社会、生态的影响等方面。

传统模拟方法中将系统看作一系列实体的集合，即人、家庭、城市等实体都视为同质的，而最新的基于个体的模拟方法注重系统的可分解性、各个实体的异质性。最新开发的分散式模型可以用来描述单个的实体单元，根据这些小单元的详细的真实数据再预测系统整体的变化。微观模拟（Microsimulaion，MSM）是产生较早的一种基于个体的模拟范式，并在20世纪80年代后应用于对城市系统的建模。该方法专注于小尺度的微观数据，首先从目标人群中选择一个样本，通过详细描述在每一个时间点这些异质的单元的一组属性来进行模拟。经过多个模拟步骤后，微观数据依据转换概率进行更新，并生成一个预测样本。如果需要，结果可以进行汇总或等比例扩大（Gilbert et al.，2005）。在此之后产生了元胞自动机（Cellular Automata，CA），一种用来描述复杂城市系统的手段，它将城市系统划分为一组正方形的二维或三维网格，每个格点（或细胞）在[0，1]区间内取值。每个细胞的状态和行为可以根据一组规则而改变，变化规律不但考虑了细胞的当前状态也考虑到周边细胞的状态（周边范围的大小可以被预先设定）（Benenson et al.，2004）。最先进的基于个体的模拟范式是基于主体的建模方法（Agent-Based Modeling，ABM），它由若干具有自主、可反应、主动行为的异质的主体（如公司、公民、机构）组成，这些主体遵循一套形式化的行为法则。基于主体的建模与其他两种范式之间的关键区别在于这里的"主体"有学习和做出决策的能力（van Dam et al.，2013），系统层面的行为是在单个主体行动后涌现出来的。

以上这些建模方法的相同之处在于都基于系统理论，将系统与外界的行为描述为输入和输出的关系，而将系统的内部结构用状态和状态之间的转换机制来解释（Zeigler et al., 2000）。这些范式的不同之处在于他们在将当前状态转换为目标状态时采用的数学或计算方法以及它们考虑的元素及其精确程度不同。在表 6-1 中展示的是以上提到的 7 种范式的主要特征和关键属性。

应用于城市地理、社会系统的计算机模拟范式　　　　表 6-1

范式 特征	系统动力学 SD	离散事件仿真 DES	连续仿真 CS	蒙特卡洛 MC	微观模拟 MSM	元胞自动机 CA	基于主体的建模 ABM
输入	存储体（stock）的层级、速率、目标；进、出流	实体的特性；模拟时间；有起始和终点的事件列表	某一时间节点的状态变量	概率分布以及许多样例	从目标人群中提取的代表性样例，选取该样例的某些特性进行描述	每个原胞的状态（个性、特征或行为）和转变法则	主体的特性（状态、目标、限制条件）和行为
输出	系统状态；图示表达	对系统性能标量的预测的报表	某一时间节点的状态变量的数值；趋势图	一个物理量或一个现象的预测值	所模拟样例的行动	原胞之间互动关系的模式	在系统层面的复杂涌现行为
方法	封闭环路（信息反馈和因果关系环）：正、负	事件导向模拟钟，具有计时程序、初始化、事件、资料库	一系列的微分方程；数值分析技术	重复抽样技术和算法；平均方程	动态或静态转变概率	一个规则的网络；原胞进行状态转变的规则，以及和周边原胞的互动法则	主体包含一系列"如…则"if-then 规划
系统特性	一个内生的一阶微分方程系统	关注过程或事件；无活动的时间段被忽略	擅长预测系统的趋势	问题是多重积分的，统计数据是不可分析的	大量运用于对样例不同场景的预测中	擅长于模拟由局部互动反应形成的涌现行为；关注空间	捕捉涌现现象；模拟真实环境；互动关系结构相对灵活
局限性	外部扰动往往不被视作系统的原因	目标系统被视为集聚的实体；实体是被动的	未考虑变量连续状态的突变	不存在对真实时间的模拟；结果遵循机会法则	个体之间只存在单向的互动，个体不具有学习能力；个体的行为被简化	原胞的属性有局限，且位置固定不变；转变法则固定不变	需要较高计算性能，耗时久；很难校核与验证
重要文献	(Forrester 2007, 1994; Richardson 2001; Radzicki and Taylor 1997)	(Zeigler, Praehofer, and Kim 2000; Robinson 2005; Nance 1996)	(Cellier and Kofman 2006; Zeigler, Praehofer, and Kim 2000)	(Rubinstein and Kroese 2016; Feldman and Valdez-Flores 2010)	(Harding 1991; Gilbert and Troitzsch 2005)	(Benenson and Torrens 2004; White and Engelen 1997)	(Macal 2016; Van Dam, Nikolic, and Lukszo 2013; Heppenstall et al. 2011)

（改绘自：L. Yang et al., 2019b）

1. 复杂系统仿真模型的应用

1）系统动力学

系统动力学已被广泛应用于分析交通规划和居民出行之间的相互关系，例如，用在解释为何道路建设量增加却无法减轻交通拥堵,以及政策制定者为缓解交通拥堵而不断地建设新的道路。约翰·D·斯特曼(John D. Sterman)提出的系统动力学模型表明,包含新道路建设和现有道路扩容的策略会增加汽车出行的吸引力,从而降低公众选择非机动交通模式出行的可能性。因此,道路建设之后机动车的总里程反而增加,这就是所谓的"道路产生交通"的现象。斯特曼(Sterman,2000)的因果流程图受到了洛杉矶、波士顿、伦敦等城市的交通拥堵实际数据的验证。此外,他还指出科技创新(如高占用车道)、技术进步(如智能车辆–高速公路系统)以及旨在缓解交通拥堵症状的政策等通常会失败,因为它们往往会产生补偿反馈。

此外,系统动力学还应用在土地利用–交通的互动模型中(LUTI),用于预测交通需求与经济发展之间的相互关系。与其他基于平衡状态和基于个体的 LUTI 模型相比,"大城市活动分布模拟器(Metropolitan Activity Relocation Simulator,MARS)"是一种能够预测未来的变化并关注集聚效应的系统动力学模型。MARS 可以用来评估交通 - 土地使用系统的外部政策因素、社会人口动态情况和经济政策方案,以提供决策支持(Pfaffenbichler et al.,2010)。这个模型利用奥地利维也纳和英国利兹两个城市的人口普查数据进行了校准。

2)离散事件仿真和连续事件仿真

离散事件仿真是对医疗保健系统进行优化的常用方法,而最近十几年的一些研究在促成计算机建模人员和利益相关者之间的互动方面取得了突破,这些参与性和促进性概念模型的框架,可以被运用到其他模拟过程中(Kotiadis et al.,2014)。他们的框架包括 3 个关键步骤和 3 个子步骤,包含了两个由利益相关者参与的研讨会。在交通网络模拟领域,有许多模型是基于复合的离散 - 连续事件仿真范例。在铁路领域的应用之一是"开放轨道(OpenTrack)",一个用来评估新的基础设施建设的影响、协调时刻表、选取信号系统的微观平台。它集成了火车延迟分布情况、信号箱状态等离散过程以及连续的列车运动方程,用户能够定义事故并将某些交通基础设施去掉以便评估不同的设计方案。

3)蒙特卡洛

蒙特卡洛被广泛用于与交通相关的空气污染模拟和人体健康风险评估。有研究使用蒙特卡洛为加拿大不列颠哥伦比亚省的温哥华市区制作了一个暴露数据库,以研究交通对污染物暴露的影响(Setton et al.,2011)。该模型模拟了具有代表性的与工作相关的人群活动时间表,并提供了每人的污染物暴露年平均值。蒙特卡洛还被用在环境风险评估中,在此评估中暴露变量(如污染物浓度、接触率、暴露频率等)的不确定性和可变性起着重要作用。其他人采用蒙特卡洛来解决人类行为的不确定性和可变性问题,例如,出行方式选择、活动类型选择、目的地选择等方面的随机性(de Nazelle et al.,2009)。此外,这种采样方法还被引入步行者模拟中,用于在拥挤的人群中跟踪个体的行为(Mihaylova et al.,2014)。

4）微观模拟

微观模拟适用于模拟个人日常活动模式进而预测交通需求，即模拟行程产生、行程分配、交通方式选择。与传统的四步需求预测（McNally，2007）相比，微观模拟具有节省计算量和存储量等方面的优势，还可以用来描述不同的决策。基于活动的微观模拟的首批尝试，这包括"佛罗里达活动交通模拟器（Florida Activity Mobility Simulator）"，它由人口合成器、个人活动-出行模拟器（Pendyala，2004）组成。这个模型通过使用 2000 年东南佛罗里达州家庭出行调查数据库进行了评估和验证。作为对离散选择模型和基于活动的模型的补充，有研究使用微观模拟开发了一个认知地图模型，用于揭示个体在空间探索和空间认知学习下的决策机制（Arentze et al., 2005）。该模型基于贝叶斯信念原则（Bayesian Principles of Belief），关注人类对位置的认知。

交通仿真模拟领域最流行的软件之一是由德国 Planung Transport Verkehr（PTV）AG 公司开发的 VISSIM。VISSIM 是一种用于模拟多种交通方式和交通运营管理的离散交通模拟工具。常见的应用包括交通信号控制、公共交通车道的调整、设计方案的改进、交通稳静化策略的检验、汽车污染物排放计算等方面。该模型被应用到了伊斯坦布尔高速公路的案例研究，以及印度艾哈迈达巴德区的萨纳恩德（Sanand）收费广场的案例中。

微观模拟与基于主体的模拟之间的界限是很不明确的。通常，与基于主体的模拟相比，大多数微观模拟仅模拟单向的交互关系。例如，在对政策制定的建模过程中，微观模拟只模拟政策实施对人的影响，而不考虑个人行为如何影响政策和个体之间的相互作用（Heppenstall et al., 2011）。

5）元胞自动机

元胞自动机是探索各种城市现象的最广泛使用的复杂方法之一，它被应用在交通模拟、区域尺度的城市化，以及土地利用或土地覆盖变化（Land-Use or Cover Change，LUCC）。然而，元胞自动机模型的简化性使得它对现实世界的呈现存在一定的缺陷。因此，许多学者对元胞自动机的变化规则进行了修改和扩展，以包含诸如自我修正、随机性、效用最大化之类的原则。有学者指出元胞自动机模型应该融入城市理论以及新的验证方法，并提供方案比选等城市规划实践上的支持（Torrens et al., 2001）。亚特兰大都市区的案例研究（X. Yang et al., 2003）应用了一个自我修正的元胞自动机城市增长模型，该模型最早对旧金山和华盛顿/巴尔的摩地区进行了长期的城市增长预测。模型的输入数据包括城市现状（如住宅用途）、交通运输吸引重心、土地变迁的可能性，以及各种城市增长和自我修正的因子。该模型证实了动态的城市增长模式，并依据不同的发展和环境条件对未来可能的城市增长情景进行了测试。还有研究使用元胞自动机在特定时间段内实现了土地利用或土地覆盖变化模型中邻域之间的交互（Verburg et al., 2004）。

此外，元胞自动机还应用于车流和交通网络的微观模拟中。一种基于行为的元胞自动机模型将环境特征和"邻居"的行为纳入了行人疏散模型,该范例已被广泛用于交通需求模拟中(Huang et al.,2017)。最先进的方法之一是"交通分析模拟(TRansportation ANalysis SIMulation System,TRANSIMS)"——它集合了人口合成器、活动发生器、路线规划器、微模拟器等一系列子模型(Nagel et al.,1997)。在这种基于路线的模拟工具中,来自微模拟器的反馈信息被作为输入导入路线规划器中,并经过数轮迭代最终达到纳什均衡。元胞自动机成功地模拟了土地利用或土地覆盖变化中的生态和地球物理层面,然而它在模拟人类个体的决策方面仍面临着挑战。

6)基于主体的建模

基于主体的建模越来越多地被社会科学家所采用,特别是那些进行城市研究和交通规划的学者们。"社会科学"是理解人类行为以及人与人之间的互动是如何产生群体的涌现行为的一门学科。基于主体的建模提供了对既有理论进行严谨的测试以及改进的途径,还可以用来对社会系统中潜在的机制进行深入探索,有研究对基于主体的建模技术在城市和建筑研究方面的应用做了详尽的综述(L. Chen,2012)。该领域两个重要的国际会议论文集中也收录了最新的研究成果,即"社会仿真模拟会议(Social Simulation Conference)"和"智能体及多智能体系统国际会议(International Conference on Multi-Agent Systems)"。

基于主体的建模还用于研究复杂的人类与自然耦合系统(Coupled Human And Natural Systems,CHANS),对该领域的应用综述详见《人与自然耦合系统中的人类决策建模:基于 Agent 的模型总述》(Modeling Human Decisions in Coupled Human and Natural Systems:Review of Agent-Based Models) 一文(An,2012)。基于主体的建模在模拟动态人类活动、解释和推测由需求所驱动的人类行为方面具有明显优势;基于需求与活动效用之间的函数方程,有关研究(Märki et al.,2011)中扩展了原始模型,并增加了两个校准系统:①主体被告知在何时他们可以、不可以或必须满足他们的需求;②系统随着时间的演变,可以实现多样化的需求增长率。通过分析瑞士的一项 6 周居民出行数据,该模型被证实具有表现真实的行为的能力。作者在数据中提取了 10 个基本居民需求,校准了模型中的需求减少和增加函数,并生成了活动 - 地点对应关系。

交通运输是基于主体的建模技术最重要的应用领域之一,它被广泛应用在对路线选择行为、车道选择行为、汽车跟随行为,以及宏观交通需求的模拟和预测中(详见 Wise et al.,2017)。最新的大尺度基于主体的模拟器是"多主体交通模拟(Multi-Agent Transport Simulation,MatSim)",它起源于苏黎世瑞士联邦理工学院,并在柏林工业大学得到了发展。MATSim 旨在根据个人旅行者的日 / 周活动时间表模拟交通和拥堵情况(Horni et al.,2016)。与 TRANSIMS 相比,MATSim 因其简化的交通流模拟而使运算过程更快捷,但需要指出的是,该模型需要大量、高精度的数据(起讫点 OD 数据对)作为输入。在土地利用 - 交通一体化规划领域,基于主体的建模为政治和规划过程提供了可操作的综合模型。由加州大学伯克利分校设计的 UrbanSim(Waddell,2011)是最有效的城市模拟工具之一。由于其具有灵活性（不熟练的建模人员更容易获得）、计算性能（缩短模型系统的运行时间）、透明性和行为的准确性等特质，UrbanSim 已广泛应用于众多案例研究中，例如底特律、火奴鲁鲁、旧金山。但该软件中并没有内置交通模型，不能进行交通量的预测，对交通出行的考虑是以模型输入的方式导入到 UrbanSim 中。同时，它仍需要进一步的开发以实现将模型纳入决策过程的目标。

2. 复杂系统仿真模拟范式的比较

为了对各种模拟范式进行系统的比较，本研究引入了一组涵盖了 4 个维度的比较体系，并对不同范式所体现出的特性进行界定。比较内容的选择遵循埃弗里尔·劳（Averill Law）和戴维·凯尔顿（David Kelton）定义的模拟技术的分类："随机或确定性模型（不包含随机变量并产生确定的输出结果）""动态或静态模型（系统处于某特定时间或时间在系统中没有任何作用）""连续或离散模型（系统的状态可能在相对独立的、一定量的时间节点发生变化）"（Law et al., 1991）。本书还进一步将其与巴蒂（Batty, 2010）所提出的模型分类结构相结合，并归类为"微观空间尺度或宏观空间尺度"模型、"自上而下或自下而上"的模拟、"系统变量依赖于其他因素或相对独立（即从系统内部产生的或从外部产生的）"模型、"集聚或分散"模型（Batty, 2010）。表 6-2 根据 7 个范式的模拟方法和它们模拟的系统进行了比较。

模拟范式之间的比较　　表 6-2

	范式 维度	系统动力学 SD	离散事件仿真 DES	连续仿真 CS	蒙特卡洛 MC	微观模拟 MSM	元胞自动机 CA	基于主体的建模 ABM
模拟方法	自下而上				√	√	√	√
	自上而下	√	√	√				
系统状态	随机的				√		(√)	√
	确定性的	√	√	√			√	(√)
	动态的	√		√		√	√	√
	静态的		√		√			
空间尺度	微观尺度		√		√	√	√	√
	宏观尺度	√	√	√	√		√	√
变量	相对独立的				√			
	有依赖性的	√	√	√				
	分散的				√	√	√	√
	集聚的	√	√	√				

（改绘自：L. Yang et al., 2019b）

表 6-3 是对每种模拟范式的主要工具的整理，可以发现某些模拟工具可以用于多种范式的操作，因此可以作为多种范式的集成模型的搭建平台。同时，还可以引入其他技

术对这种集成的计算机工具进行补充,例如,"若……则(What-if)"探索性方案设计方法、参与式规划支持系统和角色扮演游戏,这些工具使得参与式决策成为可能,并已经成功地应用在了基础设施的更新项目中。仿真模型还可以对城市设计和规划方法进行绩效测试,借助这些工具可以与主要的利益相关者进行讨论、了解他们真实的想法。

由于城市交通-空间-人系统具有明显的动态性、自组织性、主体异质性、涌现行为等特征,本研究选取自下而上的方法——基于主体的建模方法进行建模。与传统的集聚型模拟范式相比,ABM 在模拟动态人类活动、个体的理性决策、解释和推测由需求所驱动的人类行为方面具有明显优势。ABM 采用自下而上的建模思想,通过模拟若干具有自主、可反应、主动行为的异质的主体,预测系统整体的涌现行为。由于 ABM 中的主体有学习、对环境做出反应、决策的能力,行动遵循一系列形式化的行为法则,因此,可以很好地模拟交通-空间系统中使用者的行为。同时,该范式已被广泛应用在车辆路线选择、车道选择、汽车跟随等行为的模拟以及宏观交通需求的预测中。因此,本书选取基于主体的建模技术对交通-空间-人的复杂系统进行模拟。

主要的模拟工具、软件(笔者绘制)　　　　表 6-3

模拟范式		主要工具					
集聚模型	系统动力学	STELLA iThink	SIMPAS	Power-Sim	Vensim	DYNAMO Plus		
	离散事件仿真	GPSS	SIMAN		Vensim	SIMSCRIPT Ⅱ.5	SLAM Ⅱ	
	连续事件仿真	VisSim	SIMAN	Power-Sim	ACSL	SIMSCRIPT Ⅱ.5	SLAM Ⅱ	Simcad Pro
分散模型	微观模拟	JAS-mine	LIAM2	MODGEN	OpenM++	DRACULA		
	基于主体的模拟	Swarm	StarLogo NetLogo	Repast Simphony	Vensim	VSEit	Mason	Agent-Sheets
		Sim-Agent	Quick-silver	AnyLogic	TRANSIMS	MAT-Sim		

(二)交通-空间系统对人与环境的影响模拟方法

针对城市气候及自然环境的计算机模拟,根据所模拟的城市尺度不同可以分为 4 类:①城市或片区尺度气象条件;②城市街区尺度微观气候;③建筑室内气候;④人体热舒适度(Ooka,2007)。在众多公共空间环境质量的影响因子当中,微观气候条件、空气质量、噪声是最重要的影响因素。

微观气候条件的主要决定因子有 4 个,分别是风速、空气温度、相对湿度以及平均辐射温度。

空气质量的影响因子包含静态污染源和动态污染源。静态污染源决定了城市中的"背景"大气污染物的浓度,对一定的城市片区内的浓度值起主导作用,同时也受到城市总体的气象条件影响,最主要的污染源如工厂。动态污染源主要包括汽车排放,其排放量的高低随时间、地点变化明显，与城市路网实时交通流量、拥堵程度相关。与此同时，城市中的蓝 - 绿基础设施（如水体、树木）会对污染物有吸收和沉淀等作用，也是影响空气质量的重要因子。

针对公共空间中噪声的评估，通常从两方面展开：一个层面是通过技术手段对噪声本身的监控；另一个层面是从人对声音的感知作为出发点，通过心理学等领域研究进而评估和改善公共空间声环境（Bild et al., 2016）。

针对以上3个方面内容，本书选取公共空间微观气候条件及人的热舒适度、道路交通污染物排放、公共空间空气污染物浓度三个因子对交通 - 空间系统的环境影响进行量化评估。

1. 微观气候条件及人的热舒适度模拟

城市微气候的量化分析和评估通常需要借助物理模型、分析模型或者数值模型。与物理模型（如风洞试验）和分析模型（如一系列经过简化的偏微分方程的计算）相比，数值模型所需要的经济、物理条件少，可以利用计算机的强大计算能力对复杂物理现象进行求解（如对非线性偏微分方程的求解）。使用数值模型评估城市开放空间微气候的研究很多，其中常用的模型有计算流体动力学（Computational Fluid Dynamics，CFD）模型、MUKLIMO、SkyHelios、RayMan（Fröhlich et al., 2019）。

另外，微观气候条件会直接影响到公共空间中人类主体对所感知环境的舒适度的评估。因此，人的热舒适度是评估公共空间环境品质的重要指标。美国采暖、制冷与空调工程师学会（American Society of Heating Refrigerating and Air-Conditioning Engineers，2010）[7]将热舒适度定义为："人对温度环境表示满意的心理状态"。评估人的热舒适度，计算机模型不仅需要考虑环境的微观气候条件，还需要考虑人体的新陈代谢率、衣服隔热指数等个体因素。最常用的评估热舒适度的指标体系有，生理等效温度（PET）、标准有效温度（SET）、平均热感觉指数（PMV）、通用热气候指数（UTCI）。ENVI-met和RayMan可以针对以上指标进行量化评估。

2. 道路交通污染物排放计算

用于预测道路交通污染物排放的工具可以根据其所需要的汽车行驶方式输入数据，适用的空间尺度可以分为3类（Smit et al., 2008）。第一类模型需要详细的汽车行驶方式数据（如不同时间节点、地理位置处的加速度、速度等）；第二类模型需要部分行驶数据；而第三类模型只需要汽车的平均行驶速度等基本数据，也被称为"基于平均速度的模型"。第一、二类模型适合于小范围、需要精确汽车排放量的模拟场景。例如，交通路口处的污染物排放量计算，计算过程中详细考虑了交通拥堵所产生的排放。第三类模型适用于不需要特别精确结果的、相对大尺度的场景模拟，如城市片区的汽车污染物排放计算，这一类模型通过历史数据以及相关经验因子，可以根据用户的输入预估交通拥堵的污染物排放。第一类模型中代表性的工具有MEASURE、VESIT+等；第二类模型的代表性工具有TEE、污染物排放队列模型（Queuing Emission Models）；

第三类模型中以 COPERT、MOBILE 最具代表性。

3. 室外空间的污染物浓度计算

空气污染物浓度的计算需要考虑污染物在空气中的扩散和沉淀等过程。常用污染物扩散的数值模型包括高斯烟羽模型（Gaussian Plume Models）、OSPM、FLUENT、CFD 等，其中的 CFD 模型对空气涡流的精确模拟过程适用于小尺度城市空间污染物浓度计算（Vardoulakis et al.，2003）。

在模拟街区尺度的污染物浓度研究中，许多学者采用 ENVI-met 模型内置的基于 CFD 的空气污染计算模块（Morakinyo et al.，2016），但是这些研究大多只考虑了城市中的静态污染源，而针对动态污染源的模拟则是基于统计数据得来的。因此，单独的 CFD 模型难以对动态污染源进行模拟。

许多学者提出将模型进行综合（Robinson，2012），尤其是将交通量预测模型、交通污染物计算模型、污染物扩散模型三者进行集成，以动态地模拟不同路网使用情况下所产生的污染物浓度（Hatzopoulou et al.，2010；Borrego et al.，2003）。

二、综合集成量化评估模拟工具的构想

（一）微气候－交通污染－浓度计算的一维集成模型

在已有研究中，针对交通-空间系统的环境影响的全面、同步量化评估仍显匮乏，同时，三方面影响因子的时间、空间尺度各异也对模拟造成了困难。公共空间微观气候和公共空间空气污染物浓度的模拟范围往往为微观的城市街区尺度（约 1km），而道路交通污染物排放的计算范围通常为中观的城市片区尺度（约 10～100km）甚至是城市尺度。同时，前者的计算时间精度较高，往往以秒（s）为单位，后者的时间精度较低，通常以小时（h）为单位。

因此，本书首次提出了针对交通-空间系统环境影响的多尺度集成模型，既实现了中观尺度（城市片区范围）道路交通污染物排放的计算，也实现了微观尺度（城市街区范围）空气污染物浓度的预测、微观气候条件的评估以及人体热舒适度的评估。

模型的集成（Coupling）主要有两类方法：结构集成（Schema 或 Structured）和过程集成（Process）（Dolk et al.，1993）。结构集成是将具有相关性的模型的体系进行逻辑上的结合，并形成一个新的模型；过程集成考虑的是不同过程之间的连接，旨在通过创建连接使不同的模型体系可以顺畅地操作，常用的方法是将一个模型的输出作为输入导入到另一个模型中。本书采用第二种集成方法。

（二）交通与空间使用情况－环境影响预测的二维集成模型

在一维模型中，有关道路交通污染物的计算（排放量和浓度值）需要使用路网的交通流量动态模拟结果作为输入数据。传统的预测模型使用道路交通历史数据或者估

测数据作为输入,无法对不同的交通-空间设计系统进行准确的模拟。本书的另一个创新点是将基于主体的"交通-空间-人系统"模拟(中观尺度)与交通污染物排放计算和浓度计算(微观尺度)进行了集成。

最终,形成了针对中观尺度和微观尺度交通-空间现状系统的分析与不同设计系统的整合度量化评估,实现对"交通-空间-人-自然环境"复杂系统的模拟。需要指出的是,由于模型受边界条件、复杂度、计算能力等限制,该多尺度模型难以对城市复杂系统进行完全真实的模拟,但可以为方案比选、设计优化、现状系统分析等交通-空间系统整合的过程提供可靠支持。

三、交通-空间-人的复杂系统仿真模型

(一)基于主体的复杂系统仿真模型构建方法

与传统的结构化的编程思想相比,面向对象编程更接近于人的自然思维,即将现实的复杂问题抽象为对象并理解每个对象的属性、行为以及对象之间的关系。面向对象编程中的"对象"与基于主体建模中的"主体"十分相似,后者可以看成是对前者的一种提升和发展(廖守亿,2005)。常用的面向对象的编程语言有Java、C++、Python等。

使用基于主体的建模方法对城市复杂系统进行模拟时,为了描述系统中各个主体的特征和行为以及主体之间的互动关系,首先需要对系统中的主体和主体之间的关系进行概念化;其次,使用本体(Ontology)对概念的主体进行准确的表达。一个本体由类和实例构成,其中类是对概念化主体的抽象表达,包括了对其属性和行为的抽象描述。实例是对概念化主体的具体表达,是针对某一具体对象的属性和行为的描述。在Java语言中,对象的属性以成员变量来定义,对象的行为用方法来表达。本书对"交通-空间-人"这一复杂系统的模拟采用面向对象编程的思想,使用Java语言在Repast Symphony_2.4软件中进行编写。

(二)基于主体的智慧城市模型

第6章第一节对交通-空间的各种ABM模型进行了综述。其中,最为常用的基于主体的交通模拟工具和土地使用模拟工具分别是MATSim和UrbanSim。然而,MATSim在模拟时需要大量、高精度的数据(起讫点OD数据)作为输入,这使得该模型无法实现本研究的目标,即构建通用性高、多专业人员可以方便使用的模拟工具。同时,该模型注重交通系统的模拟,对支持城市设计、公共空间系统模拟方面考虑不足。而UrbanSim长于用模拟工具支持城市规划领域的土地使用与交通网络规划,内中并没有内置的交通模型,不能进行交通量的预测,对交通出行的考虑是以输入数据的方式导入到UrbanSim中。

因此,本书选取了同时可以对交通和空间系统进行模拟,并可以为城市设计提供

交互式支持的"智慧城市模型（Smart-City Model）"。该模型由英国帝国理工学院科恩·H·范达姆（Koen H. van Dam）、尼雷·夏（Nilay Shah）等人开发，设计目的是模拟城市中的道路交通基础设施 - 土地使用 - 能源基础设施的配置与汽车和人的行为（如汽车充电桩的配置等）的互动关系，模型中主体的结构继承了英国利兹大学尼克·马勒森（Nick Malleson）开发的 RepastCity 模型。智慧城市模型已经被应用于能源供应系统的优化配置（Bustos-Turu，2018）以及辅助城市设计的过程（van Dam et al.，2014）。

本书首次将智慧城市模型应用到交通 - 空间系统的规划设计中[①]，同时，也首次对模型的输出结果——交通量进行了系统的验证。为了更好地将原始模型（van Dam et al.，2017）应用到交通 - 空间系统的模拟中，本书还对其中的算法进行了调整与优化。

智慧城市模型由两类主体构建而成，即人类主体和非人类主体。人类主体依据所研究问题的不同分为行人和机动车两种，在下文中将人类主体简称为"主体"；非人类主体是人类主体从事各项活动的载体，包括机动车和非机动车道路基础设施、土地使用、建筑，下文将非人类主体简称为"环境"。

模型的结构设计遵循自底向上的思想，构建的步骤分 3 个层次。第一层次是构建单一的主体，模拟其行为和属性；第二层次是搭建主体活动的环境，并设计与主体之间的接口，接口也是模拟人与交通 - 空间物质系统之间互动关系的重要媒介；第三层次是在以上模块的基础上，生成多主体，并为每一主体分配活动时间表等信息，同时控制总体的模拟流程，记录时间，打印输出等。

（三）模型输入

1. GIS 模型搭建

1）道路图层

现状交通 - 空间系统 GIS 模型搭建的第一步是生成路面交通路网的矢量图层，将现状交通基础设施网络抽象为由点和边构成的网络，其中点代表道路交叉口，边代表最小路段（路段上仅有两个交叉口）。在此，需要将机动交通路网、非机动交通路网、轨道交通路网作为独立的图层进行模型构建（图 6-1）。

2）土地使用图层

第二步是生成土地使用的矢量图层，将现状的城市土地使用抽象为许多独立的几何图形，在此图层上不包括交通基础设施用地。

在活动种类的划分方面，本书参考了兴趣点分布（Point Of Interest，POI）数据中的活动划分（Long et al.，2016）、时间利用调查数据中的分类方式（中华人民共和国

[①] 笔者在博士期间赴帝国理工学院联合培养，其间在 Koen van Dam 博士的指导下（Gonzalo Bustos-Turu 博士辅助）学习并掌握了该智慧城市模型，并将其应用到本研究中。

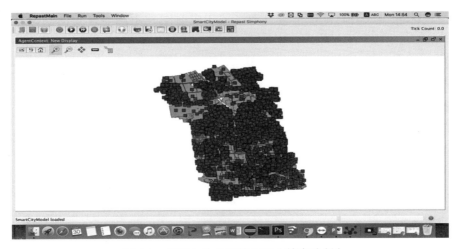

图 6-1 基于主体的模型界面（笔者绘制）

国家统计局，2008），以及相关研究中的分类方法（de Nazelle，2007），并综合了马尔曼的 3 层次人类需求分类。在此模型中，将活动种类划分为 5 类：居住活动（RES）、办公活动（WOR）、商业活动（COM）、文化活动（CUL）、休闲活动（LEI）。在每一种活动对应字段中，根据每块土地上所提供的该活动的比例进行赋值。同时，计算每块土地所提供活动的多样性，计算方法将在第 6 章第六节中展开介绍。

最后，主导用地功能包括住宅用地、教育科研用地、商业金融用地、工业用地、公共空间、市政公用设施用地、交通用地、村镇及城中村、仓储用地、其他闲置用地等。

2. 社会 - 人口数据

需要输入的社会 - 人口数据主要包括 3 类，分别是人口密度及家庭规模、人均汽车所有量和人口类型比例。而人口密度是指每公顷土地上的人口数量；人口类型比例是指研究区域中的工作人员、非工作居民、游客的比例。

（四）核心方法

1. 合成人口

合成人口是在 ABM 模型初始化时生成的，是指在每块土地上模拟的人口（人类主体）的数量及空间分布。首先，模型通过读取 GIS 数据和社会 - 人口数据，依据数学公式在每块土地上模拟出总人口 $simPop$。其次，通过使用随机数，依据每块土地的总人口随机生成合成人口。

2. 主体行为规则设定——活动模式生成

活动模式是指一个工作日或周末人类主体在不同时间进行不同活动的顺序，它是主体的核心行为规则。该模式的设定可以根据研究区域（国家或城市）的时间利用调查中统计出的居民活动时间表，也可以通过空间 - 时间路径的 GIS 分析得到更为精准的活动时间表，本研究旨在构建可以被广泛使用、数据需求较少的、多学科研究者可方便使用的工具,因此,根据研究地区的居民时间利用调查作为活动模式的设定依据。

在获得了不同类型主体一天中每一时间段所进行的活动种类数据之后,分别对工作人员、非工作居民和游客等不同类型主体设定行为规则。根据环境-行为学的"环境忽然率"理论,虽然不能对个体是否从事某一行为的"决定"进行准确预测,但是其做出决定的幅度及选择某种行为的概率可以进行判断。由此,在本模型中设计了主体的行为规则,在此进行了两个假设,一是主体所进行的活动之间没有相互依赖关系;二是在同一个时间段内主体只选择某一项活动,如午饭过后主体要么选择去公园,要么选择去商店购物。

3. 主体行为规则设定——路线规划法则

路线规划法则是主体在选择从起始点到终点之间的路线时所遵循的规则,该过程存在着路径选择行为,即在智慧城市模型中采用了"迪杰斯特拉的最短路径算法(Dijkstra shortest-path Algorithm)"(Skiena,1998)。该算法用来计算起讫点之间距离最短的路径,具体步骤如算法1所述。

算法1:迪杰斯特拉最短路径算法

(1)对路网上的每个节点赋予一个"试验距离"*tentative distance*:起始点赋予当前距离 *Current distance* 为0,其他节点为无穷大。

(2)将未访问的节点放置在一个集合当中。

(3)计算每个路段 *i*(两相邻节点之间连线)的距离将此距离 $Distance_i$ 赋值给该路段。

(4)以当前节点为出发点,计算与每一个相邻的未被访问的节点之间的距离 $Distance_{\text{current node-neighbor node}}$,并将此距离与 *Current distance* 进行求和,如果这个值大于相邻节点的试验距离,则更新该相邻节点的距离值。

(5)在对当前节点的所有相邻节点进行距离计算之后,把当前节点归入未访问节点集合当中。

(6)在未被访问的节点中,选取试验距离最小的节点作为下一个被访问节点,然后重新开始步骤4。

(7)如果终点位置的节点被访问,则算法结束。

(五)模型输出

1. 交通量预测结果

每小时非机动交通路网上的步行交通量、每小时机动交通路网上的汽车交通量,可用来评估交通基础设施供给(道路宽度等)与交通需求是否平衡,对应于表4-6中的整合度评估KPI(1)和(2)。

2. 公共空间使用情况预测结果

每小时每个公共空间中使用者人数、一天 24 小时使用频率和时长的变化，可用来评估公共空间供给（面积、形状、公共设施等）与人的室外活动需求是否平衡，对应于表 4-6 中的整合度评估 KPI（3）和（5）。

（六）验证与优化

使用智慧城市模型对现状条件进行初步模拟之后，本书对模型进行了验证，这也是首次系统地对该模型进行交通量模拟结果的验证。

1. 模型验证

"模型验证"是检验一个模型是否准确重现了一个真实系统的过程，它是建构基于主体的模型过程中极为重要的环节。标准的验证方法是从真实系统中选取一系列的实例进行模拟。检验通过之后，再用已验证的模型对其他实例进行模拟和研究。但是，几乎没有模型或计算机技术能够被完整地验证，大部分模型只针对某些方面进行了有针对性的验证。模型的验证可划分为 7 个方面：①设计需求验证；②输入数据验证；③表层验证（如模型构建的假设是否为真）；④过程验证；⑤模型输出验证；⑥主体验证（主体的行为规则、互动关系等）；⑦理论验证（North et al., 2007）。

2. 模型输出验证

在此研究中，因为模型输出的交通量是评估系统整合度的重要指标，而且该输出数据会被作为输入导入到下一步的空气污染物排放计算当中。因此，针对模拟产生的每条道路（i）交通量 TV_i 进行了与真实数据的对比及验证。经过几个实例的验证发现，原始的模型很难对真实的交通流量做出准确模拟，经过分析，猜测校验无法通过的原因是已有的路径选择算法不适用于机动车的路径选择。在步行等非机动交通方式中，最短路径往往可以描述人们的路径选择决策过程。但是对于驾驶汽车的人，最短时间路径往往更具有吸引力，即不单单考虑起讫点之间的距离，还需要考虑不同路段上的行驶速度。例如，城市中驾车在没有明显交通拥堵的情况下，人们往往会选择城市快速路、主干道等行驶速度快的路段规划路线。由此，本书将原始智慧城市模型进行了算法优化并提出"最快路径算法"（详见算法 2）。这两种算法模拟出来的交通流量结果的对比将在第 7 章中结合北京的案例进行展开。

算法 2：最快路径算法（基于迪杰斯特拉算法）

（1）对路网上的每个节点赋予一个"试验时间"：起始点赋予当前时间 $Current\ time$ 为 0，其他节点为无穷大。

（2）将未访问的节点放置在一个集合当中。

（3）计算每个路段 i（两相邻节点之间连线）的行驶时间，并将此距离 $Time_i$ 赋值给该路段，$Time_i$ 等于路段 i 的距离除以该路段的行驶速度。

（4）以当前节点为出发点，计算与每一个相邻的未被访问的节点之间的行驶时间 $Time_{\text{current node-neighbor node}}$，并将此时间与 $Current\ time$ 进行求和，如果这个值大于相邻节点的试验时间,则更新该相邻节点的时间值。

(5)在对当前节点的所有相邻节点进行行驶时间计算之后,把当前节点归入未访问节点集合当中。

(6)在未被访问的节点中,选取试验时间最小的节点作为下一个被访问节点,然后重新开始步骤4。

(7)如果终点位置的节点被访问,则算法结束。

在对路网上每一个路段 i 的行驶速度赋值时,本研究在 GIS 道路图层中添加了行驶速度参数,并根据道路的不同等级将道路的设计速度设置为初始值。然后,根据路网行驶速度的历史统计数据(如《北京交通发展年报》所提供的路网平均速度)以及针对所选研究区域的具体道路行驶速度数据,对初始速度进行调整。

为了定量评估模拟的交通量数值 $TV_{simulated}$ 与监测的真实交通量数据 $TV_{measured}$ 之间的匹配程度,本研究使用相对误差(Relative Error)进行度量,具体的计算公式如下:

$$RelativeError = (TV_{simulated} - TV_{measured})/TV_{measured} \quad (6-1)$$

当相对误差为 0 时,代表模拟结果与真实值完全一致;当相对误差为 1 时,代表模拟的数值是真实数据的 2 倍;当相对误差为 –1 时,代表模拟的数值是真实数据的 1/2。

四、交通 – 空间系统对人与环境的影响预测模型

(一)污染物排放计算模型

1. 模型结构

由于本研究选取了中观城市片区尺度的区域作为交通 - 空间系统的研究范围,COPERT_4 最适宜计算该尺度的道路交通排放。COPERT 是由希腊塞萨洛尼基亚里士多德大学(Aristotle University of Thessaloniki)开发和维护的一款软件,模型输入主要包括两方面,一方面是排放因子 e^h;另一方面是交通流量 TV(Gkatzoflias et al., 2007)。

道路交通总的空气污染物排放量 E_{total} 等于 E_{exh} 排放的污染物(如气体、颗粒物)与 $E_{non-exh}$ 非排放的污染物(如燃料燃烧过程中的蒸发损失)之和(European Environment Agency, 2016)。在每一个路段 i 上,排放的污染物量 E_{exh} 由热排放量 $E_{h,i}$ 和冷启动排放量 E_c, i 两部分组成。其中,热排放发生在汽车各系统零部件达到正常运转温度之后,而冷启动排放发生在之前。具体的计算过程依据公式 6-2 和公式 6-3:

$$E_{h,i} = e^h \times TV_i \times L_i \quad (6-2)$$

$$E_{c,i} = e^h \times (e^c / e^h - 1) \times TV_i \times L_i \times \beta \quad (6-3)$$

在公式中，L_i 指路段 i 的长度，e^c/e^h 是冷排放因子与热排放因子的比值。$β$ 是汽车以冷发动机状态行驶的里程所占比例值。

2. 模型输入及输出

热排放因子由一系列与汽车类型（所使用的燃料、排放标准、载重量、汽车重量等）和平均行驶速度相关的公式决定。本研究选取《空气污染物排放详细目录手册》（Air Pollutant Emission Inventory Guidebook）中所列出的最新的排放因子作为模型输入（European Environment Agency，2016）。另一个主要的输入是每小时每个路段上的交通流量数值，在这里，将智慧城市模型经过验证的模拟结果 TV_i 作为输入导入 COPERT 中。

模型输出一天中每小时、每条道路 i 上的空气污染物排放量，包括了氮氧化物（NO_x）、一氧化碳（CO）、挥发性有机化合物（VOC）、悬浮颗粒物（PM）的排放量 E_{total}，以 g 为单位。

3. 数值换算

污染物排放量 E_{total} 之后被转化为基于时间的污染物排放速率以 mg/（s·m）为单位。排放速率的计算是为了对下一步污染物浓度的计算提供输入数据。每小时的排放速率 SOU_C 的计算又分为线性污染源（如道路区间上）的排放速率，以及面状污染源（如道路交叉口）的排放速率计算。

4. 模型的可靠性验证

COPERT 模型的可靠性和结果的真实性已经在许多研究中进行过验证。例如，有研究（Lang et al.，2012）测量了采用欧 0 到欧Ⅳ标准的中国汽车的热排放因子，并与 COPERT 中的排放因子进行了对比、校核，证明该模型可以较好地应用在中国城市中。

但同时 COPERT 自身也具有一定的局限性。在估测热排放因子的过程中，仅以平均行驶速度作为参量，对于交通拥堵的考虑较为笼统，是在模型构建过程中进行的估测。为了使模拟结果具有更强的可靠性，根据《空气污染物排放详细目录手册》中所提供的热排放因子的适用范围，本研究使热排放因子在规定的行驶速度之内使用。同时，依据相关研究（Ntziachristos et al.，2000），该模型只使用在正常的道路和交通情况中，静态交通管制区域等特殊交通情况不在本研究范围内。另外，模型中每个路段的长度都控制在 500m 以上，因为根据相关研究，当道路长度大于 400m 时，COPERT 的计算结果可靠性会大大提升（Samaras et al.，2014）。

（二）交通-空间系统微观环境模拟

在本研究中，选择 ENVI-met_4（Bruse，2002）进行公共空间微气候模拟、空气污染物浓度的计算以及热舒适度的评估。ENVI-met 是以 CFD 作为核心运算过程的三维预测模型。它可以模拟城市中的地表、植物、大气、建筑物之间的相互作用，所模拟空间的最小尺度可达到 0.5～10m，所计算的时间的最小间隔为 10s。该模型已经被广泛应用于不同的城市环境中，并且得到了很好的验证（Chatzidimitriou et al.，2016；

Girgis et al.，2016；Salata et al.，2016；Z. Wu et al.，2016）。

1. 模型输入

模型由 3 部分组成：①区域输入文件用来绘制研究区域的三维空间结构，如道路网络、公共空间、建筑物的三维形态绘制；②配置文件用来配置模型初始化的背景条件，如气象条件；③污染源、土壤、植被数据库用来配置所模拟的各部分的属性。表 6-4 为配置文件的样例。

ENVI-met 微观气候模拟配置文件样例（笔者绘制） 表 6-4

所选模拟日期	初始温度	相对湿度（2m 高度）	风速（10m 高度）	风向	模拟时间	模拟开始时间
2017 年 11 月 12 日	5.6℃	93%	1.8m/s	315°	26h	0：00

2. 微观气候 - 污染物浓度计算核心方法

微观气候模型由 4 个模块构成，分别是大气模块、植物模块、土壤模块、建筑物模块（H.Simon，2016）。对大气的模拟过程是微观环境模拟中的核心部分，包括了对风环境、空气温度、湿度、辐射通量、涡流、空气污染物的扩散和沉淀过程的模拟。

三维非静压纳维尔 - 斯托克斯方程被用于计算风速。空气温度和相对湿度通过水平对流 - 扩散方程进行计算。水平对流 - 扩散方程还被用在计算污染物的浓度 C^* 中，公式 6-4 是使用爱因斯坦标记法对此方程的描述：

$$\frac{\partial C}{\partial t} + u_i \frac{\partial C}{\partial x_i} = \frac{\partial}{\partial x_i}\left(DIF_C \frac{\partial C}{\partial x_i}\right) + SOU_C(x,y,z) + SED_C(x,y,z) \quad (6\text{-}4)$$

其中，C 代表了微粒的浓度，单位是 mg[C] / kg[Air]。经过换算，最终的输出结果是单位为 mg/m³ 的浓度值 C^*。DIF_C 和 SED_C 分别为扩散系数和微粒沉淀量。SOU_C 为污染源的排放速率，污染源包括 3 类：点污染源（mg/s）、线污染源 [mg/（s·m）] 以及面污染源 [mg/（s·m²）]。公式采用笛卡尔坐标系，即 $x_i = \{x, y, z\}$，风速的矢量值为 $u_i = \{u, v, w\}$。

模型输出的每小时空气污染物浓度、公共空间风速、相对湿度、空气温度、辐射温度将用于对表 4-6 中的 KPI（9）和（10）进行评估。

（三）人体热舒适度评估

综合考虑气候条件（风速、空气温度、相对湿度、辐射温度）与个体的衣物热隔绝系数、新陈代谢率等因素后，本书采用 PMV 和 UTCI 指标对人的热舒适度进行评估，评估过程借助 ENVI-met 模型中的 Bio-met 模块以及 RayMan 模型。其中，PMV 用来评估微观尺度研究区域在 1.5m 处的整体热舒适度，UTCI 用来评估某些特定位置的热舒适度（1.5m 处）。

PMV 指标最初是用来评估人在气候条件相对稳定的室内环境下的温度舒适度（或不舒适度）（Fanger，1972）。学者们为了对室外环境进行舒适度评估，在原有模型中引入了复杂的室外太阳辐射条件（Jendritzky et al., 1981）。PMV 随后被纳入 ISO 国际标准中（International Organization for Standardization, 1994）。具体的计算过程见公式6-5。

$$PMV = [0.028 + 0.303 \times \exp(-0.036 E_M)] \times (E_I - V_D - V_S - B_L - B_E - X_R - X_C) \quad (6\text{-}5)$$

式中，E_M 是人体产生的机械能，E_I 是人体内的剩余能量，$E_I = E_M(1-\varphi)$，φ 为人体所做机械工因子。V_D 和 V_S 分别代表皮肤蒸发的气体和汗液。B_L 和 B_E 代表由呼吸产生的潜在热损失以及由呼吸产生的可感知的热损益。X_R 为人体的辐射能量平衡，X_C 为通过对流产生的能量获得和损失。

UTCI 最初的设计目的是形成一套可应用于不同气候、季节、地理位置的通用的评估室外热舒适情况的指标体系。先进的 Fiala 多节点人体传热和温度调节模型（Fiala et al., 2001）被用来计算人对室外气象条件的生理反应，同时，该模型还与一个具有适应性的衣服模型相耦合（Havenith et al., 2011）。UTCI 的定义是"某参考条件下的等温空气温度，该参考条件将引起与生理模型相同的动态响应"（Jendritzky et al., 2012）[21]。UTCI 采用等效温度进行评估，相较于其他指标体系（如 PMV），它对空气温度、太阳辐射、湿度，尤其是风速的变化极为敏感（Blazejczyk et al., 2012）。然而，它的局限性就在于计算时所采用的输入数据必须满足一定的有效值范围。例如，有效的风速范围是 0.5~17m/s。PMV 数值范围的划分与定义参照的是人的热感觉，而 UTCI 等效温度的划分依据的是热应力。

模型输出的交通 - 空间系统中的 PMV、UTCI 数值的空间分布将用于对表4-6中的 KPI（11）进行评估。

五、交通 - 空间 - 人 - 环境的集成模型

在前文所构建的交通 - 空间 - 人 - 环境多尺度集成模型概念框架的基础上，图6-2的模型结构详细描述了该集成模型的模拟流程，具体由 4 个步骤组成。

中观尺度交通 - 空间 - 人的复杂系统模拟，以私家车作为模型中的人类主体进行针对现状系统的建模，然后通过与实时数据进行比较来验证模拟结果并进行模型优化（表6-5）。

中观尺度交通 - 空间 - 人的复杂系统模拟相关参数及方法　　　　表6-5

输入	社会 - 人口数据、地理空间数据（GIS）、人行为模式数据
方法	基于主体的建模（ABM）
输出	一天中每小时每个路段 i 上的交通量 TV_i

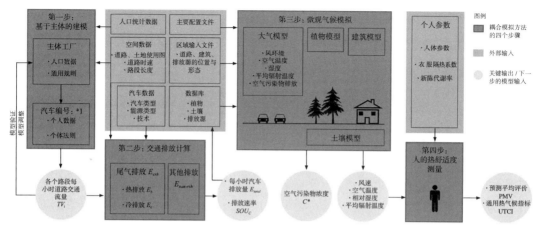

图 6-2　多尺度集成模型的模型框架①

（改绘自：L. Yang et al.，2020b）

交通-空间系统的环境影响评估，首先进行中观尺度污染物排放计算（表 6-6）。

交通-空间系统的环境影响模拟相关参数及方法　　　表 6-6

输入	每小时 TV_i、路网地理空间数据、平均速度、汽车特性及技术数据
方法	基于平均速度和污染物排放因子的交通污染物排放模拟
输出	一天中每小时每个路段 i 上的空气污染物排放量 E_{total} 以及排放速率 SOU_C

其次进行微观尺度交通-空间系统的环境影响模拟，分别模拟公共空间污染物浓度和微气候（表 6-7）。

微观尺度交通-空间系统的环境影响模拟相关参数及方法　　　表 6-7

输入	每小时的 SOU_C、总体配置文件、地理空间数据、植被及土壤数据
方法	基于 CFD 的微观气候模拟
输出	空气污染物浓度 C^*、风速、空气温度、相对湿度、平均辐射温度

最后，以 PMV 和 UTCI 评估微观尺度交通-空间系统中人的热舒适度（表 6-8）。

微观尺度交通-空间系统中人的热舒适度模拟相关参数及方法　　　表 6-8

输入	风速、空气温度、相对湿度、平均辐射温度、人体参数、衣服热阻、新陈代谢率
方法	基于 CFD 的微观气候和人体舒适度模拟
输出	PMV、UTCI 数值

---

a　笔者根据以本人为第一作者的文章插图进行翻译、改绘。

六、针对可量化 KPI 的 GIS 空间分析

在 GIS 中可以实现对交通 - 空间系统的 5 项 KPI 的量化分析：①交通线网连通性；②公共空间活动种类的多样性；③公共空间的可达性；④土地使用的混合度和密度；⑤绿色基础设施的供给。本书使用开源 GIS（Quantum GIS，QGIS）软件进行计算。

（一）交通线网连通性

道路交通（包括机动车道和非机动车道）网络连通性的评估方法有许多，常用的方法包括：街区长度（平均值）、街区大小（平均值）、街区密度、道路交叉口密度、连通节点比例、道路密度、连通交叉口比例、网格形态、道路 - 节点比例、步行道路笔直度、步行距离等（de Nazelle，2007；Dill，2004）。

其中，连通节点比例（Connected Node Ratio，CNR）可以在 GIS 中进行便捷地计算，可以直观地体现出路网中断头路的比例，且可以同时用作机动车路网和步行、骑行路网的度量，因此，被用于本研究中对交通基础设施网络连通性的量化评估。其具体的计算公式如下：

$$CNR = \frac{道路交叉口数量}{道路交叉口数量 + 断头路数量} \times 100\% \quad (6-6)$$

其中，CNR 的取值范围 [0-1]，数值越大代表路网的连通性越好，断头路越少。路网的 CNR 应当不小于 0.5，连通性良好的路网 CNR 在 0.7 以上。

在 QGIS 中，计算道路交叉口的数量需要使用：矢量 - 分析工具 - 线段交叉，进而生成一个由路网的所有交叉点组成的新图层，图层中交叉点的数量即为总道路交叉口数量。需要指出的是，用这种方法计算的前提是原始的路网中每一个交叉点至少连接了 3 条道路。如果存在某些交叉点只连接 2 条道路的情况，需要使用：矢量 - 拓扑检查 - 伪节点对路网中的这些交叉点进行排查。路网中断头路的数量可以通过仅连接 1 条道路的节点数目进行等价计算，使用矢量 - 拓扑检查 - 悬挂节点进行计算。

输出的结果可以对表 4-6 中的整合度评估 KPI（1）和（2）做出评估。

（二）公共空间可达性

1. 可达性的定义

可达性是交通基础设施网络规划的重要目标，它描述了人们抵达某个地点的方便程度，也表示了到达指定目的地的机会及可能性。某一地点的可达性可以用周边城市空间所提供活动的空间分布来表达，同时还受到人们逾越起始点和终点之间空间阻隔的能力与意愿的影响（Stewart，1948）。贝托里尼（Bertolini et al.，2005）[209] 将可达性

定义为"在一定的时间和(或)交通花费范围内,人们可以抵达的场所的数量和种类"。

2. 可达性评估方法

可达性的评估方法可划分为 5 类:①交通成本方法;②重力或机会模型法;③基于约束条件的方法;④基于时间剩余的方法;⑤综合方法(Baradaran et al., 2001)。在此基础上,可达性计算可细分为 7 类(Curtis et al., 2010):

(1)空间阻隔测量法。

(2)重力模型:在连续的空间中计算交通出行的阻碍。

(3)等高线法:在每一个节点处,以出行时间为半径绘制等高线。

(4)竞争因素计算法:同时考虑几个存在竞争因素的可达性影响因子,模拟过程可能会结合前 3 种方法。

(5)时间 - 空间测量法。

(6)效用测算法:衡量可达性对个人或社会的效用。

(7)网络测量法:通常使用空间句法的方法框架进行评估,例如,针对网络整合度的评估。

3. 空间阻隔测量法

该方法主要测量起讫点之间,或任意两个节点之间的交通阻隔以及抗力。交通阻隔包括:①物理距离(几何距离);②网络上的实际距离(不同交通方式,距离可能不同);③不同交通方式所用出行时间;④真实交通时间(考虑到路网的使用情况,如交通拥堵等);⑤交通费用;⑥服务质量(如公共交通的频率)。

其中,最常用的计算方法是计算从 i 地点到达所有目的地 j 的距离的加权平均值,在研究(Bhat et al., 2000)中提出了如下的通项公式计算 i 区域的可达性:

$$A_i = \frac{1}{b} \sum_j d_{ij} \quad (6\text{-}7)$$

在公式 6-7 中,d_{ij} 是 i 与 j 之间的距离,b 是一个通用参数。

4. 重力模型法

有研究用重力模型描述了某一地点 i 的可达性(Cervero et al., 1997)。

$$A_i = \{\sum_j (public\ spaces)_j \exp[\lambda t_{ij}]\} \quad (6\text{-}8)$$

公式 6-8 中,j 代表所要研究的目的地(如公共空间),t_{ij} 是 i 与 j 之间的通行时间,λ 是阻隔系数的经验值。该可达性指标还可以用来描述土地使用的邻近度和紧凑度。

5. 公共空间的可达性计算

针对公共空间的可达性研究,有文章(Giles-Corti et al., 2005)提出了更具有针对性的计算方法。在计算了从某一地点 i 到研究区域中所有公共空间的距离的加权平均值后(采用重力模型法计算),他们又考虑了每个公共空间 j 的吸引力 Att_j 和面积,并推导出如下公共空间综合可达性计算公式：

$$A_i = \sum_j d_{ij}^\alpha Att_j^\beta s_j^\lambda \qquad (6\text{-}9)$$

在以上公式中，d_{ij} 是 i 与 j 之间的距离，Att_j 是 j 的吸引力，s_j 是公共空间 j 的面积。α 是目的地的距离衰减的估计参数，β 是目的地的吸引力衰减的估计参数，λ 是目的地的面积衰减的估计参数。每个公共空间的吸引力的计算依据：

$$Att = \sum_k A_k \times W_k \qquad (6\text{-}10)$$

A_k 是一个二进制（0，1）的数字，用来表示在该公共空间中是否具有某个吸引力特质，W_k 是该特质在此空间中所占权重。

在本研究中，以空间阻隔测量法为核心评估可达性，使用 QGIS 中的"图层计算器—几何—长度（$length）"计算任意起始点与所有公共空间之间的距离。同时，结合重力模型法和公共空间综合可达性计算法进行补充。输出的结果可以对表 4-6 中的整合度评估 KPI（7）做出评估。

（三）公共空间活动多样性

评估公共空间地块所提供活动种类的多样性可以采用以下两种方法：

方法一：根据 POI 数据中所提供的活动种类进行计算。通过将 GIS 中的土地使用图层与 POI 数据进行叠加，可以得到每块公共空间用地上所提供的 POI 种类，在对 POI 进行编号之后，单个公共空间的活动种类多样性指标 M 等于：

$$M = -\sum_{i=1}^{n} p_i \times \ln(p_i) \qquad (6\text{-}11)$$

其中，p_i 是第 i 类 POI 所占的比例，n 是 POI 种类的总和（Long et al.，2016）。

方法二：根据 ABM 模型中的活动种类进行计算。由于在构建 ABM 模型时，对活动种类进行了归纳，将 POI 数据中的数十种活动划归为最基本的 5 类。因此，为便于将公共空间用地的特征（功能混合度指标）与人类主体的行为活动（如目的地选取）模拟进行结合（如人在选择目的地时将所提供活动种类的多样性作为决策考虑因素之一），计算活动多样性的简化方法是计算每块公共空间所提供的 5 类活动的数目。在 GIS 的土地使用图层中，增加"多样性"的参数，根据所提供的活动数目将其赋值 [0-4]。在这里，居住活动不算入所提供的活动种类之中。输出的结果可以对表 4-6 中的整合度评估 KPI（4）做出评估。

（四）土地使用

1. 混合度

土地使用的混合度评估中很重要的一个指标是"地块所提供活动的数量"，因此，可以通过对每个地块的活动种类进行求和来计算，计算方法与公共空间的活动多样性计算方法相同。

2. 密度

土地使用的密度通常由人口密度和就业密度来度量，其中人口密度的评估方法更为常用。人口密度是单位面积内的总人口数量，根据总的土地面积计算方法的不同又可以分为总人口密度和净人口密度。总人口密度在计算时，将研究区域内所有的土地使用的面积进行求和。净人口密度在计算时排除了停车场、道路、公共开放空间等土地使用所占的面积。相关研究（Cervero et al.，1997）指出，虽然城市规划领域常用净人口密度作为指标，在研究步行环境质量等议题时应该采用总人口密度进行衡量。因此，在本书中使用单位面积的总人口密度作为土地使用密度的评估方法。输出的结果可以对表4-6中的KPI（8）做出评估。

（五）绿色基础设施

在城市范围内，绿色基础设施包括公园、树林、行道树、操场、私人花园、私人菜园或果园、墓园、湿地、河流、水池，以及屋顶绿化、可持续排水系统等。在这些类别中，私人所有的绿地等不作为本书的内容，其余种类的绿色基础设施可以划归为两类：绿地和水系。

1. 绿地供给

绿地系统按照植被的种类可分为树木、草地、绿篱、花池四大类。针对城市绿地供给的评估涉及内容庞杂，本书参考有关文章（de La Barrera et al.，2016）提出的指标体系，从以下4个方面进行评估：

（1）数量：基于研究区域人口和环境条件的绿地供应总面积。

（2）大小：单块绿地的大小。

（3）质量：单块绿地的形状和植被覆盖率。

（4）空间分布。

其中，针对数量、大小的评估具体从3个方面展开：①人均绿地面积；②单位建成区内的绿地面积；③单位土壤上的绿地面积。对于质量的评估具体从4个方面展开：①绿地的平均面积；②绿地的形状指数；③绿地上的植被覆盖率；④人均绿地面积中的植被覆盖率。绿地的空间分布可以通过可达性进行计算。其他的绿地评估指标有连通性、多尺度、多元素等（Pollalis，2016）。

2. 水系供给

水系的评估可以参考绿地评估体系，从以下4个方面展开：

（1）数量：基于研究区域人口和环境条件的水系供应总面积。

（2）大小：单一水域的面积。

（3）质量：单一水域的形状、水质。

（4）空间分布。

3. 大小和数量的计算

每一块绿地或水面的大小可以在土地使用图层上，使用 QGIS 中的"图层计算器—几何—面积"工具进行计算。

采用以上方法可以对表 4-6 中的整合度评估 KPI（12）做出评估。

七、量化评估综合集成计算机工具的运用

（一）流程框架

图 6-3 展示了该多尺度模拟工具在交通与空间系统的量化分析及评估过程中的应用。

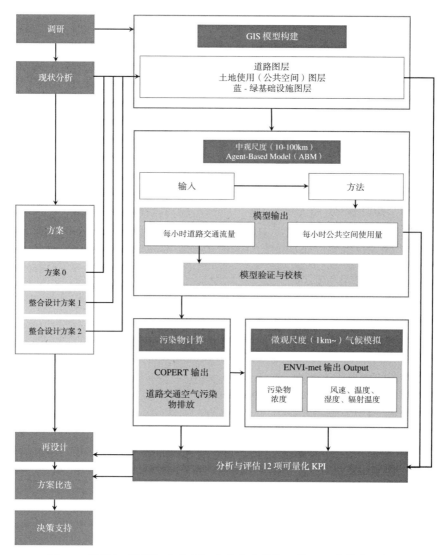

图 6-3 "设计 - 模拟"方法框架中的仿真模拟量化工具（笔者绘制）

首先，在进行了基地调研和基础数据收集后，对交通 - 空间系统进行计算机模型的搭建，此过程需要使用 GIS 工具。经过多方参与决策，从 12 项量化评估 KPI 中选取出研究项目的整合度评估 KPI。同时，在 GIS 中可以实现对现状系统的分析，从以下 5 项 KPI 分析系统的整合度：①交通线网的连通性；②公共空间的活动多样性；③公共空间的可达性；④土地使用的混合度和密度；⑤绿色基础设施的供给。

其次，该 GIS 计算机模型被导入基于主体的模型中进行针对交通 - 空间 - 人的复杂系统模拟，进而模拟现状系统的非机动交通量、公共空间的活动支持、机动交通量。

再次，机动交通流量将作为输入，导入到道路交通污染物排放计算模型中，对系统的交通污染物排放进行计算；同时，在中观尺度的研究片区中，选取具有代表性的街区进行微观尺度分析，将交通污染物排放量作为输入导入到室外空间污染物浓度模拟中，并运用微观气候条件模拟工具，模拟公共空间的环境质量及舒适度。

在对现状系统进行分析之后，通过与真实数据（定性和定量）的比较，对计算机模型进行校验及优化。在校验通过之后，使用修改后的模型对现状系统进行再一次的基线评估。之后，设计人员（以及公众）对交通-空间系统进行整合设计，并在GIS计算机模型中进行相应的修改。修改后的交通-空间设计系统按照与现状系统同样的过程进行方案评估。

最后，针对所选取的KPI，比较不同设计系统的整合度，找出最接近目标系统的整合设计方案。如果已有方案无法实现设计目标，将进行设计优化，并循环往复"设计-评估-再设计"的过程。最终，为决策者提供量化评估的决策支持。

（二）操作步骤

综合以上研究，使用"设计-模拟"方法提供交通与空间系统整合的决策支持时可以依循以下10个步骤进行操作。

1）调研与目标制定：

（1）发现问题，提出问题——从专家和使用者的角度找出现状交通-空间系统亟待解决的问题；

（2）居民需求和期望调查；

（3）初步选择定性与定量评估KPI——参照表4-4中所列出的44项指标。

2）定性分析：

（1）城市设计分析——公共空间的连续性等其他所选整合度定性评估KPI；

（2）系统内部机制分析——分析交通-空间系统与人的行为之间的互动关系，以及使用者所感知的交通-空间环境。

3）设计策略制定、方法选取。

4）现状交通-空间系统GIS模型搭建，量化评估KPI选取：

KPI的选取参照表4-6中所列出的12项整合度定量评估KPI（1）~（12）。

5）基于计算机模拟的定量分析和评估：

（1）交通-空间-人的复杂系统模拟——中观尺度。

构建基于主体的模型，以私家车为主体进行模拟，并使用模拟结果——每小时机动交通基础设施系统中汽车交通量评估KPI（2）。

ABM模型验证包括：模型输出的机动车交通量验证、模型的主体行为规则验证、模型输入的交通-空间数据验证。

（2）交通-空间系统的环境影响评估，污染物排放的计算——中观尺度。

配置基于平均速度和污染物排放因子的交通污染物排放模型，并使用模拟结果——每小时机动交通路网上的空气污染物排放量。

（3）交通-空间-人的复杂系统模拟——微观尺度。

配置微观尺度基于主体的模型，以行人为主体进行模拟，并使用模拟结果——每小时非机动交通基础设施系统中步行交通量评估KPI（1）；

每小时公共空间系统中使用者使用的时间、人数评估KPI（3）和（5）。

（4）交通-空间系统的环境影响评估，公共空间污染物浓度和气候——微观尺度。

配置基于CFD的微观气候模型，并使用模拟结果——公共空间的空气污染物浓度、风速、空气温度、相对湿度、平均辐射温度评估KPI（9）和（10）。

（5）交通-空间系统的环境影响评估，人的热舒适度评估——微观尺度。

配置基于CFD的微观气候和人体舒适度模型，并使用模拟结果——PMV的数值评估KPI（11）。

6）基于GIS的量化分析和评估：

（1）交通线网的连通度评估KPI（6）。

（2）公共空间的可达性评估KPI（7）。

（3）公共空间活动的多样性评估KPI（4）。

（4）土地使用混合度、密度评估KPI（8）。

（5）绿色基础设施供给评估KPI（12）。

7）现状交通-空间系统整合度的整体评估：

在以上定量KPI的评估结果基础上，结合定性KPI的评估，从子系统内部、子系统之间、系统与外部系统之间三个方面对系统的整合度进行整体评估。

8）整合设计方案绘制，参与式设计：采用"严肃游戏-基于主体的建模-参与式设计"相结合的方法。

9）交通-空间设计系统GIS模型搭建，评估整合设计方案（设计系统），重复步骤4~步骤7，并进行设计优化。

10）决策：

需要指出的是，该流程中存在着迭代和并行的步骤。例如，步骤3与步骤4~步骤7通常是同步进行的，即设计与模拟是可以并行的。在完成步骤8之后，针对交通-空间新的设计系统，将重复步骤4~步骤7的评估内容。

本章小结

本章针对前文所选定的12项可量化评估KPI（表4-6），选取了交通需求预测模拟、公共空间使用情况预测、室外空间环境质量模拟、交通污染物排放模拟四类模拟工具。前两类工具又可以概括为"交通-空间-人的复杂系统模拟"，后两类可归类为"交通-空间系统的环境影响模拟"。在此基础上，本章分别整理和评析了适用于以上两类模拟的范式与具体模型，最终选取了适用于交通-空间系统整合的模拟方法，并将两类模拟技术进行多尺度的集成。最后，本书提出"交通-空间-人-环境综合集成模型"的

第 7 章
交通与空间系统整合方法框架的应用

一、应用案例的选取原则

作为对以上研究成果的应用与验证，本书选取了处于不同城市语境下、针对不同类型交通基础设施与城市空间更新改造的案例进行研究，以验证不同的整合设计策略的效果、定量分析与评估工具的有效性，并对所筛的 12 项可量化 KPI 进行评估。所选取的案例地理空间范围均为中观或微观尺度，北京的案例同时选取了中观与微观两个尺度，探讨了多尺度整合的可能性；伦敦的案例聚焦于城市中的一个街区，探讨行人的出行、活动等内容。通过前文对系统的认识可以发现，处在不同发展时期，尤其是处于发展期和稳定期的城市，交通与空间之间的互动关系差异较大，因此本章所选取的两个案例分处城市发展期和稳定期。

在整合对象的类型方面，两个案例中都包含了 A 与 B 两类对象。在北京的案例中，研究了一段市内轨道交通高架线路，而伦敦的案例中包含了一条地面上的铁路线。最后，在评估系统的方面，根据所在城市有代表性的要素进行指标选取。此部分研究旨在探究本书所构建的方法框架和模型的有效性，因此，在案例评估中并未对所有指标进行评估。

在全球范围内，北京市的人口数量、汽车保有量都处于前列，相应带来的城市交通状况、环境污染状况也受到了广泛关注。在此应用研究中，着重评估了交通与空间系统的车行交通、土地使用、与外部环境系统的整合度等内容。伦敦市作为最早建设铁路的地区，其城市发展已经进入稳定期，慢行交通系统改造是市民关注的焦点话题之一。同时，以泰晤士河为主干，伦敦市内包含了多条河道，水路运输与陆路运输之间的整合也是城市长期以来面临的问题。因此，在伦敦的应用案例中选取了步行交通、公共空间设计等作为评估方案的因子。具体的可量化指标选取见表 7-1。

应用案例选取标准（笔者绘制） 表 7-1

应用案例	认识系统	改造系统	评估系统（可量化 KPI，参见表 4-6）			
	城市所处发展阶段	整合对象的类型	交通系统内部	空间系统内部	交通与空间系统间	交通 - 空间系统与外部系统之间
中国·北京	发展期	A 类对象：道路 B 类对象：轻轨（高架）	2. 机动交通出行需求	4. 活动的多样性	8. 土地使用的混合度和密度	9. 空气质量 10. 微观气候条件 11. 热舒适度 12. 绿色基础设施供给
英国·伦敦	稳定期	A 类对象：街道 B 类对象：铁路及运河	1. 非机动交通出行需求	3. 使用时间 4. 活动的多样性 5. 使用人数	6. 交通网络连通度	12. 绿色基础设施的供给

二、应用一：京张铁路地下化后地面空间再利用

（一）"设计－模拟"方法的应用

在此实践案例中，应用了本书所提出的系统整合方法框架，依循以下 10 个步骤开展了研究。

1）调研与目标制定：

（1）发现问题 - 提出问题：实地调研。

（2）居民需求和期望调查——采取调查问卷法、访谈法。

（3）目标制定：实现交通与空间系统的整合，创造良好、舒适的室外环境鼓励居民的积极出行，降低系统对自然环境的污染，带动周边土地的联合开发。

2）定性分析：

（1）城市设计分析：社区隔离程度分析——观察法、调查问卷法。

（2）系统内部机制分析。

3）设计策略制定、方法选取。

4）现状交通与空间系统 GIS 模型搭建，量化评估 KPI 选取。

5）基于计算机模拟的定量分析和评估。

（1）交通 - 空间 - 人的复杂系统模拟——中观尺度。

构建基于主体的模型，以私家车为主体进行模拟，使用模拟结果：每小时机动交通基础设施系统中汽车交通量——评估 KPI（2）。

ABM 模型验证：模型输出的机动车交通量验证，模型输入的交通与空间数据验证。

（2）交通 - 空间系统的环境影响评估：污染物排放的计算——中观尺度。

配置基于平均速度和污染物排放因子的交通污染物排放模型，使用模拟结果：

每小时机动交通路网上的空气污染物排放量。

（3）交通 - 空间系统的环境影响评估：公共空间污染物浓度和气候——微观尺度。

配置基于 CFD 的微观气候模型，使用模拟结果：公共空间的空气污染物浓度、风速、空气温度、相对湿度、平均辐射温度——评估 KPI（9）和（10）。

（4）交通 - 空间系统的环境影响评估：人的热舒适度评估——微观尺度。

配置基于 CFD 的微观气候和人体舒适度模拟，使用模拟结果：PMV、UTCI 的数值——评估 KPI（11）。

6）基于 GIS 的量化分析和评估：

（1）公共空间活动的多样性——评估 KPI（4）。

（2）土地使用混合度、密度——评估 KPI（8）。

（3）绿色基础设施供给——评估 KPI（12）。

7）现状交通与空间系统整合度的整体评估：

在以上定量 KPI 的评估结果基础上，结合定性 KPI 的评估，从子系统内部、子系统之间、系统与外部系统之间三个方面对系统的整合度进行整体评估。

8）整合设计方案绘制。

9）交通与空间设计系统 GIS 模型搭建，评估整合设计方案（设计系统），重复步骤 4 ~ 步骤 7，进行设计优化。

10）决策。

（二）背景及问题研究

京张铁路是中国第一条自主设计、出资建造的铁路。2016 年，政府决定拆除旧铁路并启动智能京张高铁（HSR）项目，以服务 2022 年北京冬季奥运会。此项目从位于二环路西北角的北京北站出发，设计了一条从市中心下方穿过的京张高铁，连接北京与张家口市。高铁轨道的样本试制于 2018 年底完成。

在拆除了旧铁路后，北京市规划和自然资源委员会等相关部门制定了新的交通规划方案，以缝合原先由铁路切割的海淀区道路网，但这个项目完成后腾退出的地面空间的城市设计仍在进行中。北京市城市规划设计研究院等机构进行了第一轮设计，拟将铁路线性空间重新利用作城市公园。北京市还专门成立了京张铁路遗址公园项目，并汇集铁路沿线多家科研院所，展开了高校工作营以探讨铁路地下化后地面空间的转型。然而，现有研究中仍有几个亟待解决的问题：①基地上仍在使用的高架城铁线（13号线）与公共开放空间整合设计；②如何形成整合的交通 - 空间系统，并且整体的考虑其对北京市的生态环境的影响；③如何创造舒适的外部环境促进居民的积极出行、实现健康城市。本书以系统整合为出发点，深入分析现有的交通与城市空间系统的割裂情况，并提出整合策略。图 7-1 显示了本研究所选择的区域所处的位置，即京张高铁的市中心地下段，全长 10km 左右。图 7-2 是本书针对该区域周围被割裂的城市空间现状的分析与图示。

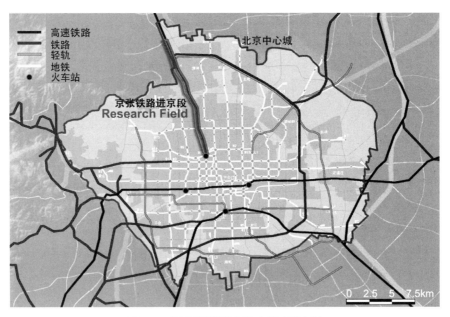

图 7-1　研究区域所在地（笔者绘制）

图 7-2　京张铁路沿线空间割裂情况

（a）视觉割裂；（b）空间割裂（笔者绘制）

（三）调研：数据收集及定性分析

1. 居民需求调查

本研究通过现场访谈、调查问卷两种方式收集了居民对京张铁路沿线改造的诉求。为了调研交通与空间系统中使用者的需求和对整合设计的期望，同时从使用者的视角定性地分析交通基础设施对城市空间在物理、视觉、心理上的割裂现象，本研究设计了一套调查问卷（见附录）。调查区域位于北京市中心区知春路与北四环之间（海淀区），区域中央被北京—张家口铁路（京张铁路）和城铁 13 号高架线穿越，在开展调研时京张铁路仍在使用中。

2016 年 11 月，在京张铁路地下化项目开始建设之前，本研究进行了一次预调查，参与者通过手机在线答题的形式完成问卷。此次预研究共收回 78 份有效问卷，男士占 48.72%，女士占 51.28%。

京张铁路两侧的土地使用以教育科研、办公、居住三类为主，本书选取其中的知春路—北四环段西侧的中国科学院大学园区工作人员和学生，以及周边的办公人员作为调查对象，被调查者中学生占 74%、企事业单位工作人员占 24%，其他为本地居民。受访者的年龄集中在 18 ~ 30 岁之间，如图 7-3 所示。在调查的人群中，绝大部分选择地铁、公交车、步行、自行车等绿色交通出行模式，如图 7-4 所示。因此，调研这

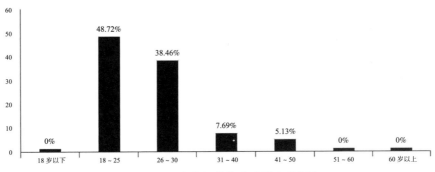

图 7-3　受访者年龄构成（笔者绘制）

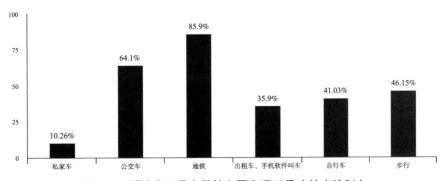

图 7-4　受访者日常出行的主要交通工具（笔者绘制）

些人群的需求有助于提升交通与空间设计方案的非机动交通环境品质，进一步改善绿色交通出行的环境品质，实现环境友好的可持续城市设计。

从居民的视角找寻现有研究区域的问题，调查了现有公共服务设施的供应和需求是否平衡。由图 7-5 可以看出，受访者中认为缺乏集中绿化和公园的人群占了 81%，还有超过一般的人群认为需要艺术和文化设施。

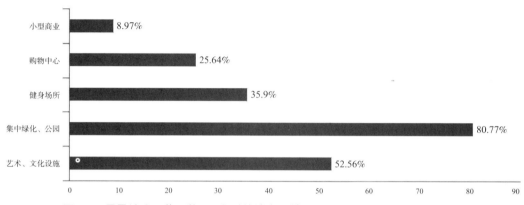

图 7-5　居民认为工作/学习/生活的地点最缺乏的公共服务设施（笔者绘制）

2. 更新改造建议

调查了在京张铁路地下化后，居民希望增加的功能（图 7-6），以及希望如何将铁轨线进行更新使用（图 7-7）。可以发现，生态、自然环境的植入，艺术、文化、漫步道、野餐地等功能的增加是居民最为关注的。将轨道线性空间改造为室外活动场地或者漫步道、散步道这两种观点占主导地位。

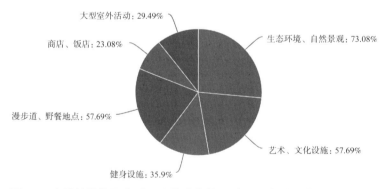

图 7-6　京张铁路地下化后，哪些功能将吸引居民来到此地（笔者绘制）

另外，针对继续使用的高架城铁 13 号线的下部空间，也对居民进行了问卷调查。大部分居民希望桥下空间被利用作为自然景观、艺术文化设施、健身场所等（图 7-8）。同时还调查了居民的主要使用时间（图 7-9）。

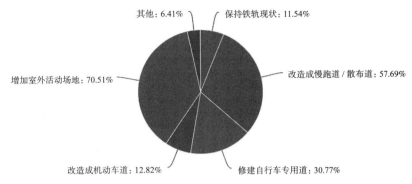

图 7-7　希望如何更新、再利用铁路线废弃后的线性空间（笔者绘制）

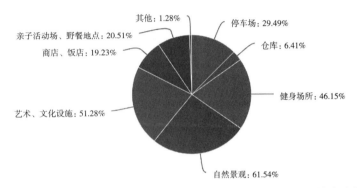

图 7-8　居民对城铁 13 号高架线下部空间的使用功能的期望（笔者绘制）

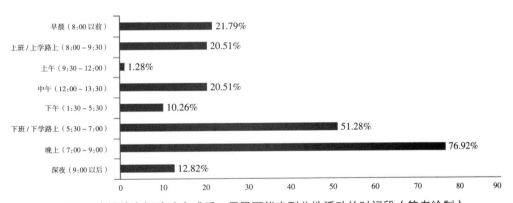

图 7-9　在沿线空间改造完成后，居民可能来到此地活动的时间段（笔者绘制）

3. 定性分析——空间连续性

在收集了问卷数据后，分析了居民的"京张铁路对周边城市环境的割裂情况"的打分结果，其中 1 分代表阻隔作用很弱，5 分代表阻隔作用很强。

由表 7-2 和图 7-10 可以发现，铁路对城市空间的阻隔作用主要体现在对居民交通出行的阻隔（平均 3.64 分）；其次是噪声的污染、视觉上的阻隔，而居民认为铁路线所造成的心理的阻隔较小。

京张铁路对周边城市环境的割裂情况居民打分结果（笔者绘制）　　表 7-2

选项 / 打分	1	2	3	4	5	均分
视觉上的阻隔	17.95%	20.51%	25.64%	10.26%	25.64%	3.05
对交通出行造成的阻隔	11.54%	11.54%	20.51%	14.1%	42.31%	3.64
心理上的阻隔	25.64%	15.38%	21.79%	10.26%	26.92%	2.97
噪声污染	17.95%	16.67%	19.23%	21.79%	24.36%	3.18
小计	18.27%	16.03%	21.79%	14.1%	29.81%	3.21

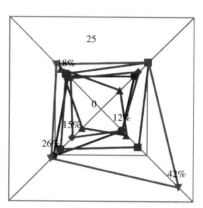

图 7-10　京张铁路对周边城市环境造成的割裂情况的居民打分结果（笔者绘制）

本研究还对居民的"城铁 13 号线对周边城市环境的割裂情况"的打分结果进行了分析，可以发现：城铁所带来的噪声污染是居民最头疼的问题（平均 3.35 分）；其次是对交通出行的阻隔以及视觉上的阻隔，如表 7-3 和图 7-11 所示。

城铁 13 号线对周边城市环境的割裂情况居民打分结果（笔者绘制）　　表 7-3

选项 / 打分	1	2	3	4	5	均分
视觉上的阻隔	16.67%	25.64%	19.23%	11.54%	26.92%	3.06
对交通出行造成的阻隔	19.23%	16.67%	16.67%	16.67%	30.77%	3.23
心理上的阻隔	24.36%	16.67%	20.51%	16.67%	21.79%	2.95
噪声污染	16.67%	15.38%	16.67%	19.23%	32.05%	3.35
小计	19.23%	18.59%	18.27%	16.03%	27.88%	3.15

综合两方面的连续性分析，铁路和高架轨道线在交通阻隔和噪声污染方面的影响最为明显；其次是对居民视觉、心理上的阻隔作用。两者的阻隔性得分平均都在 3 分及以上，可见在京张铁路沿线进行交通 - 空间的整合设计具有很强的现实意义。

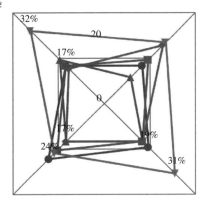

图 7-11 城铁 13 号线对周边城市环境造成的割裂情况的居民打分（笔者绘制）

（四）设计策略及现状系统 GIS 模型搭建

根据前期调研和对基地的定性分析，并依循所制定的项目目标，在交通 - 空间整合设计中将引入自然景观、文化娱乐等功能，增加非机动交通路网的连通性，同时考虑噪声处理。在废弃交通基础设施的适应性再利用、城市高架轻轨线路与公共服务设施的整合设计策略的选取上，借鉴代尔夫特大开挖项目、爱丁堡威瓦利火车站项目、伦敦波特贝罗集市改造的经验。为了实现环境友好、步行友好的可持续城市设计方案，还将应用以下 5 个方面的设计手段：

（1）混合土地使用、紧凑开发；

（2）提升道路网的可达性和连通性，增加积极出行专用基础设施；

（3）减少机动交通污染物排放（减少交通量、增加绿化隔离带）；

（4）营造高品质的公共空间系统；

（5）蓝 - 绿基础设施系统化建设。

利用前两项手段可以实现交通与空间系统内部的整合，而后 3 项手段的采用可以达到交通 - 空间系统与外部系统的整合、人工与自然环境的整合。本研究将对不同程度的整合设计方案进行横向对比，不但期望对方案的选取提供决策支持，同时也对整合设计方法的绩效进行评估。

GIS 模型由道路矢量图层、土地使用矢量图层、水系 - 绿化矢量图层、轨道交通矢量图层组成。其中，道路图层是由 OpenStreetMap 数据库获得的，选取了距离铁路 800m 半径的范围作为研究区域，其外围包含了一个 2.5～3.0km 的缓冲区，以避免模拟过程中边缘效应的产生，如图 7-12 所示。从同一数据库中抽取的土地利用图层，参照北京地块地图和 POI 分布图（Long et al.，2016）进行了修改。通过修改原始土地利用层，增加了每个地块所提供的活动类型的属性（对于多用途用地，将所提供的每个

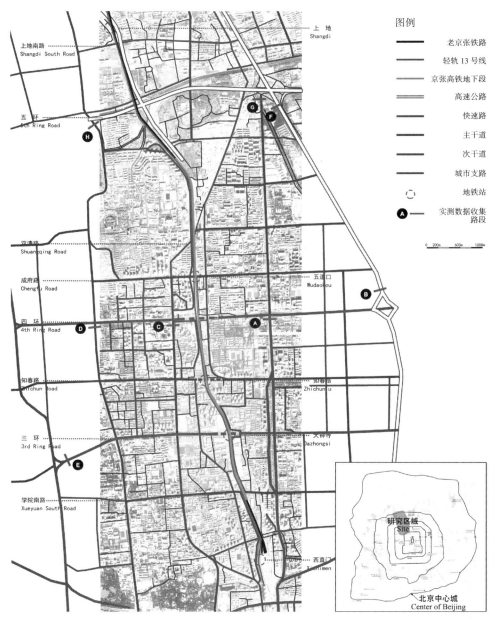

图 7-12　GIS 模型所选取的研究范围示例

（改绘自：L. Yang et al.，2020b）

活动的百分比进行赋值），并对公共空间、住宅、办公等功能进行标识。

（五）定量分析与评估模型的配置

1. 交通 - 空间 - 人的复杂系统模拟

1）人口、社会数据输入

在智慧城市模型中采用北京市第六次人口普查数据（国务院人口普查办公室，

2010；中华人民共和国国家统计局，2008），创建合成人口，该数据内容包括当地人口分布、人口密度（人/公顷）、永久居民数量，以及住宅用地比例。然后，通过参考海淀区的社会人口统计数据，为 GIS 中的住宅用地分配人口密度值。人均私人小汽车数量和工人/非工人/游客的比例等数据摘自北京市海淀区统计年鉴委员会网站（2017）。根据《2018 年北京交通发展年报》，模型中所模拟的私人小汽车数量占总机动车数量的 80%。

2）人的行为模式数据

人的时空行为模式的数据来源是《2008 年中国人时间使用调查》，该调查是为相关政策制定和反映中国生活方式而开展的。本次调查的结果最终呈现为工作日和周末居民的七种主要活动，其在不同性别、城市和农村之间都存在差异。根据这些数据，本研究整理了在典型的工作日和周末（图 7-13）北京市区工作人员、非工作人员、游客的活动时间表。

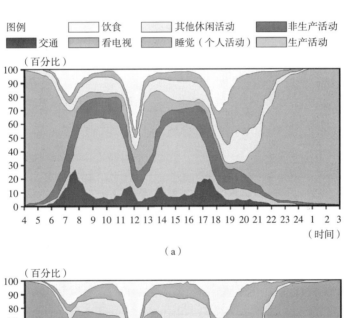

图 7-13　居民活动模式

（a）工作日；（b）周末

（改绘自：2018 中国人时间使用调查）

3）道路平均速度数据

每一个路段上的速度的设定首先是由不同道路的设计时速决定的，在 GIS 的道路图层中设置了专门的速度属性。然后，根据实测数据对速度进行了调整，真实数据包括 3 个部分：① 2016 年北京市路网高峰期平均速度（北京交通发展研究院，2016）；② 2017 年北京市路网高峰期平均速度（北京交通发展研究院，2017）；③ 由滴滴出行数据分析得出的研究区域内部各路段平均速度。滴滴出行数据推导出的平均速度结果显示：高速公路、城市快速路的平均速度为 15~20km/h，主干道平均速度为 10~15km/h，次干道的平均速度为 8~13km/h。通过将计算的结果与既有研究进行对比，发现结果与真实情况基本符合（Y. Zhang et al., 2017）。

4）模型的验证与优化

为了对模型进行验证，选取模型输出的道路交通流量与真实数据进行比较研究。首先，对现状交通与空间系统进行 ABM 建模，将原始智慧城市模型（使用最短路径算法）的模拟结果与百度地图上显示的实时交通状况进行比照，并与北京交通研究院提供的实测的交通量数据进行量化对比分析。这组实测数据代表了 2017 年 9~11 月工作日期间高峰时段的 8 个道路截面（铁路周围交通最繁忙的区段，如图 7-13 所示）的典型交通量。之后，对智慧城市模型的路径选择算法进行了修改，采用最快路径算法模拟，并同样将交通流量结果与实测数据进行比较。经过验证发现采用最快路径的 ABM 模型的结果更接近于真实情况，故将其结果作为输入导入到下一步的交通污染物排放计算模型中。

2. 交通 - 空间系统的环境影响评估

在本案例中，交通 - 空间系统的环境影响评估从交通污染物排放量、室外开放空间污染物浓度、微气候、人体热舒适度几个方面展开，比较了现状与不同整合设计方案的环境影响。在众多由交通产生的空气污染物中，本研究选取 NO_x 进行代表性研究，因为道路交通是城市中氮氧化物的主要排放源。

通过使用第 6 章中所提出的集成模拟工具，评估了现状和设计后的交通 - 空间系统：①中观尺度的 NO_x 排放；②微观尺度的室外空间 NO_x 浓度、气温、风速；③人体的室外热舒适度 PMV、UTCI 数值。如图 7-14 所示，研究选取从京张高铁地下段（10km）向两侧各 800m 的范围作为中观尺度研究区域（城市片区规模），距离此区域 2.5~3.0km 的范围视为研究的缓冲区。

在 ABM 交通模型中，通过设置研究的缓冲区可将过境交通考虑在内。同时，本研究在微观尺度（城市街区规模）上选取了两个区域：区域 1 中包含了高质量的实测气象数据，被用于对微观气候模型进行验证；区域 2 位于京张高铁项目的中心部位，现状步行环境较差，可作为分析、评估不同整合设计方案的代表性样例。其中，区域 1 的面积是一个可步行的范围，即 400m×400m，区域 2 东西向长 800m（铁路两侧各 400m）、南北向长 600m。

第 7 章　交通与空间系统整合方法框架的应用

图 7-14　微观、中观尺度研究街区的选取位置

（改绘自：L. Yang et al., 2020b）

1）汽车污染物排放的计算

由 ABM 模型产生的一天中每小时路网交通量将作为 COPERT 模型的输入。尽管 COPERT 计算模型是基于欧洲的道路交通统计数据开发的，它已经广泛应用在中国的案例研究中（Wang et al., 2010; Cai et al., 2007）。通过将实测的欧 0 到欧Ⅳ汽车的热排放因子 eh 与 COPERT 所使用的排放因子进行比较，有研究显示该软件可以较好地对北京的汽车污染物排放进行计算（Lang et al., 2012）。

根据《北京汽车出行研究》（Huan et al., 2005），在对 COPERT 进行设置时假定模拟车辆的类型为 90% 小客车、10% 轻型商用车，其中大部分消耗无铅汽油燃料并且符合中国的国Ⅳ和国Ⅴ排放标准（相当于欧 4 和欧 5 标准）。每种汽车的热排放因子依据《EMEP/EEA 空气污染物排放目录指南》进行选取，见表 7-4（European Environment Agency, 2016）。

COPERT 模型中所使用的热排放因子（e^h）（笔者绘制）　　　表 7-4

汽车类型	中国标准	欧洲标准	污染物	排放因子（g/km）
小客车	国Ⅳ	欧Ⅳ	CO NO_x VOC	1.1040 0.0190 0.0204
	国Ⅴ	欧Ⅴ	CO NO_x VOC	0.9602 0.0110 0.0111
轻型商用车（N1-Ⅰ）	国Ⅳ	欧Ⅳ	CO NO_x VOC	1.1040 0.0190 0.0204
	国Ⅴ	欧Ⅴ	CO NO_x VOC	0.9602 0.0110 0.0111

2）公共空间污染物浓度和微气候

在分析了中观尺度道路网络上的交通污染物排放分布情况后，本书聚焦到两个微观的研究区域以测试交通-空间系统对行人尺度环境质量的影响。首先，在区域 1 中（图 7-15），使用实测数据与模拟数据进行对比，以此验证 ENVI-met 所使用的计算流体动力学模型的可靠性。其校核的参数包括空气温度和相对湿度。实测数据由中国科学院生态环境研究中心提供，为每小时数据，监测点位于地面以上 22.5m 左右。经过验证之后，同样的模型及输入参数被用在区域 2 的模拟中。

ENVI-met 微观气候模型由 3 部分组成：①描述研究地点三维几何形状的区域输入文件；②设置初始化输入条件的配置文件（如气象数据）；③定义污染源（交通排放属于线性污染源）、植被（含有简单植物和 3D 植被）等的数据库。

图 7-15　微观尺度气象监测与模型验证

（改绘自：L. Yang et al., 2020b）

(1)区域输入文件

为了精确地表示建筑物、道路、铁路、公共空间、植被等的布局,本研究综合了高分辨率的 OpenStreetMap 和百度地图图像,并与现场测量结果进行比较,以创建区域输入文件。图 7-16 为三维视角下的区域 2 的输入文件。

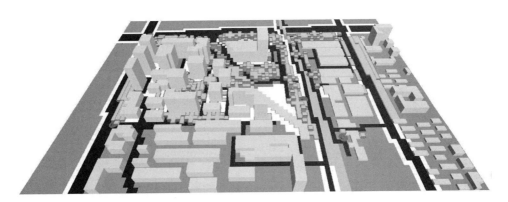

图 7-16　针对区域 2 的 ENVI-met 模型三维视图(笔者绘制)

(2)配置文件

北京属于温带半湿润大陆性季风气候,夏季炎热多雨,冬季寒冷干燥。为了具体描述所研究地区的大气条件,使用了一个历史统计数据集(The Weather Channel),其中记录了北京自 1930 年以来的气温、风速、风向、相对湿度的每小时数值。在模拟日期的选择方面,我们选择了北京近 3 年有代表性的极端天气日,这些日子中人在户外的活动也是最不舒服的。

为评估整合设计方案对局部空气质量和风环境的影响,选取冬季日进行模拟,此段时间北京的氮氧化物浓度较高、风力也较大(The Weather Channel; W. Chen et al., 2015)。具体而言,本研究选取 2017 年 10 月 30 日 ~ 11 月 3 日的时间段(5 个连续工作日)作为冬季模拟日。在输入数据的可靠性方面,输入 ENVI-met 的污染源数据集是在经过测量数据验证的交通量结果的基础上计算得出的,因此 2017 年 10 ~ 11 月的污染源模拟结果是准确的。北京市每年从 11 月中旬开始使用煤炭供暖,交通排放在空气污染中的主导力量将减弱,因此,对 10 月底至 11 月初进行模拟可以排除燃煤电厂的空气污染影响。此外,根据相同的数据集可以确定,北京在冬季的风速较高,西北风向最为常见。这里不选择风速最高的春季日期的原因,是因为风速过大的情况下汽车排放的污染物会被大风驱散,空气质量也会明显提升,因此春季不能代表典型恶劣天气。

此外,为了测试设计方案对气温和热舒适度的影响,本研究选取夏季日进行模拟。历史数据显示,北京最热和最潮湿的日子出现在 7 月中旬。因此,我们选取了 5 个连续的工作日,从 2017 年 7 月 17 ~ 21 日这段时间作为夏季模拟日。

每个 ENVI-met 模型的模拟时间通常在 24～48h 之间。因此，为了对 5 个连续工作日进行模拟，本研究联合了 3 个 ENVI-met 模型。模型从 0：00 开始模拟，前 2h 模型处于启动过程中，结果可能有偏差，因此不作为评估的参考。

（3）用户自定义数据库

在对冬季日进行模拟时，需要导入用户自定义的排放源文件。每个路段都有一个唯一的编码，并被定义为某种污染源类型（软件囊括了点、线、面污染源）。污染物释放高度定义为 0.5m。一个路段被定义为线污染源类型，而道路交叉口被定义为面污染源。其中，每小时排放量是指由 COPERT 计算出的每小时每个路段 NO_x 排放量。准备好模型输入后，模型从 0：00 开始运行 26h，而前 2h 作为模型的启动时间不被计入最终结果。模拟中所使用的树木、草、树篱的种类和特征通过现场调查搜集获得，详见表 7-5。

3）人的热舒适度评估

计算 PMV 需要输入人体相关参数，参考《2015 中国居民营养与慢性病状况报告》中所提供的统计数据。本研究选取 35 岁中国男性的平均身体指标作为样例，分析其在湿热的夏季（2017 年 7 月 17 日）在室外行走时的热舒适度。衣服的隔热系数以及新陈代谢率等数值参考（Auliciems et al.，2007），详见表 7-6。

ENVI-met 模型采用的植被信息　　　　　　　　　　　　　　　　表 7-5

植被种类	ENVI-met 中的植物名
行道树	*Cypress*，*Pine*，*Picea Abies*，*Fraxinus*，*Populus Alba*，*Koelreuteriapaniculata*，*Sophora Japonica*
庭院树	*Albizia Julibrissin*，*Cercis Siliquastrum*，*Robinia Pseudoacacia*，*Tilia*
树林	"Simple Tree" 10m very dense（leafless base）
草地	Grass 50cm aver，dense
树篱	Hedge dense，2m

（改绘自：L. Yang et al.，2020b）

用于热舒适度计算的个人体征参数　　　　　　　　　　　　　　　表 7-6

	个人体征	数值
身体参数	性别，年龄	男性，35
	体重（kg），身高（m）	66.20，1.67
	皮肤表面积（DuBois-Area）（m^2）	1.75
衣服参数	衣服静态隔热参数	0.30
身体新陈代谢	总新陈代谢率（W/m^2）	97.06

（改绘自：L. Yang et al.，2020b）

（六）整合设计方案的绘制

1. 中观尺度设计方案

在本研究中针对 4 套交通与空间设计方案进行了分析和评估，包括基线方案（无整合），方案 0（交通 - 空间系统内部整合），方案 1 和方案 2（交通 - 空间系统与外部系统相整合）。

在现状交通与空间环境中，京张铁路附近的土地用途主要是教育和住宅，有一些商业区和绿地，如图 7-17（a）所示。公共绿地、河流、运河（城市"蓝色系统"）被铁路分割成碎片，如图 7-17（b）所示。在靠近铁路的地方存在许多断头路，这些道路有望在轨道移除后被连通。同时，步行和自行车的专用道也不连续，环境质量较差。与铁路并置的高架轻轨还在继续使用，因此，它也是整合设计方案中的重要元素。

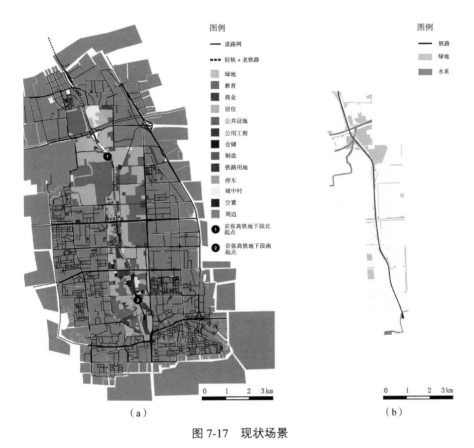

图 7-17　现状场景

（a）道路 - 土地使用以及京张高铁地下化部分位置；（b）蓝 - 绿生态系统

（改绘自：L. Yang et al., 2020b）

方案 0 着重交通与空间子系统之间的整合，连通被割裂的道路网络，对铁路腾退出来和两侧未充分利用的城市空间进行统一设计。根据官方的交通规划，在铁路地下化之后地面的交通路网基本保持不变，只在局部增加联系道路以提高可达性；而在铁路穿出地面的部分，则用地下道路进行两侧路网的连接，分别在北部和南部修建下穿道路，如图 7-18（a）所示。在此基础上，方案 0 将铁路中间部分的地面路网进行了整合。依据所提出的设计策略，设计过程融合混合土地使用、紧凑开发等方法，沿线未充分利用的线性空间被重新用作住宅、工业、商业等用地,并将现有的城市肌理进行了缝合。由于没有公开的规划方案展示铁路拆除后如何使用遗留的线性空间,在该方案中将其视为没有植被覆盖的花岗石路面。同时,方案 0 也是方案 1 和 2 的对照方案。

在方案 0 的基础上,方案 1 和 2 除采用以上两方面的设计方法,还设计了绿色基础设施,并减少道路交通排放,以提升户外公共空间的环境质量、促进人的体力活动,如图 7-18(b)所示。方案 1 中采用的方法是将铁路线空间改造成草坪,并沿着主要道路种植灌木丛。在方案 2 中,使用了系统的蓝 - 绿基础设施策略(Bozovic et al., 2017)。为了将现有的绿色和蓝色系统统一为一个线性公园系统,该方案采用了系统的整合设计方法,将交通 - 空间系统与生态系统作为整体考虑。此外,线性公园还可以显著提高周边地区的土地价值。

图 7-18　道路 - 土地使用情况

(a)方案 0;(b)方案 1 和方案 2

(改绘自:L. Yang et al., 2020b)

2. 微观尺度设计方案

在区域 2 中,现状的非机动交通网络被京张铁路所割裂,铁路两侧形成大量被遗落的废弃空间或仓储用地,严重缺乏公共休闲绿地和步行、自行车专用基础设施,如

图 7-19 所示。在此区域中，步行环境质量亟须改善，因而被选为测试不同整合设计方案的试点。在此区域中还选取了 3 个有代表性的分析点，其位置 A、B、C 用于分析在完整的模拟周期中各项参数的详细变化。位置 A 位于铁轨的中心点，位置 B 位于铁道的南端，位置 C 则位于北端靠近主干道的位置。

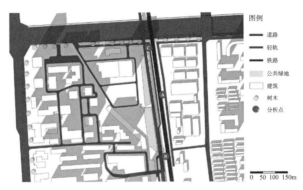

图 7-19　微观城市街区尺度交通与空间环境现状

（改绘自：L. Yang et al.，2020b）

在此基础上制定了 3 套整合设计方案，以探究交通与空间布局的改变和绿色基础设施建设对公共空间空气质量、微气候和热舒适性的影响，如图 7-20 所示。

1）方案 0（交通 - 空间系统内部整合方案）

将剩余的城市空间作为住宅和工业用地，缝合现状道路网络，提供专用的步行、自行车道，并用花岗石广场取代铁轨。

2）方案 1（交通 - 空间系统与外部系统整合方案）

在方案 0 的基础上，用草地取代花岗石广场并将北侧主干道两侧的绿篱加密为原

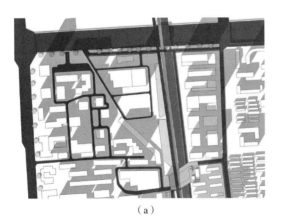
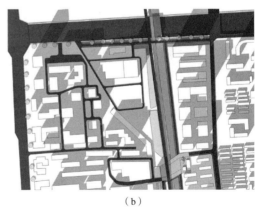

(a)　　　　　　　　　　　　　　(b)

图 7-20　微观尺度整合设计方案（一）

（a）方案 0；（b）方案 1

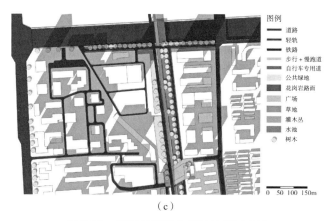

(c)

图 7-20 微观尺度整合设计方案（二）

（c）方案 2

（改绘自：L. Yang et al.，2020b）

来的 2 倍以缓解交通污染。

3）方案 2（交通 - 空间系统与外部系统整合方案）

在方案 1 的基础上设计一个线性公园，在草坪上布置池塘、多层次的树林，并使主干道两侧行道树加倍。

（七）定量分析与评估结果及方案比选

1. 机动交通量的预测与 ABM 模型验证

在对 ABM 模型结果进行验证的过程中，同时对比了原始智慧城市模型（基于最短路径）与优化之后的模型（基于最快路径）的结果。在两个模型分别对同一工作日进行了 24h 模拟后，本研究将交通流量在 GIS 中进行了可视化，图 7-21（a）和图 7-21（b）分别展示了最短路径 ABM 模型与最快路径 ABM 模型的结果。热力图是对每条道路的平均每小时使用量的可视化，反映了道路网络上的平均车流量分布。图 7-21（b）所示的道路系统中，6 条高速公路和城市快速路交通量最大，这与百度地图的实时交通情况相符。在最短路径模型中，主体倾向于选择捷径，某些捷径是连接高密度土地使用的城市次干道和支路（如图 7-21（a）中下部的深灰色捷径），而这在很多情况下与真实情况并不相符。经过初步比较，基于最快路径的模型比基于最短路径的模型能更好地代表道路使用情况。

图 7-22 通过测量了 8 个路段的使用频率（路段位置标注在图 7-12 中）更深入地分析了这些道路的使用模式。两个直方图显示了在早高峰时段（上午 6：00 ~ 10：00）和晚高峰时段（15：00 ~ 19：00）的最短路径模型、真实情况、最快路径模型的平均每小时道路使用情况。可以看出，最短路径模型与实测数据偏差较大，而最快路径模型的直方图更接近实际数据的分布。

第7章 交通与空间系统整合方法框架的应用

图 7-21 ABM 模型预测的每小时道路平均车流量

（a）最短路径模型；（b）最快路径模型

（改绘自：L. Yang et al., 2020b）

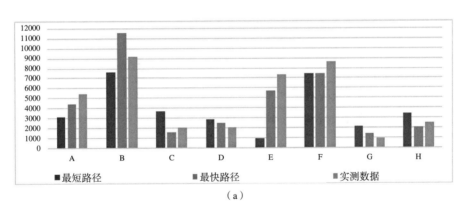

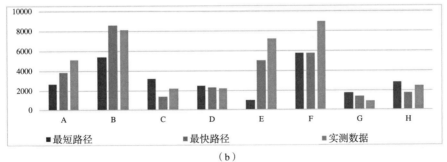

图 7-22 8 条道路车流量直方图，对比最短路径模型、真实数据、最快路径模型

（a）工作日早高峰（上午 6:00 ~ 10:00）；（b）工作日晚高峰（15:00 ~ 19:00）

（改绘自：L. Yang et al., 2020b）

为了精确衡量模拟结果与实测流量的匹配程度，模型的验证过程还引入了相对误差指标。最快路径模型输出结果的相对误差范围为 –0.3～0.5，而最短路径模型结果的相对误差为 –0.9～1.1。由此可见，最快路径模型能更好地预测道路交通流量。

2. 道路交通污染物排放评估

图 7-23 显示私家车在一个工作日内平均每小时排放的 NO_x 量（g）。在中观尺度上，方案 0 和基准方案之间并没有显著差异，与方案 1 和 2 也相差较小。

与基准方案相比，中观尺度的整合设计方案主要体现出三方面的差别。首先，在基地右侧的高速路上，靠近市中心的路段排放量有所增加，最高达到了 10kg/h。其次，图 7-23（b）中由圆圈 1 所圈出的道路污染物排放量明显增加，是现状的近乎 4 倍，这主要是由于路网的连通性增加。图 7-23（b）中由圆圈 2 圈出的道路排放量也有所增加，是现状的 2 倍左右。

3. 微观气候模型验证（研究区域 1）

在对微观气候模型进行验证时，使用了每小时的空气温度和相对湿度气象数据集，该数据集包含了从 2017 年 10 月 30 日～11 月 3 日和 7 月 17～21 日期间的每小时数据。使用 ENVI-met 对区域 1 的模拟结果的有效性进行校准。图 7-24 所示为夏季和冬季模拟日计算机预测的空气温度值和实测空气温度值。总体而言，模型实现了对真实气候条件的再现。冬季模拟日的相对误差在 –40%～80% 之间，模拟结果总体低于实际数据；夏季日模拟的结果更接近真实值，相对误差在 –10%～45% 之间。

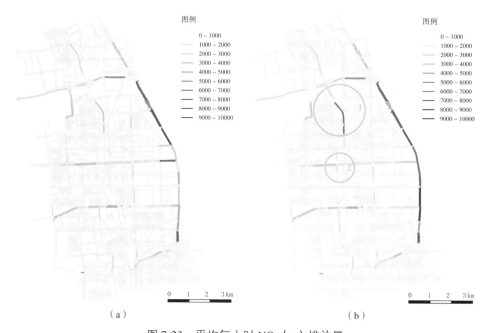

图 7-23 平均每小时 NO_x（g）排放量

（a）现状场景（b）方案 0、方案 1、方案 2

（改绘自：L. Yang et al., 2020b）

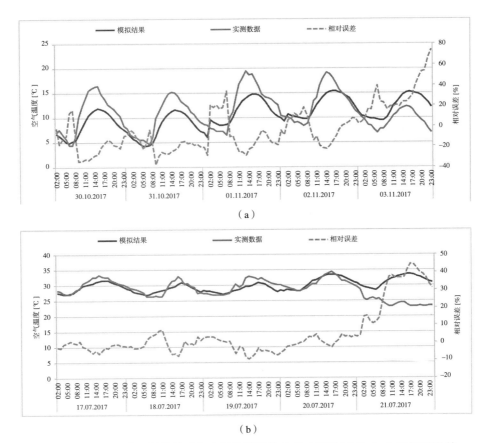

图 7-24 空气温度的模拟结果与实际监测数值比较（距地面 22.5m）及相对误差

（a）2017 年 10 月 30 日~11 月 3 日；（b）2017 年 7 月 17~21 日

（改绘自：L. Yang et al., 2020b）

图 7-25 比较了相对湿度的模拟结果与真实数值之间的关系，模拟结果与真实值实现了较高的耦合。在冬季日，模拟数值普遍高于真实值，平均相对误差为 67%；在夏季日，模拟结果的平均相对误差仅为 12%，能较好地体现真实情况。总体而言，ENVI-met 数值模拟的结果能够较好地反映真实的空气温度和相对湿度，尤其是在夏季。

4. 不同方案微观气候评估结果（研究区域 2）

在模拟完成后，首先使用 ENVI-met 中的 LEONARDO 将现状和方案 0 的结果进行可视化和分析。在这里，选取 2017 年 11 月 2 日和 7 月 17 日 13:00~14:00 的模拟结果（1.5m 高处）作为冬季日和夏季日模拟的分析样例，因为不同的季节人们都可以在这段时间进行户外活动。

为了横向对比四套方案，针对不同的参数选取了不同的分析方法。例如，针对冬季日的空气污染物浓度和风速，以方案 1-方案 0 的绝对差值，或方案 2-方案 0 的绝对差值的形式进行可视化分析。

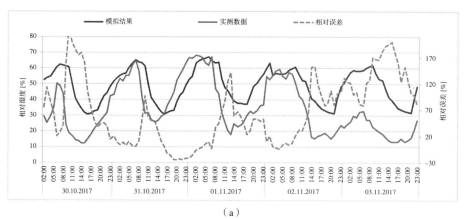

(a)

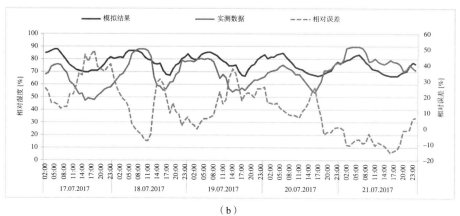

(b)

图 7-25　相对湿度的模拟结果与实际监测数值比较（距地面 22.5m）及相对误差

（a）2017 年 10 月 30 ~ 11 月 3 日；（b）2017 年 7 月 17 ~ 21 日

（改绘自：L. Yang et al., 2020b）

1）冬季 - 污染物浓度分析

如图 7-26（a）所示，13:00 时基线方案中 NO_x 的浓度范围在 0 ~ 0.0766mg/m³ 之间，污染物浓度最高的地方出现在道路十字路口。图 7-26（b）展示的是方案 0 中 NO_x 的分布情况，可以发现，在左上角（地块的西北方向）产生的污染物比基线方案中多，浓度最高达到 0.0940mg/m³。相应的，在中央线性空间上（原铁路所在位置），污染物的分布范围向北侧收缩，集中在北侧主干道一侧。究其原因很可能是因为方案 0 中修改了路网、增加了东西方向的道路连通性之后，基地左侧的南北向城市次干道（在图 7-23（b）中圆圈 2 所圈定的道路）的使用量有所增加，而通过中央线性空间两侧支路运行的汽车数有所降低。

与方案 0 相比，方案 1 的中央线性草坪北部的污染物浓度降低了 1.9μg/m³，如图 7-27（a）所示。这也体现出北侧主干道两侧增加树篱后对污染物扩散和沉淀起到显著作用。在同一位置处，方案 2 中的污染物浓度降低更为明显，比方案 0 中浓度降低了 2.3μg/m³，如图 7-27（b）所示。由此可见，当把行道树和绿篱的数量增加为原来的

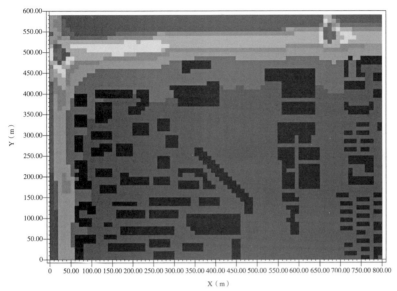
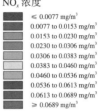

(a)

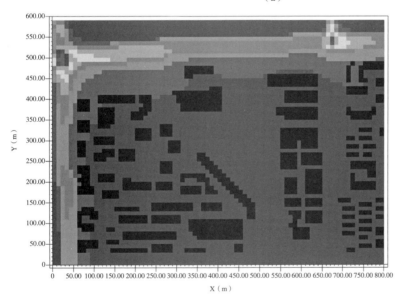
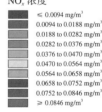

(b)

图 7-26　NO_x 浓度（mg/m^3）

（a）基线方案；（b）方案 0

（改绘自：L. Yang et al., 2020b）

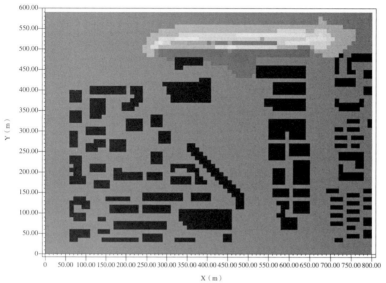
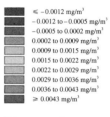

(a)

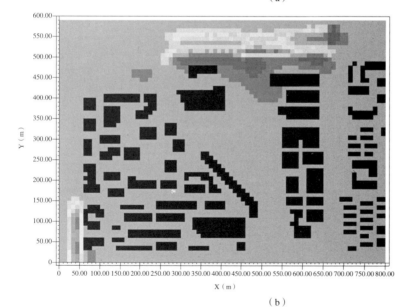
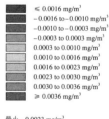

(b)

图 7-27　NO_x 浓度比较（mg/m^3）

（a）方案 1- 方案 0；（b）方案 2- 方案 0

（改绘自：L. Yang et al.，2020b）

2倍时，交通-空间系统中的室外公共空间空气质量提升最为明显。

2）冬季-风环境分析

由图7-28（a）和（b）可见，当把铁路右侧空置土地开发为高层住宅和办公楼时，其南侧的风速有0.2m/s的增加。方案1通过增加沿主干道的绿篱、草坪等绿色基础设

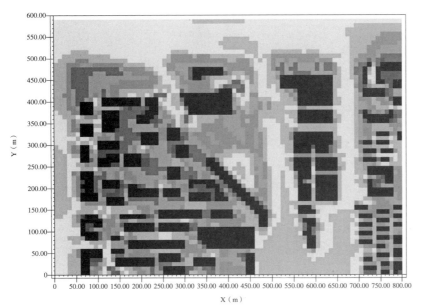
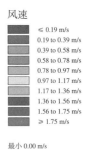

（a）

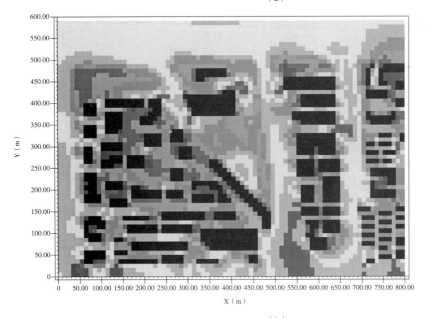
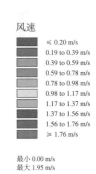

（b）

图7-28　风速（m/s）

（a）基线方案；（b）方案0

（改绘自：L. Yang et al., 2020b）

施,使冬季的道路一侧开放空间风速相较于方案 0 降低了 0.76m/s,如图 7-29(a)所示。方案 2 通过设计中央线性公园,种植树林、布置水池,使得道路沿线的风速明显降低,公园内部的风速最多降低了 0.85m/s,如图 7-29(b)所示。

通过对比在所选位置上基线方案的模拟结果可以发现,位置 C 的风速最低,位于

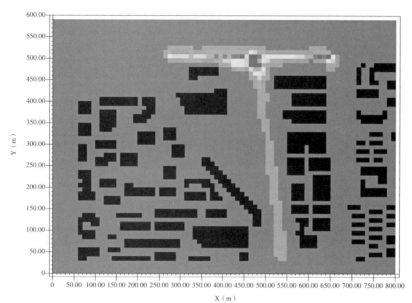
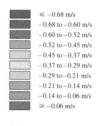

(a)

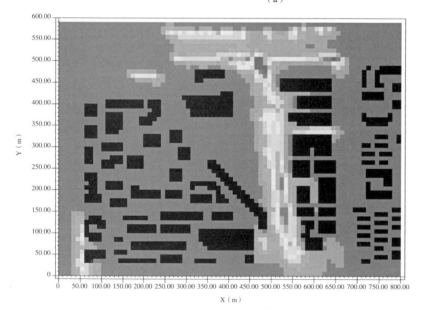
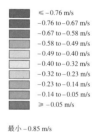

(b)

图 7-29　风速横向比较(m/s)
(a)方案 1- 方案 0;(b)方案 2- 方案 0
(改绘自:L. Yang et al.,2020b)

铁道中部和南部的位置 A 和 B 风速较高，如图 7-30 所示。在 3 个位置处，方案 0 和方案 1 都起到了降低风速的效果，且程度相似。在位置 A 和 B 处可以发现，方案 2 可以明显降低风速，比基线方案平均降低了 0.2m/s。

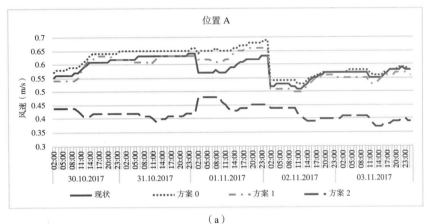

(a)

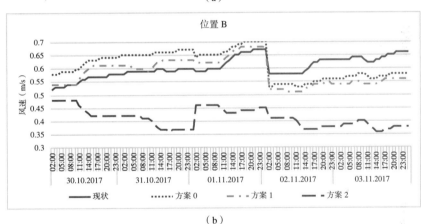

(b)

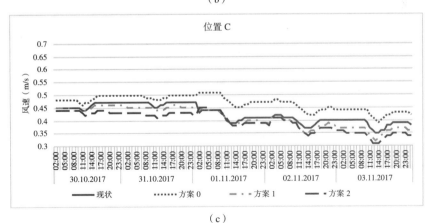

(c)

图 7-30　冬季模拟日 1.5m 高度的每小时风速，对比基线方案、方案 0、1、2

(a) 位置 A；(b) 位置 B；(c) 位置 C 处

（改绘自：L. Yang et al.，2020b）

3)夏季 - 空气温度分析

图 7-31(a)为基线方案中空气温度的分布情况,其中北侧主干道的温度最高达到 32.76℃,明显高出铁道周边区域的温度(30.78~31.11℃)。在方案 0 中,铁路周边区域的空气温度降低了 30.02~30.35℃,如图 7-31(b)所示。图 7-32 展示了在 3 个

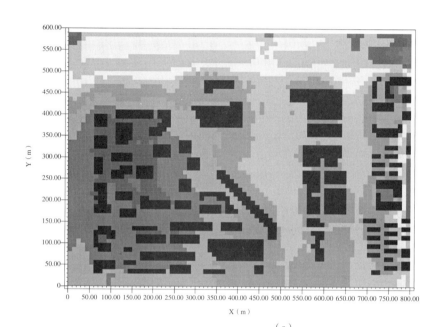
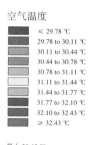
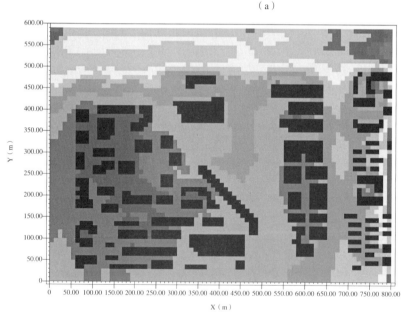

图 7-31 空气温度(℃)

(a)基线方案;(b)方案 0

(改绘自:L. Yang et al., 2020b)

第 7 章 交通与空间系统整合方法框架的应用

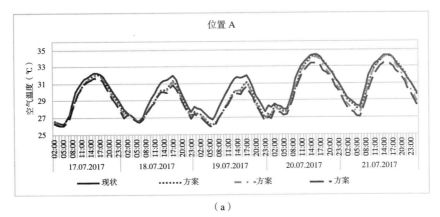

(a)

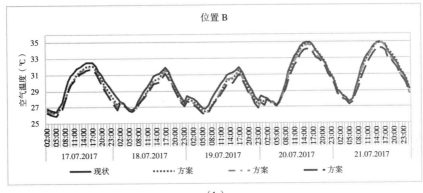

(b)

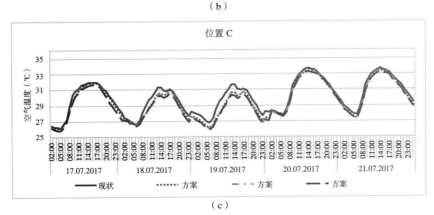

(c)

图 7-32 夏季模拟日 1.5m 高度的每小时空气温度，对比基线方案、方案 0、1、2

(a) 位置 A；(b) 位置 B；(c) 位置 C 处

(改绘自：L. Yang et al., 2020b)

分析点上，连续 5 个模拟日中的空气温度数值变化。总体而言，位置 C 处（主干道一侧开放空间）的温度比 A、B 两处（在线性铁路用地上）低。方案 0 通过移除旧铁路、以材质覆盖天然土壤，在很大程度上降低了空气温度，最多可以降低 0.7℃（位置 A 处，7 月 19 日）。方案 1 使用草坪替代花岗石地面，其缓解热应力的效果与方案 0 相似。方案 2 在使用了蓝-绿基础设施的方法后，可以有效地、持续降低空气温度，其效果在位置 A 和 B 处尤为明显。增加了水池、行道树、树林、草坪后，7 月 20 日和 21 日 15：00 的空气温度被降低了将近 1℃。

4）夏季 - 热舒适度（PMV）分析

在以上微观气候模拟的基础上，本研究进一步计算了 PMV 的数值用于评估人体的热舒适度。图 7-33 展示的是 2017 年 7 月 17 日 13：00 的计算结果。对比基线方案

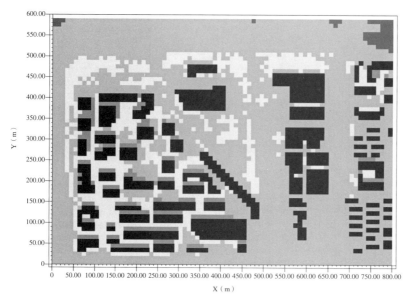
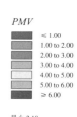

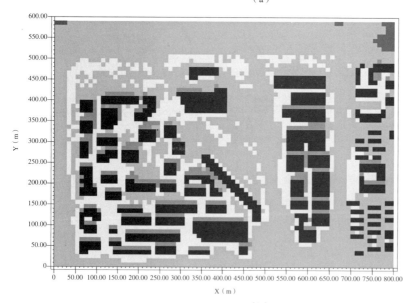
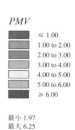

图 7-33　PMV 数值

（a）基线方案；（b）方案 0

（改绘自：L. Yang et al., 2020b）

和方案 0 可以发现，将铁轨移除并设计花岗石广场对热舒适度的提升作用较小，绝大多数地方的 PMV 都在 5 以下，如图 7-33（a）和（b）所示。

比较方案 1 和方案 0 可以发现，配置中央线性草坪、增加主干道一侧树篱很大程度上降低了 PMV 的数值，即室外空间更为舒适，如图 7-34（a）所示。方案 2 中设计的蓝-绿基础设施对舒适度的提升效果最为明显，在此方案中绝大部分地方的 PMV 都

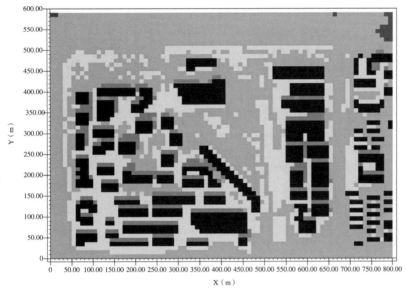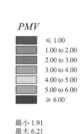

（a）

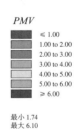

（b）

图 7-34　PMV 数值

（a）方案 1；（b）方案 2

（改绘自：L. Yang et al., 2020b）

在 4 以下，如图 7-34（b）所示。

5）夏季 - 热舒适度（UTCI）分析

本研究方案评估的最后一个部分是对 UTCI 数值的测量。通过分析位置 A—C 处的 UTCI 数值可以看出 4 套方案的热应力持续时间和程度。如图 7-35 所示，在位置

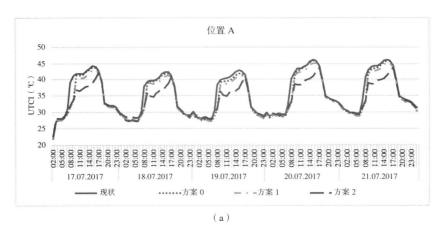

（a）

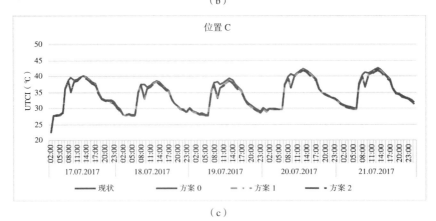

（b）

（c）

图 7-35 夏季模拟日 1.5m 高度的每小时 UTCI，对比基线方案、方案 0、1、2

（a）位置 A；（b）位置 B；（c）位置 C 处

（改绘自：L. Yang et al.，2020b）

A 和 B 处，4 个方案的差异较明显。在这两个点位，整合设计方案 0~2 都起到了降低日间（6：00~17：00）UTCI 的作用。在 6：00~21：00 的时间段中，方案 0 中的 UTCI 显著降低。此后，降低效果减小。

在 4 个方案中，9：00~17：00 都是全天中最热的时间段。相较于基线方案，方案 1 显著提升了日间的热感受，UTCI 被降低了大约 2℃。然而，方案 2 的缓解作用更为明显，在 7 月 17 日 9：00 左右，UTCI 降低了 6.5℃。由此可见，方案 2 为行人提供了最舒适的热环境。7 月 17~19 日这段时间中的"非常强热应力"以及 7 月 20~21 日这几天的"极强热应力"等条件得到了缓解。需要指出的是，在早晨（2：00~6：00），方案 2 会产生轻微的温度升高现象（大约 1℃），这也许是因为大量的植被覆盖使得相对湿度升高，而热舒适度相应下降（N. H. Wong et al.，2005）。在 C 处，四套方案的热舒适度未看出明显差别，仅在 9：00 时，方案 0、1、2 出现了轻微的温度下降（大约 5℃）。

（八）案例研究启示

本案例首先运用调查问卷的方法定性地分析了现状交通与空间系统的空间连续性，并收集了居民需求、意愿等定性数据。其次，采用 ABM 技术对交通-空间-人-环境复杂系统进行了模拟，评估了现状与设计交通-空间系统的机动车交通量，并评估了不同的整合设计方案中交通-空间设计系统的机动交通需求与路网分布之间的平衡。利用 GIS 工具定量地评估了不同方案中的土地使用功能混合度和密度，并对绿色基础设施的面积、大小进行了评估。

此案例最核心的部分是对交通-空间系统的环境影响评估，分别从中观尺度的 NO_x 排放，微观尺度的室外空间 NO_x 浓度、气温、风速，以及人体的室外热舒适度 PMV 数值三个方面进行了量化评估。

通过环境影响评估可以发现，在中观城市区域尺度上改变交通基础设施、土地使用、公共空间等元素的空间布局会对交通出行产生直接影响，并影响到交通污染物的空间分布和排放量。虽然本研究计算出的基线方案中的 NO_x 排放量还有待验证，以提供更为精确的决策支持，但模拟结果可以很好地比较不同的交通与空间设计方案，为方案比选提供决策支持。在微观城市街区尺度上，4 个方案中的交通污染情况差别较明显。从本研究可以看出，方案 0（交通-空间系统内部整合）并不能起到提升局部空气质量和步行者的热舒适度的作用，该方案注重空间、形态、功能上的整合，采用了混合土地使用、高密度开发、道路网络连通性提高、配置积极出行专用道等设计手法。在某些地方，由于周边道路使用量增加，空气质量甚至可能变差。设计高层住宅、采取紧凑式开发的策略会提高邻近地方的风速，在本研究中冬季的室外风速增加了 0.2m/s，会使室外步行者的舒适度降低。

方案 1（交通-空间系统与外部系统整合）在采用方案 0 的设计方法的前提下，

增加了绿色基础设施的配置,在降低交通污染物排放、提升室外环境质量、改善人体热舒适度方面作用明显。由于在方案 0、1、2 中,交通污染源的差别较小,可以将道路交通污染物浓度的降低归功于道路绿化隔离带等绿色基础设施的设计。有研究显示,绿色基础设施如果配置的位置和密度得当,可以对空气污染物起到扩散和沉降的作用,进而降低交通污染(Morakinyo et al.,2016)。在此方案中,道路绿篱的高度为 2m,可以将绿篱下风向的污染物浓度降低 1.9μg/m³ 左右(冬季中午时间段)。然而,污染物在绿篱的上风向由于有屏障效应的影响会产生聚集,最多可以使 NO_x 的浓度增加 4.9μg/m³。

值得指出的是,采用系统的蓝-绿基础设施的一体化方法整合交通-空间系统与外部系统,可以在很大程度上降低系统的废弃物排放(空气污染物),营造环境友好、行人友好型城市。方案 2 通过将行道树和道路绿化隔离带加倍,使得其下风向的 NO_x 浓度降低约 2.3μg/m³。距离道路越远,污染物浓度降低越多。在此方案中所配置的植被以树木宽、孔隙率低为特征,以防止由于树木自身属性造成污染物无法扩散等现象。同时,一体化的整合设计方法还有助于降低冬季的风速和夏季的气温,在本研究中,13:00 的风速最多可降低 0.85m/s,与此相比,方案 1 中所采用的单一的草坪种植方法最多只能降低 0.76m/s 的风速。在位置 A 和 B,方案 2 有效地将空气温度降低了大约 1℃(出现在 7 月 20 日和 21 日 15:00)。此外,在方案 2 中人们在室外环境中行走时普遍感觉舒适,将道路绿化隔离带加密一倍、配置线性的城市公园平均可以提升 1 个 PMV 数值(与基线方案相比)。尽管当行人穿越无树木遮阴的地方时 PMV 会达到 5 以上——极热,但他们很快会进入树荫并且感觉到热舒适,PMV 小于 4——非常热。

蓝-绿基础设施不但可以提升室外空间环境质量,还会提升周边土地的价格,降低空调制冷所消耗的能源(B. Zhang et al.,2012)。有实证研究表明,当北京夏季的温度高于 26℃时,气温每降低 0.5℃,高峰时段的制冷所消耗能源会降低约 20×10^7W(Z. Zhang et al.,2011)。

UTCI 热舒适度评估结果显示,3 个整合设计方案都对夏季白天的热舒适情况起到了一定的改善作用,尤其是在铁路沿线的线性开放空间位置上(位置 A 和 B 处)。其中,方案 0 对温度的降低作用较小,方案 1 明显改善了人们在白天的热感受,降低了大约 2℃ UTCI。方案 2 为行人提供了最好的热环境,在 7 月 17 日 9:00 降低了大约 6.5℃ UTCI,缓解了 7 月 17 日~19 日的非常强热应力和后续几天的极强热应力。

本章的实证研究表明,利用本书提出的集成模拟方法可以较好地量化评估交通-空间整合设计方案对城市的自然环境、微观气候的影响。尽管在此选取的是北京的一个区域进行研究,但案例中所输入的城市空间形态、气象等数据在其他城市也很常见,尤其是那些同样属于大陆性温带季风气候的地区。因此,当满足相应的假设和适用范围时,"设计-模拟"方法也可以应用在其他交通与空间系统的设计、评估中。

三、应用二：伦敦哈克尼威克地区城市更新研究

（一）"设计 – 模拟"方法的应用

在此实践案例中应用本书所提出的系统整合方法框架，依循以下 10 个步骤开展了研究。

1）调研与目标制定：

（1）发现问题 - 提出问题：实地调研、与相关决策者进行研讨、座谈。

（2）居民需求和期望调查：采用"严肃游戏 - 基于主体的建模 - 参与式设计"相结合的方法。

（3）目标制定：实现交通与空间系统的整合，创造良好、舒适的室外环境鼓励居民的积极出行，修复城市生态系统，在系统整合过程中实现公众参与、多主体决策，促进专家团队、公众、决策者之间的交流与互动，实现多方利益最大化。

2）定性分析：

（1）城市设计分析。

（2）系统内部机制分析：分析交通 - 空间系统与人的行为之间的互动关系，以及使用者所感知的交通与空间环境。

3）设计策略制定、方法选取。

4）现状交通与空间系统 GIS 模型搭建，量化评估 KPI 选取。

5）基于计算机模拟的定量分析和评估。

交通 - 空间 - 人的复杂系统模拟——微观尺度：

配置微观尺度基于主体的模型，以行人为主体进行模拟，使用模拟结果：每小时非机动交通基础设施系统中步行交通量——评估 KPI（1）。

每小时公共空间系统中使用者使用的时间、人数——评估 KPI（3）和（5）。

6）基于 GIS 的量化分析和评估：

（1）交通线网的连通度——评估 KPI（6）。

（2）公共空间活动的多样性——评估 KPI（4）。

（3）土地使用混合度、密度——评估 KPI（8）。

（4）绿色基础设施供给——评估 KPI（12）。

7）现状交通与空间系统整合度的整体评估。

8）整合设计方案绘制，参与式设计，采用"严肃游戏 - 基于主体的建模 - 参与式设计"相结合的方法。

9）交通与空间设计系统 GIS 模型搭建，评估整合设计方案（设计系统），重复步骤 4 ~ 步骤 7，进行设计优化。

10）决策。

（二）背景及问题研究

2017年7月，一个由多学科研究人员组成的团队在东伦敦哈克尼威克（Hackney Wick）的阿尔拜特（Arebyte）画廊开展了为期一个月的研究与实验。项目以群体控制[①]为名称，将视觉、数字和表演艺术与科学研究、法律、城市设计等相结合，通过观察、模拟、实验等方法探索了群体行为的产生与演变机制（H. Barnett et al., 2017）。本书将呈现由安德鲁·菲利普帕布鲁斯 - 米哈鲁普鲁斯、杨柳等合作完成的实验游戏"逃离规则地景（Escaping the Lawscape）"。哈克尼威克（图7-36）位于伦敦的伊丽莎白女王奥林匹克公园附近，该地区在由工业区转变为一个充满活力的艺术家社区和住宅区的过程中，经历了剧烈的生态、经济、社会的变革，同时伴随着发展与保护、外来人和本地人之间的冲突。伴随着奥林匹克公园的开发建设，该地区经历了剧烈的空间转型和快速的绅士化，大量的住房开发和公共空间投资项目也同时进行。但这也造成了原住居民的恐慌，担心现有社区将被挡在高房价以外。在这个研究区域包含了多种交通基础设施类型：铁路、运河、混合使用的街道和小径（骑自行车者没有独立的自行车道）。在公共空间方面这里主要有四种类型：文化休闲用途的奥林匹克公园，休闲用途的维多利亚公园，河边商业用途的餐厅和酒吧，以及运河边休闲用地、小广场、小绿地。

（三）调研：数据收集分析及参与式设计

1. 交通 - 空间系统与人行为的互动关系研究——环境感知实验

作为"群体控制"项目的一部分，名为"逃离规则地景"的严肃游戏分别为2天针对2组当地居民（50名）进行了实验，在此之前还对2个志愿者组群进行了游戏的测试。该行为实验之前并未以此种形式进行过。实验被设计为3个步骤：①搜索和记录（通过向特定的社交媒体平台上传资料的方式）规则地景的标志，并通过夸大这些标志的法律意义来高度遵守其要求，比如，如果看到"停"的路牌，每个人都必须停止他们正在做的事情；②搜索和记录（通过向特定的社交媒体平台上传资料的方式）规则地景的标志并抵制其要求；③占据一个空间并探索空间正义的可能性，在此研究中选取了一个连接学校和社区之间横跨运河的桥梁，该桥梁的开放性在多方利益角逐下一直存在着争议。

[①] 该项目是受阿尔拜特艺术机构委托，属于2017年英格兰艺术委员会（Arts Council England）资助的"控制系统（Systems of Control）"计划的一部分，艺术家希瑟·巴尼特（Heather Barnett）受邀主持该项目，同时邀请了在法律和空间正义领域颇具影响力的安德鲁·菲利普帕布鲁斯 - 米哈鲁普鲁斯教授参与此次研究。该项目包含了一系列空间游戏、实验和特展。

第7章 交通与空间系统整合方法框架的应用

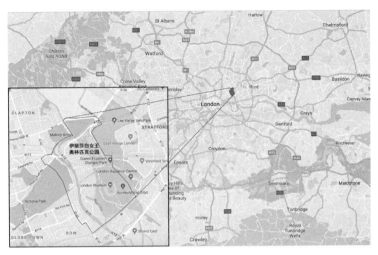

图 7-36 研究区域位置图，伦敦哈克尼威克

（改绘自：L. Yang et al.，2021a）

图 7-37 展示了游戏中的参与者被要求违反场所的物质规则，正试图越过一扇围栏。大量参与者在推特（Twitter）、脸书（Facebook）和照片墙（Instagram）上发布了他们发现的哈克尼威克地区的象征性、物质性规则标志。很明显，大多数参与者表示他们的行为受到交通基础设施与公共空间系统设计的影响，特别是受到街道家具（如椅子和护柱）、标志、公共空间的地面（如街头绘画）、植物和艺术等影响。

图 7-37 "逃离规则地景"严肃游戏中参与者在打破物质规则（Luka Radek 拍摄）

2. 使用者认知地图绘制

通过分析参与者的认知地图可以发现，该地区的利河和其上的桥梁构成了人们对该地区的基本印象。它们在街区之间充当着边缘和路径的功能，参见图 7-38 的示例。

155

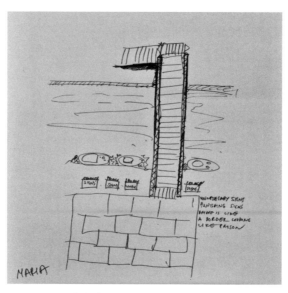

图 7-38 参与者所绘制的认知地图（笔者拍摄）

有趣的是，横跨运河的桥和水面上的船只也可以充当公共空间的职能，即区域的节点。有些人在他们的地图中突出了沿河的开放空间和餐馆，他们倾向于将交通基础设施和线性城市空间作为一个整体的系统考虑。值得注意的是，铁路虽然是一个应该颇具吸引力的大型公共建筑，却没有出现在认知地图中。这可能是因为正在维修的火车站缺乏可达性、方向性和明显的入口。

3. 计算机模拟的可视化、讨论、访谈

目前在奥林匹克公园及周边地区所尝试的诸多可视化技术偏重对该地区物理空间的可视化。然而，本项目中基于主体的仿真模型揭示了人的活动——一个社会网络的系统，这也是一系列测试的第一步。基于本书第 6 章第三节中描述的智慧城市模型，在此应用中使用了由哈克尼威克地区委员会提供的社会、人口统计数据，以及由 Digimap 提供的陆地测量地理信息数据。ABM 模型的原型是针对现状的模拟，并被展示在展览空间中的大屏幕上，参见图 7-39（a）的模拟视频截图。图 7-39（b）呈现了通过观看模拟视频而触发的交互式访谈和对话过程。一位观众说："我从未想过人们在这里是怎么活动的。每个伦敦人都过着自己的生活，他们甚至不了解自己的邻居。计算机模型向我展示了一个隐藏的哈克尼威克。"游戏参与者们互相谈论他们刚刚去过的屏幕上出现的地方，并发现自己的行为被生动地由模型中的橙色立方体表现出来。

4. 使用者需求图示及参与式设计

当地居民和游客使用彩笔在贴纸上写下他们的需求和期望，并将它们粘贴到地图上的特定位置，参见图 7-40 的示例。总的来说，他们对交通与空间系统的需求体现在 3 个方面：公共开放空间、街道和小径以及公共设施。首先，他们要求沿着河流和主要道路提供更多不同类型的开放空间，例如可供社交的公共船只、多样的植物、运动设施、庇护所和安静的地方。至于道路网络方面，似乎运河边的路径是最具吸引力的，但需要配备更多的街道家具，并且可以更方便地到达整个社区。同时，增加自行车基础设施的建设，提高不同道路使用者的安全性也被提出。最后，人们还提出增加室内和室外公共设施的需求，如室内市场、户外电影院、公共厕所、餐馆等。总而言之，沿河地区是该地区最具吸引力的部分，应该变得更容易接近、多样化、安全。此外，两个参与者评论了铁道和车站，提出应该增强其透明度和安全性。

（a） （b）

图 7-39　使用 ABM 模型与参与者进行交流、访谈

（a）ABM 模型视频截图（笔者绘制）；（b）现场照片（Luka Radek 拍摄）

图 7-40　参与者的需求图示（笔者拍摄）

　　上述这些需求随后被定位在 GIS 的图层上。在这些纸质地图上，人们还被要求为这个地区绘制设计方案，公众的创意之一就是将河流视为公共空间，以增强社会凝聚力。综合以上信息，最终生成了一个新的哈克尼威克的规划方案，该规划中结合了多种使用者需求和城市设计师的专业知识。将公众参与引入重新设计交通与空间系统的进一步工作体现在让参与者使用彩色粉笔直接在场地上进行设计。图 7-41 展示了一个参与者在一条拥挤的河边小路上试图建立空间正义。

图 7-41　参与者在河边小路上试图建立"空间正义"（笔者拍摄）

之后，我们进行了一项在线调查与反馈，以了解参与者是如何了解到该项目及相关活动信息的，这项活动是否与他们的期望相符，以及游戏的哪些部分值得改进。一位匿名参与者写道，他"喜欢这个游戏带来的新的视角、体验式的学习，游戏中的每个人身兼数职，可以从不同的角度看世界"。另一位说："我喜欢结识新朋友，其中两个我还在接触。我很喜欢学习更多有关规则地景的知识。"

（四）设计策略及现状系统 GIS 模型搭建

呼应严肃游戏中收集的定性数据。在现状设计方案中（图 7-42），我们通过添加新的河边小径和桥梁增加了河流和社区之间的连通性；而在整合设计方案中（图 7-43），道路网络中仅在运河右侧有一条沿河街道，新的方案在运河左侧添加了一条街道。同时，目前空置的河滨空间在 GIS 的土地利用层中被改为可达性良好的多用途场所，以满足人们对咖啡馆、饭馆、绿化等的需求。

（五）基于计算机模拟的定量分析与评估

ABM 模拟被用于评估不同的方案。一个评估因子是步行交通量预测，这是评估积极出行方案的关键指标。图 7-44 显示的是现状设计方案的出行量，图 7-45 显示了新设计方案 I 的结果。在这两个图中，行人需求通过黑色线段（代表道路）的深浅来表示，即黑色越深该道路上的需求越大。显然，在整合方案中人们到达河边的可能性越大。另一个评估因子是公共空间（包括公共建筑）的使用情况。在同一组图中，空间占用率通过黑色区域的深浅表示，黑色越深的地方被更多地使用。通过比较这些结果可以发现，两个方案之间似乎没有根本的区别，可能是因为这些重新利用的公共空间与维多利亚公园等空间相比面积太小。这一结果与既有研究一致（Sugiyama et al., 2010），

第 7 章 交通与空间系统整合方法框架的应用

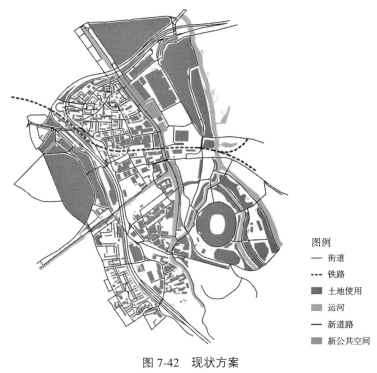

图例
— 街道
--- 铁路
■ 土地使用
▨ 运河
— 新道路
■ 新公共空间

图 7-42　现状方案

（改绘自：L. Yang et al., 2021a）

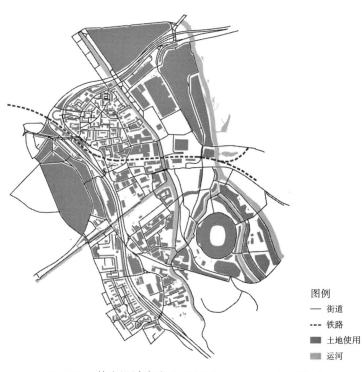

图例
— 街道
--- 铁路
■ 土地使用
▨ 运河

图 7-43　整合设计方案 I（改绘自：L. Yang et al., 2021a）

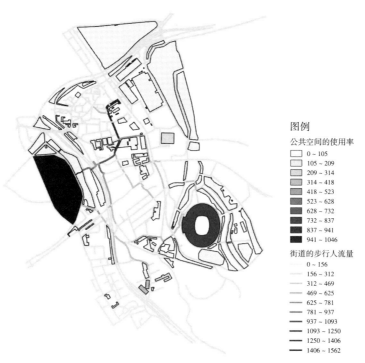

图 7-44　ABM 对现状方案的评估结果

（改绘自：L. Yang et al.，2021a）

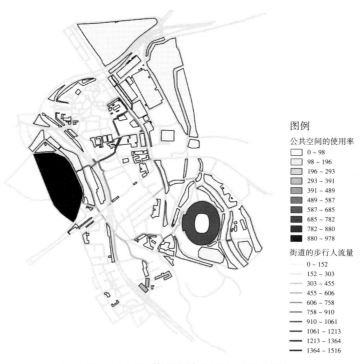

图 7-45　ABM 对整合设计方案 I 的评估结果

（改绘自：L. Yang et al.，2021a）

即增加某些公共开放空间的面积和吸引力比仅仅提高公共空间的数量更为重要，因此我们对整合方案 I 进行了修改。

（六）方案优化及比选

为了使运河侧的空间更具吸引力，整合方案 II（图 7-46）在水边设计了一个连续的线性公共空间系统。这一系统包括多用途的公共建筑、花园、公共船只等。为了打通运河南部的死胡同，新的方案中增加了一些街道。

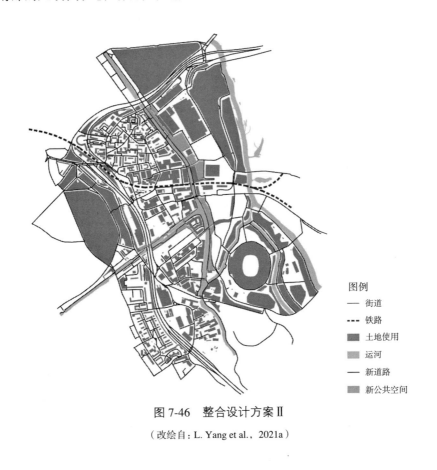

图 7-46　整合设计方案 II

（改绘自：L. Yang et al., 2021a）

如图 7-47 所示，整合方案 II 中的运河侧场所吸引了大量行人。图 7-48 详细分析了人们在每个公共空间中的日常使用情况，图中的深灰色区块代表公共场所，而市民在每个地方的使用情况由其上的钟面显示。钟面被分为 24 个相等的部分（表示 24h），黑色的一半表示夜间而白色部分表示白天。钟面的半径表示使用者的数量，表盘上折线的顶点表示在相应时间停留在那里的人数。通过比较表盘的半径可以找出最吸引人的地方，图 7-49 显示了这些最具吸引力的地方的功能属性。它们普遍具有土地使用混合度高的特点，即同时具有商业、工业、文化、住宅、休闲等功能。另外，设计连续性强、高度可达的公共空间系统也可以提升交通与空间系统的人气。

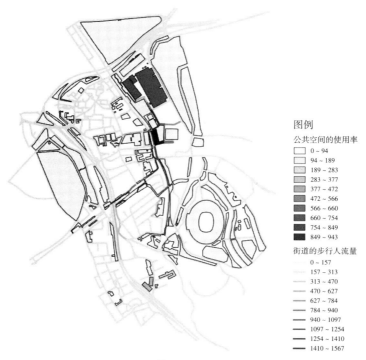

图 7-47 ABM 对整合设计方案 Ⅱ 的评估结果

（改绘自：L. Yang et al., 2021a）

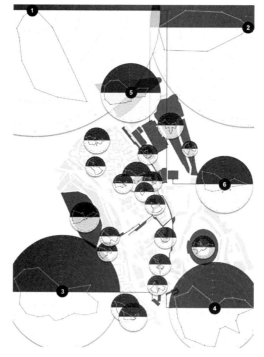

图 7-48 ABM 对整合方案公共空间使用情况的预测

（改绘自：L. Yang et al., 2021a）

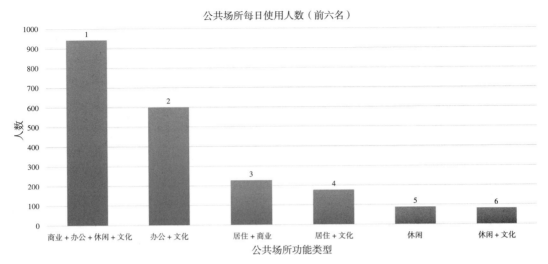

图 7-49 整合设计方案中最具吸引力的公共场所

（改绘自：L. Yang et al., 2021a）

（七）基于 GIS 的量化分析和评估

为了定量分析步行网络的连通性，本研究中计算了路网的节点比。经过计算，现状方案的节点比为 98.03%，整合设计方案 I 的比例为 98.10%，而整合方案 II 中的比例达到了 98.19%。

（八）案例研究启示

此研究中探讨了利用严肃游戏、ABM、参与式设计的一体化方法分析人与交通-空间系统之间的互动关系，并定量地分析不同整合设计方案的步行需求与路网设计之间的平衡、公共空间设计与人的使用需求之间的平衡、道路网络的连通度等内容。此外，通过构建基于主体的模型并以视频的形式在"群体控制"项目中呈现给公众，本实例获得了大量的定性数据，而这些数据又运用到模型的验证中，实现了对 ABM 模型三方面优化：①在路线选择方面提供更为准确的模型；②模拟更真实的行人活动时间表和目的地选择；③主体对诸如路标和街道家具之类的规则地景的准确反应。

由参与者绘制的认知地图代表了他们对该地区的看法，而计算机模型则使用了建筑物和基础设施的真实位置。因此，这些认知图揭示了这些真实的位置、距离、障碍物是如何被地面上的人所感知的，以及这与当前模型中采用的简单的人的行为算法有何不同。为了将这一点纳入考虑范围，路径选择算法需要不仅考虑距离（或出行时间），还要添加一个附加因子来表示使用路线的便利性和空间的吸引力。这个因子可以作为属性添加到基于主体的模型在初始化期间所读取的道路数据中，并且相应地更新路径选择算法。

认知地图还揭示了私人的或私有化的财产是如何影响了参与者的实际活动、他们的归属感以及社区的凝聚力。例如，连接学校和社区之间的桥虽然是横跨河流的主要人行道路，但在实验期间却向公众关闭，这在"逃离规则地景"游戏的第三步——氛围规则中体现得尤为明显，游戏也表明空间正义是很难实现的。认知地图还告诉我们，模型中用于将人的活动与地图上的位置相关联的位置分配算法有待改进，需要考虑额外的加权因子以区分参与者们眼中的中心位置和那些不太吸引人的节点。此外，人的需求图示显示了空间中的使用者希望看到的内容。因此，如果能够在展览期间改变设计场景并进行实时预测，进而与公众互动，这将使这一活动更具参与性。

人的活动时间表在基于主体的模型中起重要作用，因为它会在道路网络上生成一天中一系列旅程的起点和终点。通过额外的调查，我们将不需要仅使用基于统计数据的时间使用模式，而可以根据位置来调整时间表。获取具有代表性的样本仍然充满挑战，因为参与者的数量与该地区的人口相比较少，通过使用测量数据（如在规则地景游戏中得到的 GPS 轨迹）可以进一步收集和提取数据。

严肃游戏还显示了当前模型中的另一个缺失，基础设施中缺乏诸如街道家具、植被和道路指示标志等细节，而这些细节在一些人导航和使用空间方面起着关键作用。该模型目前并未体现这种行为，这也是最难模拟的部分。实现这一目的的一种方案是将主体分类，一部分代表完全熟悉当地基础设施的人（居民和普通上班族），他们根据路径长度做出决策，而另一部分代表那些不熟悉并且更多地依赖人群和基础设施的推动力选择他们的路线和目的地的人。第二类人不会依赖于活动时间表，因此需要设计另一个模式来模拟他们在游走于城市时的决策机制。在这里，我们还需要探索将模型与其他工具集成的可能性，因为这可能会打破模型在功能上的限制并产生更为可靠的结果。

最后，向参与者展示仿真模型的原型是一种有效的吸引公众的方式，这不但可以激发他们的讨论，还可以鼓励他们分享自己的想法。透过参与者的反馈我们发现，画廊中的动态模拟和可视化展示为参与式设计提供了很好的媒介，因此，项目还证实了迭代模型开发和早期原型设计是成功的，并可支持下一阶段更为真实的社会仿真模型的设计。

本章小结

本章通过京张铁路地下化后地面空间再利用和伦敦哈克尼威克地区城市更新研究两个案例，探讨了前文的理论和方法研究成果在实际的城市设计（更新改造）项目中的应用。两个应用案例展示了交通与空间的整合设计从前期的调研、定性与定量数据的收集，到计算机模型的搭建、整合设计方案的绘制、方案的定量评估，以及最终的决策支持等多个环节的内容。

案例研究还对部分整合设计策略进行了验证与探索。研究发现，在城市中观尺度上改变交通基础设施、土地使用、公共空间等要素的空间布局会对交通出行产生直接影响，并影响到交通污染物的空间分布和排放量。此外，采用系统性的蓝-绿基础设施建设、混合土地使用、高密度开发、提高道路网络连通性、配置积极出行专用道等设计策略整合交通-空间系统与外部系统，可以在很大程度上降低系统的废弃物排放，营造环境友好、行人友好型城市。研究中还发现，在交通与空间系统设计时扩大某些公共开放空间的面积、连续性、吸引力比仅仅提高公共空间的数量更能满足使用者的需求。

结论

交通基础设施与城市空间整合的本质是对两个复杂城市子系统的整合,核心是对两者互依关系的分析与协调。由于两个系统都具有开放性特征,与人和自然环境的关系尤为密切,因此在进行系统整合时需要同时考虑交通-空间系统与人类社会和生态系统之间的协调。本研究以城市交通基础设施与城市空间的系统整合作为出发点,以复杂系统理论、系统整合思想为基础。首先,分析了交通系统与空间系统各自的组成及不同尺度上的互动关系、二者与人和外部环境之间的互动机制,剖析了不同要素之间的矛盾冲突,提炼了二者整合所面临的现实议题,回答了有关整合对象及其内在机制的问题;其次,以可持续发展为前提,遵循以人为本、结合自然等城市设计原则,本书提出了交通与空间系统整合的目标,回答了有关设计目标方面的问题;再次,通过系统梳理和归纳总结不同对象类型、不同城市语境、以人为本、结合自然的设计理论及策略,回答了实现整合的设计策略问题。为实现对交通与空间系统的综合评价,本书还构建了一套交通与空间系统整合度评价的指标体系。

在操作方法层面,本书搭建的分析—设计—评估全过程"设计-模拟"方法框架,以及多主体协作的综合方法,回答了实现整合的操作方法问题。本研究还选取了适合定量分析与评估整合设计方案的KPI,针对所选可量化指标构建了多尺度分析与量化评估的综合集成模拟工具,并就该方法框架在实际项目中的应用给出了具体操作步骤,回应了如何定量评估整合后效果的研究问题。

最后,本书通过案例研究,综合运用了所得出的理论研究成果、应用了所提出的方法框架和工具,并对部分整合设计策略进行了验证。在北京京张铁路地下化后地面空间再利用项目中,研究了不同整合设计策略指导下的中观和微观尺度城市设计方案对人的交通出行、自然环境和人体舒适度的影响。在伦敦哈克尼威克地区城市更新项目中,研究了不同的整合设计方案对人的步行需求和公共空间使用情况的影响。

具体的研究结论包括以下7个方面内容:

1. 认识系统:系统整合等相关概念阐释以及对象和目标研究

在城市总体层面上,交通运输系统发展所带来的交通方式的转变、不同区域可达性的提升、区域之间连通性的增强,都塑造并重构着城市的空间结构和形态,而后者又在一定程度上限制着交通网络的建设和交通运输方式的选择。在城市街区尺度上,交通与公共空间二者的互依关系是随着城市化进程演变而变化的:

①城市初建期,两者存在着联合式互依和系列式互依关系;②城市发展期,两者

之间逐渐出现交互式互依关系；③城市稳定期，两者的交互式互依关系逐渐稳定并形成了良性的互馈反应机制。两者之间的矛盾冲突和现实议题具体表现在空间争夺、服务对象、设计的机制和尺度、路权和用地权属、开发时序五个方面。

为促进交通与空间系统之间良性互依关系的形成，其根本在于平衡并满足人的机动性和宜居性的需求，系统整合目标的制定需同时考虑人的行为以及生态环境的影响，在整合物质空间要素的基础上需将人类子系统、自然环境子系统、信息技术等纳入整合要素当中，实现"交通 - 空间 - 人 - 环境的可持续系统"的总目标。在此基础上，交通与空间系统整合的目标可概括为 3 个方面：

①实现交通系统和空间系统内部各要素之间的协同作用，满足人的机动性和宜居性需求；②构建良性互馈的交通 - 空间系统，平衡人的机动性与宜居性需求，促进人的健康行为；③实现交通 - 空间系统与外部环境之间的良性互馈，同时满足人与生态的双重需求，提升系统的可持续性。

2. 改造系统：设计理论梳理和验证以及策略总结

交通与公共空间设计思想的演变经历了 5 个阶段：①工业革命之前的活力街道设计；② 1900 年开始的人车功能分离；③ 1950 年左右的整合设计初探；④ 1980 年涌现出的交通 - 空间整合设计；⑤新千年开始面向复杂系统的整合设计观。针对本书所研究的 A 类整合对象（即兼具交通与公共空间双重职能的有轨电车、城市街道空间），可采用以有轨电车主导的城市空间设计、活力街道、生活化道路、家庭区域、共享空间等理论；针对 B 类整合对象（即单独承担交通运输职能的基础设施及其附属空间），在整体线网的设计上可运用基础设施城市化、联合开发、绿色基础设施等理论，在站点区域的设计中可采用 TOD 建立整体的多标量交通、公共空间网络。

在设计策略方面，可依据的交通与公共空间设计原则包括：①交通基础设施不但需要提供交通运输的职能，还应当起到提升公共领域活力的功能；②良好的公共空间设计需要起到调和交通、人、环境之间冲突的功能，可采用"街道作为公共空间""交通基础设施和公共开放空间设计""交通基础设施和公共设施设计"三种方式进行设计；③构建多标量、可渗透的交通网络，并整合大量的活动和公共空间；④面向系统的可持续设计，采用可持续交通规划、可持续公共空间设计的方法，充分利用信息通信技术、计算机建模技术等工具。

为实现以人为本、结合自然的城市交通与空间设计，还应考虑五方面策略：①混合用途土地使用和紧凑型、高密度城市开发；②连通性好，并配有步行、骑行专用基础设施的交通基础设施建设；③考虑到弱势人群使用的高环境质量的公共空间设计；④缓解机动车污染；⑤绿色基础设施建设。此外，具体的设计策略需要根据实际项目中交通与空间的物理空间关系以及所处的历史、文化、社会背景进行制定。

3. 评估系统：指标体系构建

交通与空间系统评估的目标体系可划分为 3 个层次：第一级，协调交通系统内部和空间系统内部各要素间的互依关系,同时考虑其内部人的行为要素;第二级,协调交通系统与空间系统二者间的互依关系;第三级,协调交通-空间系统与外部环境系统的互依关系。

在此目标体系的指导下,本研究提取出 44 项分析与评估系统的 KPI(见表 4-4),并可以用来标量现状系统或设计系统与目标系统之间的拟合度,即交通与空间系统的整合度。针对每一个 KPI 还提供了具体的评估指标、单位、解释。在这些指标中包含了定性分析与定量分析的要素,对于定性分析部分可以由设计专业人士、使用者、多学科专家团队三方进行评估。由于定性研究需要定量分析加以支持和补充,提供更为客观、准确的数据支持,本书着重研究了定量评估的方法。限于模型搭建时的边界、精度等问题,本研究从 35 项可量化 KPI(见表 4-5)中选取了具有代表性的、受学界普遍关注且对交通与空间系统的使用者和环境有直接影响的 12 项可量化指标(见表 4-6),其中包括:交通系统内部 2 项(非机动交通出行需求、机动交通出行需求);城市空间系统内部 3 项(使用时间、活动多样性、使用人数);交通与空间系统之间 3 项(交通网络连通度、公共空间可达性、土地使用的混合度和密度);交通-空间系统与外部系统之间 4 项(绿色基础设施的供给、空气质量、微观气候条件、热舒适度)。

4. 操作系统整合的方法:"设计-模拟"方法框架搭建

整合设计的操作是一个动态的连续决策的过程,具有开放性和科学性,其过程组织应该采用系统的、可迭代、具有反馈机制的框架,同时需要多专业的配合,需要公众的参与,更需要多元决策机制的支持,做到操作路径、操作主体、操作工具的多层次整合。本研究所构建的"设计-模拟"方法框架通过结合城市设计与计算机模拟技术,为交通与空间的分析、设计、评估环节提供了定量与定性的双重支持。通过借鉴从定性到定量的综合集成系统方法,"设计-模拟"方法综合了基于计算机的多方案比选、可迭代、公众参与、定性和定量数据支持、决策主体多元化等功能。最后,本书还概括了应用此方法提供决策支持的 10 个操作步骤。

5. 操作系统整合的主体:参与式设计方法探索

为实现系统整合操作主体的整合性,本书提出了一个集"严肃游戏-ABM-参与式设计"于一体的综合方法,用于定性地分析交通-空间系统与使用者的感知和行为之间的关系,促进公众参与。本研究设计了交通-空间与人行为的互动关系实验、使用者认知地图绘制、使用者需求图示化及参与式设计、基于主体的模型的可视化等方法。

6. 操作系统整合的工具:量化分析与评估综合集成模拟工具构建

本书还构建了交通与空间系统整合的分析与量化评估仿真模拟工具,用于评估所选出的 12 项交通与空间系统可量化 KPI。该模拟工具集成了"交通-空间-人的复杂系统模拟"和"交通-空间系统的环境影响模拟"两类模型。其中,基于主体的建模(ABM)技术被用在交通-空间-人的复杂系统仿真模拟中,分别选取两个空间尺度:既包括城市片区尺度(中观)上,以"交通基础设施-土地使用-私家车"为主体的系统的建模;

又包括街区尺度（微观）上，以"步行交通网络-公共空间-行人"为主体的系统建模。

交通-空间系统的环境影响模拟采用了多尺度模拟工具，包括中观尺度（城市片区范围）道路交通污染物排放的计算模型、微观尺度（城市街区范围）空气污染物浓度的预测模型、微观气候条件的评估和人体热舒适度的评价模型。在对相关环境模拟工具进行一维集成后，本研究又进一步将其与 ABM 模型、GIS 空间分析工具进行了二维集成，最终形成了一个一体化的模拟评估工具，用于支持、配合城市设计的分析、设计、评估等环节。

7. 实证研究

本书的理论和方法研究成果被应用于两个实际的城市设计（更新改造）案例中，阐述并演示了其在现实的交通与空间系统整合项目中所提供的分析、设计、评估方面的支持。案例研究还对部分整合设计策略进行了验证与探索，结论包括：①在城市中观尺度上改变交通基础设施、土地使用、公共空间等要素的空间布局会对交通出行产生直接影响，并影响到交通污染物的空间分布和排放量；②采用系统性的蓝-绿基础设施建设、混合土地使用、高密度开发、提高道路网络连通性、配置积极出行专用道等设计策略整合交通-空间系统与外部系统，可以在很大程度上降低系统的废弃物排放（空气污染物和热排放），营造环境友好、行人友好型城市；③在交通与空间系统设计时扩大某些公共开放空间的面积、连续性、吸引力比仅仅提高公共空间的数量更能满足使用者的需求。

本研究的创新点主要体现在交通与空间系统整合的方法、系统评估指标体系，以及定量评估工具 3 个方面。

1. 操作交通与空间系统整合的"设计-模拟"方法框架及适用范围

通过系统性文献综述可以发现，针对交通基础设施与城市空间系统整合的现有研究中缺乏对设计全过程的探讨，为了实现可持续的交通与空间设计，有必要对分析、设计、评估等环节进行研究。本书在此背景下将钱学森提出的从定性到定量的综合集成系统方法论与常规的城市设计方法进行了结合，提出了一个在操作路径、主体、工具等层面具有整合性的系统的、互馈式、集成化方法框架。

其中，该方法框架的操作路径具有可拓展性和可移植性，以分析——设计——评估为主线的操作路径同样可运用在其他基础设施项目的系统整合中。操作主体的整合方法——严肃游戏-基于主体的建模-参与式设计综合方法，对其他基础设施系统的研究具有启发性。而"设计-模拟"方法框架中的操作工具部分，包括评估指标体系，是专门为交通与空间系统选取和构建的，具有较强的针对性。

2. 交通与空间系统评估的指标体系

本研究在如何评估交通与空间系统整合后的效果方面，提出了一个由 3 个目标层级、44 个关键绩效指标、170 个定性与定量指标清单组成的评估指标体系。该指标体系实现了对交通系统内部、城市空间系统内部、交通与空间系统之间，以及交通-空间系统与自然环境系统之间整合度的评估。

3. 交通与空间系统的定量分析与评估多尺度综合集成模拟工具

本书构建了多空间和时间维度的综合集成模型,首次把"交通-空间-人的复杂系统仿真模型"与"环境影响评估模型"(汽车污染物排放模型、微观气候仿真模型)进行了集成。该集成模型实现了对交通-空间整合设计方案的12个可量化KPI的评估。在环境评估方面,该模型实现了对城市中观尺度上汽车污染物排放的预测、微观尺度上局部空气质量、空气温度、相对湿度、风速,以及人体热舒适度的多项评估。该模型还具有可重复使用的特性,即除了适用于北京市的研究案例之外,还可用在其他国家的类似案例中。

限于研究范围的界定、现实议题的选取、模拟边界的定义等方面因素,本书仍有以下五方面内容有待在后续研究中进一步展开。

1. 所研究的系统

有关城市复杂系统的研究显示,交通基础设施与城市空间系统是具有开放性的城市子系统,与许多城市子系统之间存在着能量、信息、物质的交换。本研究仅选取了与交通-空间系统关系最密切的人类社会系统和生态系统进行相关性研究和整合策略探讨。需要说明的是,其他城市子系统,例如给水排水基础设施、防灾基础设施等也对交通-空间系统产生着影响。

在界定交通系统时,本书未将交通运输站点、地下交通基础设施纳入研究对象。近年来,在许多城市(尤其是中国高密度大城市)的发展过程中,同时涌现出交通枢纽及地下轨道交通系统与公共空间之间复杂交织、矛盾凸显的尖锐问题,这在后续研究中有待进一步解决。

2. 交通与空间系统整合的现实议题

在本书梳理的5个有关交通基础设施与公共空间整合的现实议题中,此论文只涉及其中与分析和设计直接相关的三类议题,即空间争夺、服务对象、设计的机制和尺度。通过空间整合设计理论和策略总结,以人为本的设计策略梳理、考虑人的行为变化的系统评估工具构建,多尺度系统整合方法框架、分析-评估工具,以及多主体参与方法的构建等方面研究,试图为以上议题提供解决思路。而另外两类议题,路权和用地权属、开发时序方面的冲突涉及具体的政策制定、城市开发、项目实施等内容,具有很强的地域性特点,后续扩展研究可以根据不同国家、地区的具体情况进行有针对性的探讨。

3. 人类与生态系统的复杂性

由于人的行为受到环境、个人经历、个体特征等多重因素的影响,其产生机制极其复杂。因此,本研究在探讨交通-空间系统与其内部的人的行为活动时,对人的行为形成机制进行了必要的简化,为的是可以在计算机中模拟出这一过程。例如,本研究使用的ABM模型以居民生活时间分配的统计数据作为模型中活动方式的输入、参数设定依据。对比 MatSim 等其他 ABM 模型，本模型对交通出行数据的数据量和精确度要求较小，因此，本模型的优势在于对不同设计方案进行横向对比。同时，为了确保模型的可靠性，本书将计算机所模拟出来的人的行为活动与真实数据进行对比，证明了这种简化方式在支持交通与空间的系统整合这一课题中具有可行性。但需要指出的是，人的行为模拟还有许多的内容有待探讨。

本书选取交通与空间系统产生的空气污染、热排放等作为主要因子探讨了该系统对生态环境的影响，而生态系统所包含的内容极其庞杂，在未来的研究中可以对其他生态因子展开讨论。

4. 系统整合方法层面

本研究以城市设计的一般流程（分析——设计——评估）作为主线探讨了系统整合的通用方法，关注点在方案确定和之前的预先设计阶段。在实际的工作中，整合设计项目还会涉及诸多其他环节，如政策制定、项目管理、项目实施与反馈等，而这些环节在不同的社会、文化、政体中具有较大的差异。本书认为对于整合设计的这些环节需要针对某一具体社会环境进行研究，而本书的重点在于定量、定性方法的探讨，因此不展开讨论这些环节。另外，在定量分析与评估 KPI 的选取方面，本书挑选了 12 项重要的可量化指标，而在不同的项目中，还需要根据具体的社会、经济、环境的需要，以及政策方针等对指标进行检验与调试。

5. 集成模拟工具的完善

具体到本研究提出的量化评估集成模型，在下一步的工作中可以通过结合其他的交通模拟技术，如交通方式选择模型、拥堵的路线规划算法等，进一步优化现有模型。交通污染物的计算模型还可进一步扩展，将汽车产生的人为热排放和湿气排放考虑在内（Girgis et al., 2016）。另外，当前的 ENVI-met 模拟只考虑了土地或路面的热储存，在诸如墙体一类的材料中的热储存未进行模拟（Bruse, 2004），在下一步的研究中可以优化此部分模型。一些研究表明，ENVI-met 通常对夜间近地面的空气温度预测过高，而对白天尤其是午后的气温预测较低。在下一步的工作中，可通过采用更为真实的土壤模型解决这一类问题。

另外，可以将公共空间微观气候条件、人体热舒适度等结果重新迭代到模型中，使得主体在进行目的地选择、路线规划等行为时将交通 - 空间的环境质量作为考虑因素。例如，在模型进一步优化之后，主体可以选择去往舒适度较高的公共空间进行休闲娱乐活动，也可以选择污染物浓度较低的道路出行。与此同时，人在污染物中的暴露程度也可以得到研究。还需要指出的是，现有 ABM 模型中的主体行为规则设定对于模拟私家车的运动、人的出行行为等具有较好的效果，但如果要对微观尺度的行人进行更精确的仿真，则需要引入社会力模型等，并结合本书的行为分析研究成果（第 7 章第三节）对行为规则进行校核。

在适用的尺度方面，本书所构建的综合集成模型只对交通与空间系统的中观和微观层面进行了分析与量化评估，在未来还可以加入对城市宏观尺度的分析、评估，例如，将整个北京市的总体汽车污染物排放、气候质量等作为研究的一部分。最后，本研究提出的集成模拟工具可以进一步与决策支持工具进行集成，使设计人员、决策者可以得到更加互动、直观的体验。气象研究与城市设计的结合对实现可持续城市具有重要意义。

附录　使用者调查问卷

为迎接 2022 年北京冬季奥林匹克运动会，拟新建京张高铁，北京城区学院南路—万泉河段将采用地下轨道铺设方案（图 A-1）。该问卷仅用于研究铁路地下化后地面空间的再利用，您的建议将作为本研究的重要参考依据。

图 A-1　京张铁路沿线问卷调查所选范围

1. 您的性别 [单选题][必答题]
○男　　　　　　○女
2. 您的年龄段：[单选题] [必答题]
○ 18 岁以下　　○ 18～25　　○ 26～30　　○ 31～40
○ 41～50　　　○ 51～60　　○ 60 以上
3. 户籍 [单选题] [必答题]
○本地户籍　　○外地户籍在本地工作　　○外来临时人员
4. 职业 [单选题] [必答题]
○在校学生　　○党政机关人员　　○事业单位人员　　○企业单位人员
○外来务工人员　　○下岗待业人员　　○离退休人员　　○其他
5. 您日常出行的主要交通工具 [多选题] [必答题]
□私家车　　　□公交车　　　□地铁
□自行车　　　□步行　　　　□出租车、手机软件叫车

6. 您现在工作/学习/生活的地点最缺乏的公共服务设施 [多选题] [必答题]

□ 小型商业　　　　　□ 购物中心　　　　　□ 健身场所
（如小超市、饭店）　　　　　　　　　　（如健身器材、运动场）
□ 集中绿化、公园　　□ 艺术、文化设施
　　　　　　　　　　（如书店、咖啡厅）

7. 请您为"京张铁路"对周边城市环境造成的割裂进行打分（1 阻隔很弱 -5 阻隔很强）[矩阵量表题] [必答题]

割裂影响程度	1	2	3	4	5
视觉上的阻隔	○	○	○	○	○
对交通出行造成的阻隔	○	○	○	○	○
心理上的阻隔（使您对线路另一侧缺乏了解）	○	○	○	○	○
噪声污染	○	○	○	○	○

8. 请您为"城铁13号线"对周边城市环境造成的割裂进行打分（1 阻隔很弱，5 阻隔很强）[矩阵量表题] [必答题]

割裂影响程度	1	2	3	4	5
视觉上的阻隔	○	○	○	○	○
对交通出行造成的阻隔	○	○	○	○	○
心理上的阻隔（使您对线路另一侧缺乏了解）	○	○	○	○	○
噪声污染	○	○	○	○	○

9. 京张铁路地下化后，什么功能将吸引您来到此地 [多选题] [必答题]

□ 生态环境、自然景观　　□ 艺术、文化设施　　□ 健身设施
□ 漫步道、野餐地点　　　□ 商店、饭店　　　　□ 大型室外活动
　　　　　　　　　　　　　　　　　　　　　　（如文化节、自行车赛）

10. 铁路线废弃后，您希望如何使用这一段空间 [多选题] [必答题]

□ 保持铁轨现状　　　　□ 改造成慢跑道/散布道　　□ 修建自行车专用道
□ 改造成机动车道　　　□ 增加室外活动场地　　　　□ 其他

11. 您认为城铁线下部空间应该如何使用 [多选题] [必答题]

□ 停车场　　　□ 仓库　　　□ 健身场所　　　　　　□ 自然景观
　　　　　　　　　　　　　（如旱冰、羽毛球场）　　（如街边公园、小花园）
□ 艺术、文化设施　　□ 商店、饭店　　□ 亲子活动场、野餐地点　　□ 其他
（如涂鸦墙、咖啡馆）

12. 在沿线空间改造完成后,您可能在什么时间到此地活动 [多选题] [必答题]

□ 早晨　　　　□ 上班/上学路上　　□ 上午　　　　　　□ 中午
（8:00 以前）（8:00 ~ 9:30）　　　（9:30 ~ 12:00）　　（12:00 ~ 13:30）

□ 下午　　　　□ 下班/放学路上　　□ 晚上　　　　　　□ 深夜
（1:30 ~ 5:30）（5:30 ~ 7:00）　　　（7:00 ~ 9:00）　　（9:00 以后）

名词解释

整合

《新华字典》中对"整合"一词的定义为"调整,重组,使和谐一致"。其中"整"体现了调整、重组的过程,而"合"则是最终要实现的和谐状态。在剑桥词典中对整合(Integration)一词的解释为"一种将两个或多个事物以一种有效的方法结合到一起的行为或过程",而韦氏词典更是直接用侧重于动作的"Integrating"一词进行了解释。在牛津词典中对该词语的解释既体现了整合作为过程的特性,又指出其状态的属性。郑明远(2012)[1]在其博士论文中给出了城市空间系统整合的定义:"既是一个各种空间构成要素达到最佳的关联性,也是社会各种需求与空间构成要素通过相互作用寻求新的秩序的过程。"在一些研究中,有学者使用互馈(Reciprocity)、适应(Adaptation)、协同(Synergy)、耦合(Coupling)等名词表达了与整合相近的概念。

系统整合

系统整合(System Integration)的概念在系统工程领域应用广泛,是指通过协调各个元素之间的互动反应关系,构成一个完整系统的过程及终极状态(Whyte, 2016)。实现系统整合的首要任务是分析系统各要素之间的互动关系,其次才是寻找实现短期或长期系统协调的策略,最后是对系统的整合效果的评估(Saidi et al., 2018)。在本书中,系统整合既是一个调整、重组的过程,也是城市交通基础设施与城市空间在设计后所要实现的一种目标状态,即各个组成要素之间实现和谐一致、良性循环,空间要素与社会需求之间实现供给平衡。

人的行为

本研究关注城市交通设施及公共空间设计对其中人的行为的影响,人的行为在此是指人在室外所从事的体力活动(Physical Activity)和社交活动。其中,体力活动又包含了休闲活动(Recreational Activity)和积极出行(Active Travel)两部分,积极出行方式主要包括步行、骑自行车、滑板等。本书中涉及"健康行为(Healthy Behavior)"时特指"体力活动"。

计算机模拟

计算机模拟或计算机仿真(Computer Simulation 或 Computer Modeling)是指用来

模拟特定系统之抽象模型的计算机程序。计算机仿真是根据所要处理的客观系统的问题，以及模型构建人所要了解的信息层次所进行的逼近真实的模拟，可以在认识复杂城市现象和预测城市发展演变等方面提供决策支持。

评估

查德威克在《城市规划的一种系统观》一书中将"评估（Evaluation）"定义为一种价值判断行为，与标准和目标关系密切。也可以说，评估是对设计是否达到预期目标的评估，为设计和项目的决策提供重要支持。评估还是一个循环往复的过程，从项目实施之前的"预评估（Appraisal）"到实施过程中的监测，再到实施之后的项目回顾，都属于评估（汪军和陈曦，2011）。预评估也称为实施前评估（Ex-ante Evaluation），项目回顾也称为实施后评估（Ex-post Evaluation）或使用后评估（Post-Occupancy Evaluation，POE）。方案预评估可以很好地帮助设计师和决策者进行多方案比选以及风险预测，并选取针对所制定目标的最优方案。而使用后评估可以帮助设计者改进设计、总结经验。在本书中，以设计方案的"预评估"为主要研究内容。

参考文献

[1] 北京交通发展研究院. 2016北京市交通发展年度报告[R]. 2016.

[2] 北京交通发展研究院. 2017北京市交通发展年度报告[R]. 2017.

[3] 北京交通发展研究院. 2018北京市交通发展年度报告[R]. 2018.

[4] 北京市海淀区统计年鉴委员会. 2017北京海淀统计年鉴[EB/OL]. 2017. http://hdszb.bjhd.gov.cn/hdnj/njcg/2017nj/201811/t20181120_1589998.html.

[5] 陈天. 城市设计的整合性思维[D]. 天津: 天津大学, 2007.

[6] 蒂姆·斯通纳, 曹靖涵, 杨滔. 数字化设计和城市未来[J]. 城市设计, 2016（4）: 66-73.

[7] 丁沃沃. 城市设计: 理论？研究？[J]. 城市设计, 2015（1）: 68-79.

[8] 董君. 基于语义网络的城市设计策划方法研究[D]. 哈尔滨: 哈尔滨工业大学, 2016.

[9] 段进, 兰文龙, 邵润青. 从"设计导向"到"管控导向"——关于我国城市设计技术规范化的思考[J]. 城市规划, 2017, 41（6）: 67-72.

[10] 国务院人口普查办公室, 国家统计局人口和就业统计司. 中国2010年人口普查资料[M]. 北京: 中国统计出版社, 2010.

[11] 韩冬青. 城市形态学在城市设计中的地位与作用[J]. 建筑师, 2014（4）: 35-38.

[12] 韩冬青. 当前我国城市设计的实践类型及其所面临的挑战[J]. 江苏建筑, 2018（1）: 8-10.

[13] 金广君. 图解城市设计[M]. 北京: 中国建筑工业出版社, 2010.

[14] 金广君, 单樑. 预则立, 巧预则通——论以开发项目为导向的城市设计策划[J]. 华中建筑, 2008（7）: 55-61, 66.

[15] 康红梅. 城市基础设施与城市空间演化的互馈研究[D]. 哈尔滨: 哈尔滨工业大学, 2012.

[16] 廖守亿. 复杂系统基于Agent的建模与仿真方法研究及应用[D]. 长沙: 国防科学技术大学, 2005.

[17] 刘思峰, 郭本海, 方志耕. 系统评价: 方法、模型、应用[M]. 北京: 科学出版社, 2015.

[18] 龙瀛, 刘伦伦. 新数据环境下定量城市研究的四个变革[J], 国际城市规划, 2017, 32（1）: 64-73.

[19] 卢济威. 论城市设计整合机制[C]// 中国建筑学会. 中国建筑学会2003年学术年会论文集. 2003: 239-248.

[20] 卢济威. 论城市设计整合机制[J]. 建筑学报, 2004（1）: 24-27.

[21] 卢济威. 新时期城市设计的发展趋势[J]. 上海城市规划, 2015（1）: 3-4.

[22] 卢明森. 综合集成法——整体论与还原论的辩证统一[M]// 中国系统工程学会, 上海交通大

学. 钱学森系统科学思想研究. 上海: 上海交通大学出版社, 2007: 34-46.

[23] 潘海啸. 城市交通空间创新设计: 建筑行动起来 [M]. 北京: 中国建筑工业出版社, 2004.

[24] 钱学森. 关于建立城市学的设想 [J]. 城市规划, 1985 (4): 26-28.

[25] 钱学森. 创建系统学 [M]. 太原: 山西科学技术出版社, 2001.

[26] 钱学森, 于景元, 戴汝为. 一个科学新领域——开放复杂巨系统及其方法论 [J]. 自然杂志, 1990, 13 (1): 3-10.

[27] 宋健. 社会科学研究的定量方法 [J]. 中国社会科学, 1982 (6): 97-105.

[28] 谭峥. 寻找现代性的参量 基础设施建筑学 [J]. 时代建筑, 2016 (2): 6-13.

[29] 汤海孺, 陈伟, 陈添明. 控制性详细规划实施评估报告编制方法初探 [J]. 城市规划, 2015, 39 (S1): 86-90.

[30] 王春才, 赵坚. 城市交通与城市空间演化相互作用机制研究 [J]. 城市问题, 2007 (6): 15-19.

[31] 汪军, 陈曦. 西方规划评估机制的概述——基本概念、内容、方法演变以及对中国的启示 [J]. 国际城市规划, 2011, 26 (6): 78-83.

[32] 王建国. 生态原则与绿色城市设计 [J]. 建筑学报, 1997 (7): 8-12, 66-67.

[33] 王建国. 城市设计 [M]. 第3版. 南京: 东南大学出版社, 2011.

[34] 王建国. 中国城市设计发展和建筑师的专业地位 [J]. 建筑学报, 2016 (7): 1-6.

[35] 王建国, 李晓江, 王富海, 等. 城市设计与城市双修 [J]. 建筑学报, 2018 (4): 13-16.

[36] 王鹏. 城市公共空间的系统化建设 [D]. 南京: 东南大学出版社, 2001.

[37] 王一. 从城市要素到城市设计要素——探索一种基于系统整合的城市设计观 [J]. 新建筑, 2005 (3): 53-56.

[38] 吴良镛. 人居环境科学导论 [M]. 北京: 中国建筑工业出版社, 2001.

[39] 杨嘉, 项顺子, 郑宸. 面向规划管理的城市设计导则编制思路与实践——以山东省威海市东部滨海新城为例 [J]. 规划师, 2016, 32 (7): 58-63.

[40] 杨俊宴, 曹俊. 动·静·显·隐: 大数据在城市设计中的四种应用模式 [J]. 城市规划学刊, 2017 (4): 39-46.

[41] 杨柳, 张路峰. 从冲突到共生——伦敦博罗市场与城市交通基础设施的整合设计 [J]. 世界建筑, 2020 (4): 100-103.

[42] 杨震, 朱丹妮. 精细化城市设计: 作为公共政策的内涵解读及利益分析 [J]. 西部人居环境学刊, 2018, 33 (2): 1-6.

[43] 殷凤军. 大城市新城交通规划推进机制研究 [D]. 南京: 东南大学, 2016.

[44] 于景元. 钱学森综合集成体系 [M]// 中国系统工程学会, 海交通大学. 钱学森系统科学思想研究. 上海: 上海交通大学出版社, 2007: 1-12.

[45] 于景元. 系统科学和系统工程的发展与应用 [J]. 科学决策, 2017 (12): 1-18.

[46] 于景元, 周晓纪. 从定性到定量综合集成方法的实现和应用 [J]. 系统工程理论与实践, 2002 (10): 26-32.

[47] 张磊, 邓超源. 基于绩效视角的规划实施案例分析——以北京中心城区专业市场疏解为例 [J]. 城乡规划, 2017（2）: 25-32.

[48] 赵蔚. 城市公共空间的分层规划控制 [J]. 同济大学学报: 社会科学版, 2000（S1）: 30-32.

[49] 张昱翔. 博罗市场: 舌尖上的伦敦 [J]. 广告大观: 综合版, 2013（3）: 106-109.

[50] 赵楠楠, 王世福. "实施后评估"到"影响前评估": 新时期城市设计思考 [C]// 中国城市规划学会, 杭州市人民政府. 共享与品质——2018 中国城市规划年会论文集（14 规划实施与管理）. 北京: 中国建筑工业出版社, 2018: 69-79.

[51] 郑明远. 轨道交通与城市空间整合规划方法论研究 [D]. 北京: 北京交通大学, 2012.

[52] 中华人民共和国国家统计局. 2008 年中国时间利用调查 [M]. 北京: 中国统计出版社, 2008.

[53] 周君, 刘伊生. 城市交通基础设施的网络分析与可持续发展 [J]. 城市交通, 2005（2）: 21-24.

[54] 朱文一, 毕波. 朱文一教授谈"城市·设计与城市设计"[J]. 城市设计, 2015（1）: 108-112.

[55] 庄惟敏. 建筑策划与设计 [M]. 北京: 中国建筑工业出版社, 2016.

[56] 托马斯·豪克, 雷吉娜·凯勒, 沃尔克·克莱因科特. 基础设施城市化 [M]. 朱蓉, 徐怡丽, 陈宇, 译. 武汉: 华中科技大学出版社, 2016.

[57] AL-KODMANY K. Using visualization techniques for enhancing public participation in planning and design: Process, implementation, and evaluation[J]. Landscape and Urban Planning, 1999, 45: 37-45.

[58] ALLEN S. Infrastructural urbanism[M]// Points+ lines: Diagrams and projects for the city. New York: Princeton Architectural Press, 1999.

[59] American Institute of Architects. Livability 101: What makes a community livable?[R]. 2005.

[60] American Society of Heating Refrigerating and Air-Conditioning Engineers. Thermal environmental conditions for human occupancy[S]. ASHRAE Standard 55, 2010.

[61] AN L. Modeling human decisions in coupled human and natural systems: Review of agent-based models[J]. Ecological Modeling, 2012, 229: 25-36.

[62] ANCIAES P R, BONIFACE S, DHANANI A, et al. Urban transport and community severance: Linking research and policy to link people and places[J]. Journal of Transport & Health, 2016, 3: 268-277.

[63] ANVARI B. A new microscopic model for the simulation of shared space schemes [D]. London: Imperial College London, 2013.

[64] ARENTZE T A, TIMMERMANS H J. Representing mental maps and cognitive learning in micro-simulation models of activity-travel choice dynamics[J]. Transportation, 2005, 32: 321-340.

[65] ASCHWANDEN G D P A. Health and place: An analysis of the built environment's impact on walking behavior and health[D]. Zurich: ETH Zurich, 2014.

[66] AULICIEMS A, SZOKOLAY S V. Thermal comfort[C]// Passive and Low Energy Architecture international（PLEA）, 2007.

[67] BANHAM R. Los Angeles: The architecture of four ecologies[M]. Berkeley: University of California Press, 1971.

[68] BARADARAN S, RAMJERDI F. Performance of accessibility measures in Europe[J]. Journal of Transportation and Statistics, 2001, 4: 31-48.

[69] BARNETT H, CAPPELATTI L, COLWYN J, et al. Crowd control[J/OL]. Interalia Magazine, 2017. https://www.interaliamag.org/articles/heather-barnett/.

[70] BARNETT J. Urban design as public policy: Practical methods for improving cities[M]. McGraw-Hill Companies, 1974.

[71] BATTY M. Fifty years of urban modeling: Macro-statics to micro-dynamics[M]//ALBEVERIOS, ANDREYD, GIOR DANOP, et al.The dynamics of complex urban Systems. New York: Springer, 2008: 1-20.

[72] BATTY M. Urban modeling[M]//THRIFTN, KITCHINR. International encyclopedia of human geography. Oxford: Elsevier, 2009: 51-58.

[73] BATTY M. Urban Modelling: Algorithms, calibrations, predictions[M]. Cambridge: Cambridge University Press, 2010.

[74] BATTY M. The new science of cities[M]. Cambridge: MIT Press, 2013.

[75] BATTY M, AXHAUSEN K W, GIANNOTTI F, et al. Smart cities of the future[J]. European Physical Journal-special Topics, 2012, 214: 481-518.

[76] BENENSON I, TORRENS P M. Geosimulation: Automata-based modeling of urban phenomena[M]. London: John Wiley & Sons, 2004.

[77] BERTOLINI L, LE CLERCQ F, KAPOEN L. Sustainable accessibility: A conceptual framework to integrate transport and land use plan-making. Two test-applications in the Netherlands and a reflection on the way forward[J]. Transport Policy, 2005, 12: 207-220.

[78] BERTOLINI L, LE CLERCQ F, STRAATEMEIER T. Urban transportation planning in transition[J]. Transport Policy, 2008, 15: 69-72.

[79] BHAT C, HANDY S, KOCKELMAN K, et al. Development of an urban accessibility index: Literature review[R]. University of Texas at Austin. Center for Transportation Research, 2000.

[80] BILD E, COLER M, PFEFFER K, et al. Considering sound in planning and designing public spaces: A review of theory and applications and a proposed framework for integrating research and practice[J]. Journal of Planning Literature, 2016, 31: 419-434.

[81] BLAZEJCZYK K, EPSTEIN Y, JENDRITZKY G, et al. Comparison of UTCI to selected thermal indices[J]. International Journal of Biometeorology, 2012, 56: 515-535.

[82] BOQUET Y. The renaissance of tramways and urban redevelopment in France[J]. Miscellanea Geographica, 2017, 21: 5-18.

[83] BORREGO C, TCHEPEL O, COSTA A, et al. Emission and dispersion modelling of Lisbon air

quality at local scale[J]. Atmospheric Environment, 2003, 37: 5197-5205.

[84] BOX G E P, DRAPER N R. Empirical model-building and response surfaces[M]. New York: Wiley, 1987.

[85] BOZOVIC R, MAKSIMOVIC C, MIJIC A, et al. Blue green solutions: A systems approach to sustainable and cost-effective urban development[R]. London, 2017.

[86] BRADY T, DAVIES A. Managing structural and dynamic complexity: A tale of two projects[J]. Project Management Journal, 2014, 45: 21-38.

[87] BRUSE M. ENVI-met 3.0: Udated model overview[R]. University of Bochum, 2004.

[88] BUCHANAN C. Traffic in towns[M]. London: H.M.S.O., 1963.

[89] BUNSCHOTEN R. From smart city to conscious city[M]// Handbuch Energiewende und Partizipation. Springer, 2018: 769-791.

[90] BUSTOS-TURU G. Integrated modelling framework for the analysis of demand side management strategies in urban energy systems [D]. London: Imperial College London, 2018.

[91] CAI H, XIE S. Estimation of vehicular emission inventories in China from 1980 to 2005[J]. Atmospheric Environment, 2007, 41: 8963-8979.

[92] CALTHORPE P. The next American metropolis: Ecology, community, and the American dream[M]. Princeton Architectural Press, 1993.

[93] CARMONA M, HEATH T, OC T, et al.Public places, urban spaces: The dimensions of urban design[M]. Oxford: Architectural Press, 2003.

[94] CERVERO R. Transport infrastructure and global competitiveness: Balancing mobility and livability[J]. The ANNALS of the American Academy of Political and Social Science, 2009, 626: 210-225.

[95] CERVERO R, GUERRA E, Al S. Beyond mobility: Planning cities for people and places[M]. Washing ton, DC: Island Press, 2017.

[96] CERVERO R, KOCKELMAN K. Travel demand and the 3Ds: Density, diversity, and design[J]. Transportation Research Part D: Transport and Environment, 1997, 2: 199-219.

[97] CHADWICK G. A systems view of planning: Towards a theory of the urban and regional planning process[M]. Elsevier, 2013.

[98] CHATZIDIMITRIOU A, YANNAS S. Microclimate design for open spaces: Ranking urban design effects on pedestrian thermal comfort in summer[J]. Sustainable Cities and Society, 2016, 26: 27-47.

[99] CHEN C. CiteSpace Ⅱ: Detecting and visualizing emerging trends and transient patterns in scientific literature[J]. Journal of the American Society for Information Science and Technology, 2006, 57(3): 359-377.

[100] CHEN L. Agent-based modeling in urban and architectural research: A brief literature review[J]. Frontiers of Architectural Research, 2012, 1: 166-177.

[101] CHEN W, YAN L, ZHAO H. Seasonal variations of atmospheric pollution and air quality in Beijing[J]. Atmosphere, 2015, 6: 1753-1770.

[102] CHRISTOPHER A. A city is not a tree[J]. Architectural Forum, 1965: 58-62.

[103] Congress for the New Urbanism. Charter of the new urbanism[M]. McGraw-Hill Professional, 1999.

[104] CONSTANT A. Woonerf (urban planning concept)[J]. Planning and Building Developments, 1981, 52: 56-59.

[105] COOMBES M, RAYBOULD S, WONG C. Developing indicators to assess the potential for urban regeneration[M]. HM Stationery Office, 1992.

[106] CORBETT H W. May live to see: May solve congestion problems[J]. Popular Science Monthly, 1925, 41.

[107] COUCH C. Urban planning: An introduction (planning, environment, cities)[M]. Palgrave Macmillan, 2016.

[108] CRISMAN P. Inhabiting the in-between: Architecture and infrastructure intertwined[D]. University of Virginia, 2006.

[109] CULVER G. Mobility and the making of the neoliberal "creative city": The streetcar as a creative city project?[J]. Journal of Transport Geography, 2017, 58: 22-30.

[110] CURTIS C, SCHEURER J. Planning for sustainable accessibility: Developing tools to aid discussion and decision-making[J]. Progress in planning, 2010, 74: 53-106.

[111] DE LA BARRERA F, REYES-PAECKE S, BANZHAF E. Indicators for green spaces in contrasting urban settings[J]. Ecological Indicators, 2016, 62: 212-219.

[112] DE NAZELLE A. Risk assessment of a pedestrian-oriented environment[D]. Chapel Hill: The University of North Carolina at Chapel Hill, 2007.

[113] DE NAZELLE A, NIEUWENHUIJSEN M J, ANTÓ J M, et al. Improving health through policies that promote active travel: A review of evidence to support integrated health impact assessment[J]. Environment International, 2011, 37: 766-777.

[114] DE NAZELLE A, RODRÍGUEZ D A, CRAWFORD-BROWN D. The built environment and health: Impacts of pedestrian-friendly designs on air pollution exposure[J]. Science of The Total Environment, 2009, 407: 2525-2535.

[115] DECKER J. Simulation methodologies for observing large-scale urban structures[J]. Landscape and Urban Planning, 1993, 26: 231-250.

[116] DELANDA M. Parametrising the social[J]. Architectural Design, 2016, 86 (2): 124-127.

[117] Department for Transport, UK. Local transport note: Shared space (1/11)[R]. 2011.

[118] Digimap. Ordnance survey data [EB/OL]. [2018-04-06]. https://digimap.edina.ac.uk/os.

[119] DILL J. Measuring network connectivity for bicycling and walking[C]// 83rd Annual Meeting of the Transportation Research Board, Washington, DC., 2004: 11-15.

[120] DOLK D R, KOTTEMANN J E. Model integration and a theory of models[J]. Decision Support Systems, 1993, 9: 51-63.

[121] DORON G M. The dead zone and the architecture of transgression[J]. City, 2000, 4(2): 247-263.

[122] DOVEY K, PAFKA E. The science of urban design?[J]. Urban Design International, 2016, 21:1-10.

[123] DUPUY G. The automobile system: A territorial adapter[J]. Flux, 1995, 11: 21-36.

[124] EDMONDS B. Five modelling purposes[M]// Edmonds B, Meyer R. Simulating social complexity: A handbook. 2nd Edition. Springer, 2017.

[125] ELLIOTT C, DEASLEY P. Creating systems that work: principles of engineering systems for the 21st century[R]. London: The Royal Academy of Engineering, 2007.

[126] European Commission. The forms and functions of green infrastructure [EB/OL]. 2016. [2018-08-05]. http://ec.europa.eu/environment/nature/ecosystems/benefits/index_en.htm.

[127] European Environment Agency. EMEP/EEA air pollutant emission inventory guidebook 2016 [R]. Copenhagen, Denmark, 2016.

[128] EWING R, CERVERO R. Travel and the built environment: a meta-analysis[J]. Journal of The American Planning Association, 2010, 76: 265-294.

[129] FANGER O. Thermal comfort [M]. New York: McGraw-Hill Book Company, 1972.

[130] FELDMAN R M, VALDEZ-FLORES C. Basics of Monte Carlo simulation[M]//JOSHUA VC, VARADHANSRS, VISHNEVSKYVM.Applied probability and stochastic processes. Berlin, Heidelberg: Springer, 2010: 45-72.

[131] FENGER J. Urban air quality[J]. Atmospheric Environment, 1999, 33: 4877-4900.

[132] FIALA D, LOMAS K J, STOHRER M. Computer prediction of humanthermoregulatory and temperature responses to a wide range ofenvironmental conditions[J]. International Journal of Biometeorology, 2001, 45: 143-159.

[133] FLOURENTZOU F. Measures of urban sustainability[M]// Robinson D. Computer modelling for sustainable urban design: Physical principles, methods and applications. London:Routledge, 2012.

[134] FORRESTER J W. Urban dynamics[M]. Cambridge, Mass: MIT Press, 1969.

[135] FRAMPTON K. Megaform as urban landscape[M]. University of Michigan, A. Alfred Taubman College of Architecture+ Urban Planning, 1999.

[136] FRÖHLICH D, GANGWISCH M, MATZARAKIS A. Effect of radiation and wind on thermal comfort in urban environments - application of the RayMan and SkyHelios model[J]. Urban Climate, 2019, 27: 1-7.

[137] GAFFRON P, HUISMANS G, SKALA F, et al. Ecocity: Book I[M]. Facultas Verlags-und Buchhandels AG, 2005.

[138] GAN W. Responsive urban simulation: An approach towards real time evaluation of urban design projects [D]. Milano, Italy: Politecnico Di Milano, 2014.

[139] GARAU C, PAVAN V. Evaluating urban quality: Indicators and assessment tools for smart sustainable cities[J]. Sustainability, 2018, 10: 575.

[140] GEDDES P. Cities in evolution: An introduction to the town planning movement and to the study of civics[M]. London: Williams & Norgate, 1915.

[141] GEHL J. Life between buildings: Using public space[M]. Island Press, 1987.

[142] GENELETTI D. Some common shortcomings in the treatment of impacts of linear infrastructures on natural habitat[J]. Environmental Impact Assessment Review, 2006, 26: 257-267.

[143] GEORGE R V. A procedural explanation for contemporary urban design[J]. Journal of Urban Design, 1997, 2: 143-161.

[144] GILBERT N, TROITZSCH K. Simulation for the social scientist[M].McGraw-Hill Education, 2005.

[145] GILES-CORTI B, BROOMHALL M H, KNUIMAN M, et al. Increasing walking: How important is distance to, attractiveness, and size of public open space?[J]. American Journal of Preventive Medicine, 2005, 28: 169-176.

[146] GIRGIS N, ELARIANE S, ELRAZIK M A. Evaluation of heat exhausts impacts on pedestrian thermal comfort[J]. Sustainable Cities and Society, 2016, 27: 152-159.

[147] GKATZOFLIAS D, KOURIDIS C, NTZIACHRISTOS L, et al. COPERT 4: Computer programme to calculate emissions from road transport[R]. European Environment Agency, 2007.

[148] GLASSON J, THERIVEL R, CHADWICK A. Introduction to environmental impact assessment: Principles and procedures, process, practice and prospects[M]. UCL Press, 1999.

[149] GRENGS J, LEVINE J, SHEN Q. Evaluating transportation equity: An intermetropolitan comparison of regional accessibility and urban form[R]. Federal Transit Administration, 2013.

[150] GUBA E G, LINCOLN Y S. Fourth generation evaluation[M]. Sage, 1989.

[151] HAMILTON-BAILLIE B. Shared space: Reconciling people, places and traffic[J]. Built Environment, 2008, 34: 161-181.

[152] HAO J M, HE D Q, WU Y, et al. A study of the emission and concentration distribution of vehicular pollutants in the urban area of Beijing[J]. Atmospheric Environment, 2000, 34: 453-465.

[153] HATZOPOULOU M, MILLER E J. Linking an activity-based travel demand model with traffic emission and dispersion models: Transport's contribution to air pollution in Toronto[J]. Transportation Research Part D: Transport and Environment, 2010, 15: 315-325.

[154] HAUCK T, KELLER R, KLEINEKORT V. Infrastructural urbanism: Addressing the in-between[M]. Berlin: DOM Publishers, 2011.

[155] HAVENITH G, FIALA D, BŁAŻEJCZYK K, et al. The UTCI - clothing model[J]. International Journal of Biometeorology, 2012, 56: 461-474.

[156] HEALEY P. Collaborative planning: Shaping places in fragmented societies[M]. Canada: UBC

Press, 1997.

[157] HEERES N, TILLEMA T, ARTS J. Dealing with interrelatedness and fragmentation in road infrastructure planning: an analysis of integrated approaches throughout the planning process in the Netherlands[J]. Planning Theory & Practice, 2016, 17: 421-443.

[158] HEPPENSTALL A J, CROOKS A T, SEE L M, et al. Agent-based models of geographical systems[M]. Springer science & business media, 2011.

[159] HORNI A, NAGEL K, AXHAUSEN K W. The multi-agent transport simulation MATSim[M]. London: Ubiquity Press, 2016.

[160] HUAN L, CHUNYU H, LENTS J, et al. Beijing vehicle activity study. International sustainable systems research[R]. California, 2005.

[161] HUANG K, ZHENG X, CHENG Y, et al. Behavior-based cellular automaton model for pedestrian dynamics[J]. Applied Mathematics and Computation, 2017, 292: 417-424.

[162] Institute of Highway Incorporated Engineers. Home Zone design guidelines[M].Essex:HQ Design & Print, 2002.

[163] International Organization for Standardization. ISO 7730: Moderate thermal environments-determination of the PMV and PPD indices and specification of the conditions for thermal comfort[S]. Geneva: ISO, 1994.

[164] JACKSON T, JAGER W, STAGL S. Beyond insatiability: Needs theory, consumption and sustainability[J]. ESRC Sustainable Technologies Programme Working Paper Series, 2004, 2.

[165] JACOBS J. The death and life of great American cities[M]. New York, US: Random house, 2016.

[166] JENDRITZKY G, DE DEAR R, HAVENITH G. UTCI - Why another thermal index?[J]. International journal of biometeorology, 2012, 56: 421-428.

[167] JENDRITZKY G, NÜBLER W. A model analysing the urban thermal environment in physiologically significant terms[J]. Archives for meteorology, geophysics, and bioclimatology, Series B, 1981, 29: 313-326.

[168] JERKOVIC S C. Mobility and territory[C]// Conference Proceedings Landscape–great idea! X-LArch Ⅲ. 2009: 160.

[169] KENDALL E A, MALKOUN M T, JIANG C H. A methodology for developing agent based systems for enterprise integration[C]// Proceedings of the First Australian Workshop on DAI: Distributed Artificial Intelligence:Architecture and Modelling.Modelling Berlin:Springer, 1996: 333-344.

[170] KIM S, LAGRANGE R L, WILLIS C L. Place and crime[J]. Urban Affairs Review, 2013, 49: 141-155.

[171] KOLLERT C. Changing cycling behaviour: Synthesis of a theoretical framework and cross-disciplinary critique of urban design[C]//Living and Sustainability: An environmental Critique of

Design and Building Practices, Locally and Globally, 2017.

[172] KOOHSARI M J, KARAKIEWICZ J A, KACZYNSKI A T. Public open space and walking: The role of proximity, perceptual qualities of the surrounding built environment, and street configuration[J]. Environment and Behavior, 2013, 45: 706-736.

[173] KOTIADIS K, TAKO A A, VASILAKIS C. A participative and facilitative conceptual modelling framework for discrete event simulation studies in healthcare[J]. Journal of the Operational Research Society, 2014, 65: 197-213.

[174] KRAAY J H. Woonerven and other experiments in the Netherlands[J]. Built Environment (1978-), 1986, 12(1/2): 20-29.

[175] KRIER R. Urban space[M]. New York: Rizzoli, 1988.

[176] KULLMANN K. Thin parks/thick edges: Towards a linear park typology for (post) infrastructural sites[J]. Journal of Landscape Architecture, 2011, 6: 70-81.

[177] KYRIAKIDIS M, PAK K T, MAJUMDAR A. Railway accidents caused by human error: Historic analysis of UK railways, 1945 to 2012[J]. Transportation Research Record: Journal of The Transportation Research Board, 2015, 2476(1): 126-136.

[178] LANG J, CHENG S, WEI W, et al. A study on the trends of vehicular emissions in the Beijing–Tianjin–Hebei (BTH) region, China[J]. Atmospheric Environment, 2012, 62: 605-614.

[179] LATOUR B. Reassembling the social: An introduction to actor-network-theory[M]. Oxford: Clarendon, 2005.

[180] LAW A M, KELTON W D. Simulation modeling and analysis[M]. New York: McGraw-Hill, 1991.

[181] LEE Y C. Design participation tactics: The challenges and new roles for designers in the co-design process[J]. Co Design, 2008, 4: 31-50.

[182] LÉVY J. The city: Critical essays in human geography[M]. New York: Routledge, 2017.

[183] LOMBARDI P, GIORDANO S. Evaluating the smart and sustainable built environment in urban planning[M]// Handbook of Research on Social, Economic, and Environmental Sustainability in the Development of Dmart Cities. IGI Global, 2015: 44-59.

[184] LONG Y, LIU X J. Automated identification and characterization of parcels (AICP) with OpenStreetMap and Points of Interest[J]. Envivoment and Planning B: Planning and Design, 2016, 43(2): 341-360.

[185] LOO B P Y, DU VERLE F. Transit-oriented development in future cities: Towards a two-level sustainable mobility strategy[J]. International Journal of Urban Sciences, 2017, 21: 54-67.

[186] LYNCH K. The image of the city[M]. Cambridge: MIT Press, 1960.

[187] LYNCH K. What time is this place?[M]. Cambridge: MIT Press, 1972.

[188] MALINOWSKI B. A scientific theory of culture[M]. Chapel Hill, NC: The University of North Carolina Press. A. Hain, 1944.

[189] MALLMANN C. Society, needs and rights: A systemic approach[M]//LEDERER K. Human needs: A contribution to the current debate, 1980: 37-54.

[190] MANZINI E. Design, when everybody designs: An introduction to design for social innovation[M]. MIT press, 2015.

[191] MAOH H, KANAROGLOU P. A tool for evaluating urban sustainability via integrated transportation and land use simulation models[J]. Environnement Urbain/Urban Environment, 2009, 3: 28-46.

[192] MÄRKI F, CHARYPAR D, AXHAUSEN K. Continuous activity planning for acontinuous traffic simulation[C]//Transportation research record, 2011: 29-37.

[193] MARKUS T A. The role of building performance measurement and appraisal in design method[J]. Design Methods in Architecture, 1969, 1: 109-17.

[194] MAX-NEEF M. Development and human needs[M]// Max-Neef M, Ekins P. Real life economics: Understanding wealth creation. London: Routledge, 1992: 97-213.

[195] MCLOUGHLIN J B. Urban & regional planning: A systems approach[M]. London: Faber and Faber, 1969.

[196] MCNALLY M G. The four-step model[M]// Handbook of transport modelling. 2 Edition. Netherlands: Emerald Group Publishing Limited, 2007: 35-53.

[197] MEYBOOM A. Infrastructure as practice[J]. Journal of Architectural Education, 2009, 62: 72-81.

[198] MIHAYLOVA L, CARMI A Y, SEPTIER F, et al. Overview of bayesian sequential Monte Carlo methods for group and extended object tracking[J]. Digital Signal Processing, 2014, 25: 1-16.

[199] MOMOH M A. Infrastructure classification revisited[J]. Journal of Social Science Research, 2018, 12(1):2642-2652.

[200] MORAKINYO T E, LAM Y F. Simulation study of dispersion and removal of particulate matter from traffic by road-side vegetation barrier[J]. Environmental Science and Pollution Research, 2016, 23: 6709-6722.

[201] MOUGHTIN C. Urban design: Street and square[M]. Oxford:Architectural Press, 2003.

[202] MUELLER N, ROJAS-RUEDA D, BASAGAÑA X, et al. Urban and transport planning related exposures and mortality: A health impact assessment for cities[J]. Environmental Health perspectives, 2017, 125: 89-96.

[203] NAGEL K, BARRETT C L. Using microsimulation feedback for trip adaptation for realistic traffic in Dallas[J]. International Journal of Modern Physics C, 1997, 8: 505-525.

[204] NANCE R E. A history of discrete event simulation programming languages[M]. New York: ACM, 1996.

[205] NASROLLAHI N, HATAMI M, KHASTAR S R, et al. Numerical evaluation of thermal comfort in traditional courtyards to develop new microclimate design in a hot and dry climate [J]. Sustainable

Cities and Society, 2017, 35: 449-467.

[206] NIȚĂ M R, BADIU D L, ONOSE D A, et al. Using local knowledge and sustainable transport to promote a greener city: The case of Bucharest, Romania[J]. Environmental Research, 2018, 160: 331-338.

[207] NORRIS C, MCCAHILL M, WOOD D. The growth of CCTV: A global perspective on the international diffusion of video surveillance in publicly accessible space[J]. Surveillance & Society, 2002, 2(2):110-135.

[208] NORTH M J, MACAL C M. Managing business complexity: Discovering strategic solutions with agent-based modeling and simulation[M]. Oxford University Press, 2007.

[209] NTZIACHRISTOS L, SAMARAS Z, EGGLESTON S, et al. Copert Ⅲ: Computer programme to calculate emissions from road transport, methodology and emission factors (version 2.1)[R]. Copenhagen: European Energy Agency (EEA), 2000.

[210] OOKA R. Recent development of assessment tools for urban climate and heat- island investigation especially based on experiences in Japan[J]. International Journal of Climatology: A Journal of The Royal Meteorological Society, 2007, 27: 1919-1930.

[211] PARR A, ZARETSKY M. New directions in sustainable design[M]. Routledge, 2010.

[212] PENDYALA R M. Phased implementation of a multimodal activity-based travel demand modeling system in florida. volume Ⅱ: FAMOS users guide[M]. Florida Department of Transportation, 2004.

[213] PETTICREW M, ROBERTS H. Systematic reviews in the social sciences: A practical guide[M]. London: John Wiley & Sons, 2008.

[214] PFAFFENBICHLER P, EMBERGER G, SHEPHERD S. A system dynamics approach to land use transport interaction modelling: The strategic model MARS and its application[J]. System Dynamics Review (Wiley), 2010, 26: 262-282.

[215] PHILIPPOPOULOS-MIHALOPOULOS A. Spatial justice: Body, lawscape, atmosphere[M]. London: Routledge, 2014.

[216] POLLALIS S N. Planning sustainable cities: an infrastructure-based approach[M]. London:Routledge, 2016.

[217] PUIG A S Y. Ildefonso Cerdá's general theory of 'Urbanización'[J]. The Town Planning Review, 1995, 66: 15.

[218] RADIN S, CROSSETT J. Transportation & the environment - description and review of alternative policies for departmental consideration - Wisconsin TransLinks 21[R]. Wisconsin Department of Transportation, Division of Planning and Budget, US. 1994.

[219] RADZICKI M J, TAYLOR R A. U.S. Department of energy's introduction to system dynamics: A systems approach to understanding complex policy issues[R]. 1997.

[220] RAVAZZOLI E, TORRICELLI G P. Urban mobility and public space: A challenge for the

sustainable liveable city of the future[J]. The Journal of Public Space, 2017, 2: 37-50.

[221] REN G Y, CHU Z Y, CHEN Z H, et al. Implications of temporal change in urban heat island intensity observed at Beijing and Wuhan stations[J]. Geophysical Research Letters, 2007, 34(5).

[222] RICHARDSON G P. System dynamics[M]// Encyclopedia of operations research and management science. Boston, MA: Springer US, 2001: 807-810.

[223] RITCHIE A, THOMAS R. Sustainable urban design: An environmental approach[M]. Taylor & Francis, 2013.

[224] ROBINSON D. Computer modelling for sustainable urban design: Physical principles, methods and applications[M]. London:Routledge, 2012.

[225] RODRIGUE J P. The geography of transport systems[M]. 5th Edition.New York: Routledge, 2020.

[226] ROSSI A. The architecture of the city[M]. Cambridge: MIT Press, 1982.

[227] RUIZ-APILÁNEZ B, KARIMI K, GARCÍA-CAMACHA I, et al. Shared space streets: Design, user perception and performance[J]. Urban Design International, 2017, 22: 267-284.

[228] SADLER B. A framework for environmental sustainability assessment and assurance[J]. Handbook of Environmental Impact Assessment, 1999, 1: 12-32.

[229] SAIDI S, KATTAN L, JAYASINGHE P, et al. Integrated infrastructure systems: A review[J]. Sustainable Cities and Society, 2018, 36: 1-11.

[230] SALATA F, GOLASI I, DE LIETO VOLLARO R, et al. Urban microclimate and outdoor thermal comfort: A proper procedure to fit ENVI-met simulation outputs to experimental data[J]. Sustainable Cities and Society, 2016, 26: 318-343.

[231] SALLIS J F, CERVERO R B, ASCHER W, et al. An ecological approach to creating active living communities[J]. Annual Review of Public Health, 2006, 27: 297-322.

[232] SAMARAS C, TSOKOLIS D, TOFFOLO S, et al. Limits of applicability of COPERT model to short links and congested conditions[C]// 20th International Transport and Air Pollution Conference. 2014.

[233] SANOFF H. Participatory design: Theory & techniques[M]. Raleigh, NC:H.Sanoff, 1990.

[234] SAUNDERS D A, HOBBS R J, MARGULES C R. Biological consequences of ecosystem fragmentation: A review[J]. Conservation Biology, 1991, 5: 18-32.

[235] SCHMIDT C G. Influence of land use diversity upon neighborhood success: An analysis of Jacobs' theory[J]. The Annals of Regional Science, 1977, 11: 53-65.

[236] SENNETT R. Boundaries and borders[J].Living in the endless city, 2011: 324-331.

[237] SETTON E, MARSHALL J D, BRAUER M, et al. The impact of daily mobility on exposure to traffic-related air pollution and health effect estimates[J]. Journal of Exposure Science and Environmental Epidemiology, 2011, 21: 42.

[238] SIMON C. Presentation at the complexity in industrial ecology workshop[R]. University of

Michigan, Ann Arbor, 2006.

[239] SIMON H A. Modeling urban microclimate: Development, implementation and evaluation of new and improved calculation methods for the urban microclimate model ENVI-met [D].Johannes Gutenberg-Universität Mainz, 2016.

[240] SIMON H A. The architecture of complexity[J]. Proceedings of the American philosophical society, 1962, 106: 467-482.

[241] SITTE C. City planning according to artistic principles[M]. New York: Rizzoli, 1986.

[242] SKIENA S S. The algorithm design manual[M]. Springer Science & Business Media, 1998.

[243] SMIT R, BROWN A, CHAN Y. Do air pollution emissions and fuel consumption models for roadways include the effects of congestion in the roadway traffic flow?[J]. Environmental Modelling & Software, 2008, 23: 1262-1270.

[244] SMITH D S. Ecology of greenways: Design and function of linear conservation areas[M]. University of Minnesota Press, 1993.

[245] STEGER C W. Urban design[M]//LEVY J M. Contemporary urban planning.Englewood Cliffs, NJ:Prentice Hall, 2002: 127-149.

[246] STERMAN J D. Business dynamics: Systems thinking and modeling for a complex world[M]. London: McGraw-Hill education - Europe, 2000.

[247] STEWART J Q. Concerning "social physics"[J]. Scientific American, 1948, 178: 20-23.

[248] SU J G, APTE J S, LIPSITT J, et al. Populations potentially exposed to traffic-related air pollution in seven world cities[J]. Environment International, 2015, 78: 82-89.

[249] SUGIYAMA T, FRANCIS J, MIDDLETON N J, et al. Associations between recreational walking and attractiveness, size, and proximity of neighborhood open spaces[J]. American Journal of Public Health, 2010, 100: 1752-1757.

[250] THOMPSON J D. Organizations in action: social science bases of administrative theory[M].London: Routledge, 2017.

[251] THOMPSON M A. Determining impact significance in EIA: A review of 24 methodologies[J]. Journal of Environmental Management, 1990, 30: 235-250.

[252] TORRENS P M, O'SULLIVAN D. Cellular automata and urban simulation: Where do we go from here?[J]. Environment and Planning B, 2001, 28: 163-168.

[253] TOWNSEND H. Active communities travel planning - literature review[R]. Wellington, New Zealand, 2016.

[254] TRANCIK R. Finding lost space: Theories of urban design[M]. New York: John Wiley & Sons, 1986.

[255] TZOULAS K, KORPELA K, VENN S, et al. Promoting ecosystem and human health in urban areas using green infrastructure: A literature review[J]. Landscape and urban planning, 2007, 81:

167-178.

[256] United Kingdom Ministry of Transport. Roads in urban areas[M]. London: H.M.S.O., 1966.

[257] United Nations-Habitat. Global public space toolkit: From global principles to local policies and practice[M]. Nairobi: United Nations Human Settlements Programme, 2015.

[258] United Nations- Habitat. New urban agenda[R]. Quito: UN-Habitat, 2016.

[259] VAINIO T. Motivations, results and the role of technology in participatory design research during 2000's – A review in the field of architecture and urban planning[J]. Architecture and Urban Planning, 2016, 11: 14-18.

[260] VAN DAM K H. Capturing socio-technical systems with agent-based modelling [D]. Delft: Technische Universiteit Delft, 2009.

[261] VAN DAM K H, BUSTOS-TURU G, SHAH N. A methodology for simulating synthetic populations for the analysis of socio-technical infrastructures[C]// JAGER W, VERBRUGGE R, FLACHE A, et al. Advances in social simulation 2015.London: Springer, 2017: 528.

[262] VAN DAM K H, KOERING D, BUSTOS-TURU G, et al., Agent-based simulation as an urban design tool-Iterative evaluation of a smart city masterplan[C]//Fifth Annual Digital Economy All Hands Meeting.London, UK. 2014.

[263] VAN DAM K H, NIKOLIC I, LUKSZO Z. Agent-based modelling of socio-technical systems[M]. Dordrecht: Springer Netherlands, 2013.

[264] VAN DEN BOOMEN T. Het Nieuwe Woonerf-Weg met de regels! (The new Woonerf - away with the rules!) [J]. NCR Hamdelsblad, 2001: 7-8.

[265] VARDOULAKIS S, FISHER B E, PERICLEOUS K, et al. Modelling air quality in street canyons: A review[J]. Atmospheric Environment, 2003, 37: 155-182.

[266] VARNELIS K. The infrastructural city: Networked ecologies in Los Angeles[M]. Barcelona: Actar, 2008.

[267] VELLA-BRODRICK D A, STANLEY J. The significance of transport mobility in predicting well-being[J]. Transport Policy, 2013, 29: 236-242.

[268] VERBURG P H, SCHOT P P, DIJST M J, et al. Land use change modelling: Current practice and research priorities[J]. GeoJournal, 2004, 61: 309-324.

[269] VON BERTALANFFY L. An outline of general system theory[J]. The British journal for the philosophy of science, 1950, 1: 134.

[270] WADDELL P. Integrated land use and transportation planning and modelling: Addressing challenges in research and practice[J]. Transport Reviews, 2011, 31: 209-229.

[271] WALDROP M M. Complexity: the emerging science at the edge of order and chaos[M].New York: Simon and Schuster, 1993.

[272] WALDHEIM C. The landscape urbanism reader[M].San Francisco: Chronicle books, 2012.

[273] WANG H, FU L, ZHOU Y, et al. Trends in vehicular emissions in China's mega cities from 1995 to 2005[J]. Environmental Pollution, 2010, 158: 394-400.

[274] WEICHER J C. A test of Jane Jacob's theory of successful Neighbourhoods[J]. Journal of Regional Science, 1973, 13: 29-40.

[275] West Way Trust. Annual report and accounts 2017/18[R]. 2018.

[276] WHYTE J. The future of systems integration within civil infrastructure: A review and directions for research[J]. INCOSE International Symposium, 2016, 26: 1541-1555.

[277] WISE S, CROOKS A, BATTY M. Transportation in agent-based urban modelling[M]// Namazi-Rad M-R, Padgham L, Perez P, et al. Agent based modelling of urban systems: First international workshop, ABMUS 2016, held in conjunction with AAMAS, Singapore, Singapore, May 10, 2016, revised, selected, and invited papers. Cham: Springer international publishing, 2017: 129-148.

[278] WOLF P, FRANZEN U, RUDOLPH P. The evolving city: Urban design proposals by Ulrich Franzen and Paul Rudolph[M]. Watson-Guptill, 1975.

[279] WONG C. Developing quantitative indicators for urban and regional policy analysis[M]// HAMBLETONH, THOMAS H. Urban policy evaluation: Challenge and change. London: Paul chapman publishing, 1995: 111-122.

[280] WONG N H, PECK T T. The impact of vegetation on the environmental conditions of housing estates in Singapore[J]. International Journal on Architectural Science, 2005, 6: 31-37.

[281] WOODCOCK J, EDWARDS P, TONNE C, et al. Public health benefits of strategies to reduce greenhouse-gas emissions: Urban land transport[J]. The Lancet, 2009, 374: 1930-1943.

[282] WOOLDRIDGE M J, JENNINGS N R. Agent theories, architectures, and languages: A survey[C]// International Workshop on Agent Theories, Architectures, and Languages. Berlin: Springer, 1994: 1-39.

[283] World Health Organization. Health in the green economy: Health co-benefits of climate change mitigation-housing sector[R]. Geneva, 2011.

[284] WU P P-Y, FOOKES C, PITCHFORTH J, et al. A framework for model integration and holistic modelling of socio-technical systems[J]. Decision Support Systems, 2015, 71: 14-27.

[285] WU Z, KONG F, WANG Y, et al. The impact of greenspace on thermal comfort in a residential quarter of Beijing, China[J]. International Journal of Environmental Research and Public Health, 2016, 13: 1217.

[286] XUE F, GOU Z. Healing space in high-density urban contexts: Case studies and design strategies[M]// Handbook of Research on Perception-Driven Approaches to Urban Assessment and Design. IGI Global, 2018: 489-507.

[287] YANG L, VAN DAM K, ANVARI B, et al. Evaluating the impact of an integrated urban design of transport infrastructure and public space on human behavior and environmental quality: A case study in Beijing[M]// PAYNE D, ELKINK J, FRIEL N, et al. Social simulation for a digital society:

Applications and innovations in computational social science. Switzerland: Springer International Publishing, 2019a.

[288] YANG L, VAN DAM K, MAJUMDAR A, et al. Integrated design of transport infrastructure and public spaces considering human behavior: A review of state-of-the-art methods and tools[J]. Frontiers of architectural research, 2019b, 8: 429-453.

[289] YANG L, VAN DAM K, ZHANG L. Developing goals and indicators for the design of sustainable and integrated transport infrastructure and urban spaces[J]. Sustainability, 2020a, 12（22）.

[290] YANG L, ZHANG L, STETTLER M E J, et al. Supporting an integrated transportation infrastructure and public space design: A coupled simulation method for evaluating traffic pollution and microclimate[J]. Sustainable Cities and Society, 2020b, 52.

[291] YANG L, ZHANG L, PHILIPPOPOULOS-MIHALOPOULOS A, et al. Integrating agent-based modeling, serious gaming and co-design for planning transport infrastructure and public spaces[J]. Urban Design International, 2021a, 26: 67-81.

[292] YANG L, MAJUMDAR A, VAN DAM K, et al. Theories and practices for reconciling transport infrastructure, public space, and people: A review[C]//Proceedings of The Institution of Civil Engineers: Municipal Engineer, 2021b: 1-43.

[293] YANG X, LO C. Modelling urban growth and landscape changes in the Atlanta metropolitan area[J]. International Journal of Geographical Information Science, 2003, 17: 463-488.

[294] YIGITCANLAR T, KAMRUZZAMAN M. Investigating the interplay between transport, land use and the environment: A review of the literature[J]. International Journal of Environmental Science and Technology, 2014, 11: 2121-2132.

[295] ZEIGLER B P, PRAEHOFER H, KIM T G. Theory of modeling and simulation: integrating discrete event and continuous complex dynamic systems[M]New York: Academic Press, 2000.

[296] ZELLNER M L. Embracing complexity and uncertainty: The potential of agent-based modeling for environmental planning and policy[J]. Planning Theory & Practice, 2008, 9: 437-457.

[297] ZHANG B, XIE G, XIA B, et al. The effects of public green spaces on residential property value in Beijing[J]. Journal of Resources and Ecology, 2012, 3: 243-253.

[298] ZHANG Q, JAGER W. Agent based modeling of population dynamics in municipalities: migration in the Derbyshire & Nottinghamshire cases in the UK[R]. Report for the EU prima project, WP3. University of Groningen, Center for Social Complexity Studies, 2011.

[299] ZHANG Y, WU L, ZOU C, et al. Development and application of urban high temporal-spatial resolution vehicle emission inventory model and decision support system[J]. Environmental Modeling & Assessment, 2017, 22: 445-458.

[300] ZHANG Z, MA J, LEI Y. Beijing electric power load and its relation with meteorological factors in summer[J]. Journal of Applied Meteorological Science, 2011, 22: 760-765.

后记

本书在我的博士论文《城市设计视角下交通基础设施空间系统整合的理论与方法》基础上编撰而成。能够顺利完成博士研究和博士论文撰写工作，我首先要感谢导师张路峰教授。对于我来说，严师如父，且对我有知遇之恩。从硕士入学至博士毕业我在师门中学习了近七载时光。我从老师身上所学甚丰，眼界也渐渐开阔。在读博士期间，老师不辞辛苦，给予我耐心的指导，其中就包括为我精心挑选的硕士论文选题以及博士研究方向。在后续的博士研究中，随着帝国理工学院联合培养项目的进行，此研究渐渐融入新的方法，也进一步扩展了我的研究视角。这项研究能够完成，离不开张路峥老师无私的奉献、支持与理解。在读博开始的时候，导师就支持我出国深造一段时间；博士研究进入到后期，当我面临论文上的问题与压力时，导师又极负责任地引导我，将问题捋清，并帮助我掌握独立研究问题的能力。

2016年，我幸运地认识了为我人生带来转折的第二位导师——英国帝国理工学院的Koen H. van Dam博士。在联系出国联合培养期间，van Dam老师领我进入了一个陌生的领域，让我从最初的对计算机编程毫无基础者到慢慢产生兴趣并能理解建模思想的人，直至参与到课程的教学当中。回首博士4年时光，欢笑与泪水同行，坚持与退缩并存。面临一次次挫折我能够坚持下来，离不开张路峥老师的鼓励和帮助。在英文论文的写作、修改、投稿上，导师给予了极为细致、耐心的指导；在参与学术会议时，张路峥老师的认可与点评让我越来越充满自信。

感谢中国科学院大学建筑研究与设计中心（建筑中心）老师们的培养。在此由衷地感谢崔彤主任，从入学以来他就关心我的成长，并提供参与重要项目的机会，且在我需要出国参会时给予大力的支持。还要感谢中国科学院大学的博士联合培养项目、欧洲社会仿真协会（European Social Simulation Association），为我提供了出国学习与参会的奖学金。感谢在我联合培养期间，Arnab Majumdar教授在英文学术论文写作上给予的系统指导，Bani Anvari博士在交通模拟、实验设计等方面的辅导，Washington Y. Ochieng教授（交通中心主任）的邀请以及减免我部分的Bench fee，并在我论文投稿屡次失败时所给予的勉励。Mikela Chatzimichailidou博士虽不是我的直接导师，她身上散发出的对科研的热忱和对工作的认真都深深影响了我，这份亦师亦友的感情一直激励着我立志通过自己微小的研究来贡献和服务社会。

我的博士论文的完成还离不开提出过宝贵意见的老师、同事，以及我的合作者们。感谢帝国理工学院的Audrey de Nazelle博士、Marc E.J. Stettler博士、Cedo Maksimovic

教授，威斯敏斯特大学的 Andreas Philippopoulos-Mihalopoulos 教授，荷兰格罗宁根大学的 Wander Jager 教授，伦敦大学学院的 Michael Batty 教授，他们从各自不同的领域为本研究提出了建议。还要感谢代尔夫特大学的 Emile J. L. Chappin 博士，伦敦艺术大学的 Heather Barnett 老师，斯旺西大学的肖敦辉博士，帝国理工学院的 Manlika Sukitpaneenit 女士为本书的实验环节提供的帮助。感谢战歌学姐、刘素雅学姐，北京交通大学的燕飞老师，郭郐威先生，中铁十四局集团的刘磊先生，中科院生态中心的周伟奇研究员、孙旭老师，北京交通研究中心等为本研究提供的珍贵资料。

感谢在我博士论文的开题、中期、预答辩期间出席并提出过宝贵建议的诸位老师，包括清华大学的朱文一教授、刘念雄教授、王路教授，北京交通大学的夏海山教授、孙伟教授、韩林飞教授、张纯教授，北京大学的汪芳教授，中国科学院陈卫平研究员、任丛丛老师，重庆大学的褚冬竹教授，以及建筑中心的周宇舫教授、陈晓红老师。其次，感谢我硕士阶段的同窗好友们，感谢王凤、宁昭伟等同学协助我完成前期的调研阶段，谢谢师兄刘贺在论文写作的后期给予的帮助，谢谢师弟师妹们参与到设计研讨中，并陪伴我走过博士研究的最后一年，让我枯燥乏味的生活增添了无尽的乐趣。

该书稿在进入出版环节后，本人也到了东南大学建筑学院王建国院士团队开展博士后研究（"至善博士后"）。感谢在东南大学期间王建国院士在数字化城市设计理论和实践方面给予的指导，也要感谢张彤院长为本书出版给予的大力支持。本书的出版得到"中央高校基本科研业务费专项资金（项目编号 2242021R20003）"和"新进全职博士后科研启动经费（编号 1101002107）"的大力资助。

最后，还要感谢我的父母、丈夫、汤芒老师，还有亲爱的家人们，是你们在物质上、精神上给了我支持与力量。每当我失去了勇气，每当我走到了人生谷底时，正是这股爱的力量一直支撑着我，并让我永不放弃。